ÉTUDE BIOGRAPHIQUE

SUR

COLBERT

PAR

L. DUSSIEUX

PARIS

LIBRAIRIE VICTOR LECOFFRE

90, rue Bonaparte, 90

1886

ÉTUDE BIOGRAPHIQUE

SUR

COLBERT

ÉTUDE BIOGRAPHIQUE

SUR

COLBERT

PAR

L. DUSSIEUX

PARIS

LIBRAIRIE VICTOR LECOFFRE

90, rue Bonaparte, 90

1886

INTRODUCTION

Après Richelieu, Colbert.

Ces deux grands ministres, appuyés sur leur roi,
ont fait la gloire du dix-septième siècle, et si je
crois que l'époque de Louis XIII et de Richelieu
est plus originale, plus élevée, et eût mérité de
donner son nom au siècle, je reconnais volontiers
que l'époque de Louis XIV et de Colbert est
grande aussi, et que cette génération a encore une
forte part de la virilité de sa devancière. Quelle
que soit d'ailleurs celle des deux époques que l'on
mette au-dessus de l'autre, tous ceux qui aiment
la France regardent ce siècle comme privilégié.
Quel temps, en effet, que celui où l'on trouve une
succession de rois et de ministres tels que Henri IV
et Sully, Louis XIII et Richelieu, le Louis XIV du
début du règne avec Colbert et le duc de Lionne,

tous ayant un brillant cortège d'administrateurs et
de diplomates, de généraux et de marins, d'écrivains, d'artistes et d'hommes illustres en tout
genre !

Généralement on ne regarde Colbert que comme
un financier intelligent et probe : on sait aussi qu'il
a rétabli la marine, développé l'industrie et le commerce ; mais la réforme des finances, le rétablissement de la marine et le développement du commerce et de l'industrie ne composent qu'une partie
de son œuvre. Colbert a été un ministre à peu près
universel. Excepté l'armée, la diplomatie et les
sceaux, l'État tout entier est entre ses mains : il dirige dix-neuf de nos ministères ou de nos grands services actuels : finances, marine, colonies, commerce,
industrie, agriculture, forêts, haras, travaux publics, mines, fortifications, bâtiments et manufactures du Roi, beaux-arts, sciences et lettres, grands
établissements scientifiques, académies, partie de
l'administration des provinces, législation, police,
et sa correspondance prouve qu'il ne s'agit pas
d'une direction générale, d'une simple impulsion
donnée de haut à chacun de ces services, mais

d'une direction personnelle, quotidienne, entrant
dans les détails, donnant des ordres et s'assurant
de leur exécution, et cela sans relâche ni répit, et
dans un temps où l'on réformait toute l'administration, où l'on reprenait tout en sous-œuvre, où
l'on créait les grands services qui manquaient à la
France.

Une santé de fer et un travail opiniâtre de seize
heures par jour, pendant vingt-trois ans, ont permis à Colbert d'accomplir une œuvre aussi colos-
sale. Il est vrai qu'il a su trouver les hommes qui
devaient l'aider : le Conseil d'État d'alors, recruté
dans la haute bourgeoisie et composé d'hommes
fortement instruits, était une pépinière d'administrateurs, savants, dévoués et actifs, qui donnait au
ministre les intendants des généralités, les intendants de la marine, en un mot tous les hauts fonctionnaires dont il avait besoin. Heureux temps encore que celui-là, où les hommes ne faisaient pas
défaut, et où l'on savait les former et les choisir.

Le caractère essentiel de Colbert n'est pas seulement d'avoir une aptitude universelle et de mener
à bien tout travail qu'il entreprend, c'est surtout

l'esprit de réforme qui le distingue : il est à coup sûr le plus énergique réformateur que présente notre histoire. Il veut que le royaume soit puissant et riche : il faut pour cela que toute l'administration soit forte et fonctionne bien : il le veut, et l'obtient. D'accord avec Louis XIV, qui, dans ces premières années de son règne, est l'intelligent collaborateur de son ministre, Colbert crée ou réorganise tous les services publics; il fait une guerre impitoyable aux abus de toutes sortes; il pourchasse et punit sans pitié tous les coupables, grands ou petits, voleurs ou autres; il fait disparaître dans les provinces et les campagnes les restes du régime féodal et ses violences. Avec ce ministère de « vile bourgeoisie », comme dit Saint-Simon, c'est la France moderne qui commence, et il lui donne une organisation assez forte pour que ce régime ait pu durer jusqu'à la Révolution, malgré la fin du règne de Louis XIV, malgré la Régence et malgré le règne de Louis XV.

Ce Colbert, ministre universel et réformateur, n'est bien connu que depuis la grande publication de M. P. Clément, intitulée *Lettres, instructions et*

mémoires de Colbert, dont le premier volume a paru
en 1861 ; elle se compose de 9 volumes in-4°, et
encore ne donne-t-elle, avec raison, que les plus
importantes des lettres innombrables de Colbert.
Je n'ai pas besoin de dire que ce sont ces documents authentiques qui forment la base de cette
notice biographique, destinée à faire connaître
l'homme en même temps que le ministre.

COLBERT

ORIGINE ET JEUNESSE DE COLBERT.

(1619-1651)

Le 29 août 1619 on baptisait, à Reims, dans l'église de Saint-Hilaire, Jean-Baptiste Colbert, fils de Nicolas Colbert et de Marie Pussort.

La famille des Colbert était fort nombreuse et établie depuis longtemps à Reims et à Troyes; la plupart de ses membres avaient été ou étaient dans le commerce : quelques-uns cependant, poussés par l'esprit général de la bourgeoisie à toutes les époques de notre histoire, avaient acheté, dès la fin du XVIe siècle, diverses charges publiques et portaient des noms de terres. Dès lors il y eut des Colbert marchands et des Colbert fonctionnaires de l'État. On trouve, en effet, en 1489, un Jean Colbert, maçon, dont les petits-fils furent : l'un, lieutenant général civil et criminel; l'autre, Jean Colbert, sieur de Crèvecœur, garde des

"

sceaux du bailliage de Vermandois[1]. Arrivent ensuite un Simon Colbert et un Nicolas Colbert, serviteurs du Roi, et un Jean Colbert, sieur de Terron, marquis de Bourbonne, conseiller d'État. Les filles de ces Colbert, bien dotées, s'allient à la noblesse.

En même temps on trouve des Colbert apothicaires, épiciers, peigneurs de laines, laboureurs, quincailliers, maréchaux, estaminiers, drapiers, sergiers.

L'un des plus importants de ces Colbert marchands fut Oudard ou Odard Colbert, banquier et négociant de Troyes. Il faisait en grand le commerce des blés, des vins et des étoffes; il avait des comptoirs à Anvers, à Francfort, à Lyon, à Venise et à Florence. Retiré des affaires, il acheta une charge de secrétaire du Roi et devint possesseur du domaine de Villacerf, à deux lieues de Troyes. Odard Colbert est la tige des Colbert de Saint-Pouange et de Villacerf.

Tous les contemporains savaient que Colbert était fils d'un marchand de Reims, vendant des étoffes de laine, draps et camelots, à l'enseigne du *Long-Vêtu*, qui acheta plus tard la terre de Vandières, une charge de secrétaire du Roi et devint enfin payeur des rentes de l'Hôtel de ville de Paris. Colbert lui-même avait écrit, dans les belles instructions adressées à Seignelay : « Mon fils doit bien penser et faire souvent réflexion sur ce que sa *naissance* l'aurait fait être, si Dieu n'avait pas béni mon travail, et si ce travail n'avait pas été extrême ».

1. Mort en 1583.

Cependant, cédant à ce besoin de s'anoblir qui dominait alors la haute bourgeoisie, Colbert prétendit descendre d'une famille noble d'Écosse, les Kolbert, venue en France au xiii⁰ siècle. « Les preuves s'en trouvèrent, dit l'abbé Legendre[1], dans le cabinet du sieur d'Hozier, qui était en réputation de créer des généalogies à ceux qui le payaient bien ». On envoya une mission en Écosse; un bill du Parlement, en date de 1681, admit le fait, et, quelque temps après, on découvrit, dans l'église des Cordeliers de Reims, une tombe de marbre noir, avec un écusson au milieu duquel figurait la couleuvre tortillée en pal[2]. Autour de cette pierre, posée au bas des marches d'un autel, était gravée l'épitaphe suivante : « *Cy-git ly preux chevalier Richard Colbert dit ly Escossois ki f..... 1300. Priez pour l'âme de ly* ». Colbert conduisit un jour son gendre, le duc de Chevreuse, devant l'autel des Cordeliers, et le fit placer de telle sorte que cette inscription, à moitié effacée, ne pût échapper à son attention. Il faut lire le récit de cette visite dans les Mémoires de l'abbé de Choisy.

Colbert se piquait d'une grande naissance, et avait là-dessus un furieux faible. Je ne sais s'il avait tort ou raison; je m'en rapporte aux généalogistes. Il fit enlever la nuit, dans l'église des Cordeliers de Reims, une tombe de pierre où était l'épitaphe de son grand-père, marchand de laine, demeurant à l'enseigne du Long-Vêtu, et en fit mettre une

1. *Mémoires,* p. 66.
2. Les armes des Colbert étaient d'or à la couleuvre (*coluber*) en pal tortillé d'azur.

autre d'une vieille pierre où l'on avait gravé en vieux langage les hauts faits du preux chevalier Colbert, originaire
d'Écosse. L'archevêque de Reims m'a conté que quelque
temps après, la Cour ayant passé à Reims, M. Colbert l'alla
voir, suivi du marquis de Seignelay, son fils, et des ducs de
Beauvilliers et de Chevreuse, ses gendres : et qu'après une
courte visite il remonta en carrosse et dit au cocher : *Aux
Cordeliers*. L'archevêque, curieux, envoya un grison[1] voir ce
qu'ils y faisaient : et il trouva M. Colbert à genoux sur la
prétendue tombe de ses ancêtres, disant des sept psaumes,
et en faisant dire à ses gendres fort dévotement. Il croyait
tromper tout l'univers, ajouta le bon archevêque : et ce qui
est plaisant, c'est que M. de Seignelay était dans la bonne
foi et se croyait descendu des rois d'Écosse. Il avait nommé
un fils Édouard, à cause, disait-il, que les aînés de sa maison
en Écosse avaient tous porté ce nom-là. Un ministre m'a
pourtant dit que M. Colbert, en frappant son fils aîné avec
les pincettes de son feu (ce qui lui est arrivé plus d'une fois),
lui disait en colère : « Coquin, tu n'es qu'un petit bourgeois;
et si nous trompons le public, je veux du moins que tu
saches qui tu es ».

Pour résumer, je conclus, avec M. P. Clément, que :
« dans l'opinion de personnes très compétentes et tout
à fait désintéressées, les généalogies tendant à prouver
que la famille de Colbert est d'origine écossaise repo-
sent sur des bases fantastiques et n'ont aucune authen-
ticité[2] ». L'invention du chevalier écossais n'avait
d'autre but que de faciliter le mariage des enfants de
Colbert avec la haute noblesse.

1. Valet sans livrée, habillé de gris, employé à quelque mission
secrète.
2. Tome Ier, page 473.

Nicolas Colbert, sieur de Vandières, père du ministre, eut dix enfants : 1. Jean-Baptiste Colbert, ministre ; — 2. Charles Colbert, marquis de Croissy, ambassadeur et ministre ; — 3. Nicolas Colbert, évêque de Luçon, puis d'Auxerre ; — 4. François-Édouard Colbert, comte de Maulevrier, lieutenant général des armées du Roi ; — 5. Antoine Martin, né à Paris en 1638, mort jeune[1] ; — 6. Marie Colbert, femme de Jean Desmarets, trésorier de France à Soissons ; — 7. Cécile Colbert, abbesse du Lys ; — 8. Louise-Antoinette Colbert, religieuse à Paris et depuis prieure de la Visitation de Rouen ; — 9. Claire Colbert, abbesse de Sainte-Claire de Reims ; — 10. Agnès Colbert, religieuse et abbesse de Sainte-Claire.

On a prétendu que Colbert n'avait reçu qu'une instruction fort médiocre et qu'il ne savait pas le latin. L'abbé de Choisy, dans le portrait qu'il a fait de Colbert, et que nous reproduirons plus loin, a accrédité cette erreur. Colbert fit ses études aux Jésuites de Reims[2], et si l'on en croyait Olivier d'Ormesson[3], personnage fort hostile à Colbert, son esprit lourd fut cause qu'il était toujours le dernier dans les classes du collège de Reims. Ses études finies, on l'envoya à Lyon, dans une maison de commerce[4], « pour y apprendre la marchandise », et si, parmi tant de ministres des finances des siècles passés, on s'étonne de rencontrer

1. Jal, *Dict. de Biographie et d'Histoire,* 396.

2. Voy. la lettre de l'abbé Nicolas Colbert, citée par P. Clément, I, xxiv.

3. *Journal d'Olivier d'Ormesson,* II, 487.

4. Probablement dans une des maisons d'Odart Colbert.

cette figure originale de Colbert, probe, laborieux, intelligent en affaires, on en trouve l'explication dans cette première et forte éducation commerciale puisée dans sa famille et surtout à l'école d'Odard Colbert. Revenu à Paris, il fut placé chez le notaire Chapelain, père du poète, puis il entra dans un bureau de finance. Enfin, en 1640, son cousin, J.-B. Colbert de Saint-Pouange, qui était l'un des commis de la Guerre depuis 1636, le fit entrer au ministère de la Guerre, alors dirigé par M. Des Noyers. Ainsi Colbert a commencé à servir l'État sous Richelieu; il a été formé à l'école du Cardinal et de M. Des Noyers, et pendant près de trois ans il a été bien placé pour apprécier ce qu'avaient de grandeur sérieuse l'administration et la politique de celui qu'il appela toujours le Grand Cardinal, titre qu'il ne donna jamais à Mazarin.

Peu de temps après son entrée au ministère de la Guerre, Colbert fut chargé de la conduite d'un régiment envoyé à Dreux pour y réprimer une sédition. La mort de Richelieu amena la retraite de M. Des Noyers et son remplacement par Michel Le Tellier, beau-frère de Saint-Pouange[1], qui devint premier commis de la Guerre et fit avancer son cousin. Nous voyons, en effet, Colbert nommé commissaire aux revues[2] et mériter les félicitations du ministre pour son activité, sa capacité et sa fidélité (1644); aussi fut-il employé dans plusieurs

---

1. Saint-Pouange avait épousé, en 1628, la sœur de Michel Le Tellier, Claudon Le Tellier.

2. *Lettres, instructions et mémoires de Colbert*, VII, 336.

affaires difficiles. En 1649, il est attaché au service particulier de Le Tellier, qui le fait nommer conseiller d'État et fait signaler, dans le brevet de cette charge, « sa capacité, son expérience des affaires, sa prudence, sa bonne conduite, sa fidélité et son affection[1] ».

En même temps Colbert, qui avait su gagner toute la faveur de Le Tellier, était devenu l'intermédiaire de ce ministre auprès de Mazarin, pour lequel Colbert ne paraît pas avoir eu d'abord beaucoup d'estime, ne pouvant s'accommoder, disait-il, de l'irrésolution du Cardinal et de l'impossibilité où il était de s'occuper de deux affaires à la fois. Dans ces premiers temps Colbert ne plaisait pas davantage à Mazarin, qui le recevait quelquefois fort mal.

Le 23 juin 1650[2], Colbert informait Le Tellier qu'il s'était présenté à Son Éminence, qui l'avait reçu de la même façon que le matin, « en lui tournant le derrière », et ne lui donnant pas la liberté de l'approcher, ce qui lui fit croire qu'il ne voulait plus qu'il traitât d'affaires avec lui. « Je vous puis assurer, Monseigneur, que toutes ces rebuffades me touchent si sensiblement que, n'était l'obéissance aveugle que je dois à vos commandements, je me serais retiré, ne pouvant souffrir qu'avec beaucoup de peine et de répugnance ces sortes de traitements, particulièrement d'un homme pour le-

1. *Lettres, instructions et mémoires,* VII, IV. — Nommé conseiller d'État en 1649, Colbert fut maintenu dans la réorganisation de 1654 (VII, 338).

2. Colbert était, à la Fère, auprès de Mazarin.

quel je n'ai aucune estime[1] ». Quelques jours après, Mazarin s'étant un peu radouci, Colbert reprit son travail auprès de Son Éminence[2].

A cette époque Colbert n'avait pas cette mine refrognée dont parle l'abbé de Choisy. Son portrait peint par Philippe de Champagne[3] le présente avec une figure aimable et souriante; son costume est alors celui du temps de Louis XIII, si plein d'élégance; ses cheveux sont longs et accompagnent bien le visage. Plus tard la lourde et disgracieuse perruque louisquatorzienne, l'âge et le souci des affaires lui donneront l'air grave et sévère qu'accusent ses médailles et le portrait de Mignard[4]. C'est du Colbert déjà vieux que l'abbé de Choisy fait le portrait suivant :

Colbert avait le visage naturellement refrogné. Ses yeux creux, ses sourcils épais et noirs lui faisaient une mine austère et lui rendaient le premier abord sauvage et négatif; mais dans la suite, en l'apprivoisant, on le trouvait assez facile, expéditif et d'une sûreté inébranlable. Il était persuadé que la bonne foi dans les affaires en était le fondement solide. Une application infinie et un désir insatiable d'apprendre lui tenaient lieu de science. Plus il était ignorant, plus il affectait de paraître savant, citant quelquefois hors de propos des passages latins qu'il avait appris par cœur et que ses docteurs à gages lui avaient expliqués[5]. Nulle passion depuis qu'il avait quitté le vin.

1. *Lettres, instructions et mémoires*, I, 14.
2. *Ibidem,* p. 16.
3. Gravé par Nanteuil et par Savart.
4. Gravé par Pinssio.
5. Ceci est inexact : « Ce qui le prouve, dit P. Clément (I, xxiv),

Olivier d'Ormesson indique cependant une autre passion, la danse :

> M. Carpentier m'a dit que M. Colbert dansait fort bien, et que c'était sa plus forte passion. J'ai appris que le soir des fiançailles de sa fille[1], il avait dansé, dans son domestique[2], deux courantes, et fort bien[3].

c'est qu'en adressant, le 26 juillet 1653, à Mazarin, des devises latines pour les drapeaux des troupes de l'infanterie et de la cavalerie, Colbert parle de ces devises en homme qui les comprend».

1. La duchesse de Chevreuse.
2. Dans son intérieur, chez lui.
3. *Journal d'Olivier d'Ormesson,* II, 487.

CHAPITRE II

Colbert avait obtenu la faveur de Le Tellier par sa puissance de travail. « Il ne connaissait guère, dit Perrault[1], d'autre repos que celui qui se trouve à changer de travail, ou à passer d'un travail difficile à un autre qui l'est un peu moins ». Colbert gagna peu à peu par cette raison, par sa probité, son intelligence et son dévouement, la confiance de Mazarin, au service duquel il entra au commencement de l'année 1651. Il devint l'intendant du Cardinal bien avant d'en avoir le titre ; il dirigea ses affaires et parvint à y mettre l'ordre nécessaire, ce qui n'était pas facile étant donnés les troubles de la Fronde.

Un mois après avoir pris Colbert à son service, Mazarin fut exilé par le Parlement (février 1651) ; il ne put rentrer en France qu'au bout d'un an, et il rejoignit la Cour à Poitiers en février 1652. Mais, dès le mois d'août, il était obligé, pour la seconde fois, de quitter la France, et il ne revint à Paris que le 3 février 1653,

1. *Mémoires*, p. 34, éd. 1759.

cette fois complètement victorieux de ses ennemis.
C'est surtout pendant ces deux exils que la correspondance de Colbert avec le Cardinal abonde en détails de
toutes sortes.

Alvise Grimani, ambassadeur de Venise à la Cour de
France de 1660 à 1664, dit dans sa relation[1] :

Colbert a été commis de Le Tellier, qui connaissait son
mérite et sa fidélité ; aussi quand le Cardinal eut ses revers et fut obligé pour la première fois de partir, et que lui
Le Tellier resta pour surveiller les évènements, ne voulant
pas que ses dépêches, non plus que les réponses, passassent
par les secrétaires et serviteurs du Cardinal, il lui donna
Colbert pour tenir la correspondance chiffrée et écrire les
lettres secrètes. Son Éminence, qui reconnut sa grande
habileté, le prit en affection et voulut dès lors le retenir
près de lui ; il lui donna comme l'intendance de sa maison,
et le voyant si bien s'en acquitter, il le chargea de beaucoup d'emplois. Colbert alors rétablit ses affaires à force de
soins, de manière à lui faire connaître son application et
son savoir-faire admirable.

Pendant le premier exil du Cardinal, on avait vendu,
gaspillé, volé ou engagé la belle bibliothèque, les col-
lections, les meubles de Mazarin, la vaisselle plate ou
dorée, les batteries de cuisine ou d'office, le linge, les
habits, les pierreries, les perles, les tapisseries. Colbert
chercha à recouvrer une partie de ces objets ; il envoya à Sedan de la vaisselle dorée, mais on la vola en
route. En même temps qu'il s'occupait du mobilier de
Mazarin, Colbert intervenait dans les affaires publiques ;

1. *Lettres, instructions et mémoires,* VII, CLXXI.

il joua même un rôle assez important, quoique en sous-
ordre, dans les troubles de la Fronde. Colbert, formé à
l'école de Richelieu, poussait Mazarin à la sévérité.
« Aux expédients, aux calculs infinis, aux tergiversa-
tions italiennes succédèrent les résolutions énergiques,
excessives, dépassant parfois le but. Le nombre des
lettres où Colbert gourmande le cardinal Mazarin sur
sa faiblesse, le presse de prendre une décision rigoureuse, d'exiler les membres du Parlement qui lui résistaient et de tenir rigueur aux *malintentionnés*,
comme on appelait alors ceux qui faisaient de l'opposition au gouvernement, est considérable[1] ».

Colbert eut aussi à s'occuper de l'administration militaire, des achats de blé et de chevaux, des recrues,
de la discipline et des fortifications, de sorte que, dans
le modeste emploi qu'il occupait, il s'habituait au ma-
niement des grandes affaires et se préparait au rôle
qu'il devait jouer plus tard.

Dès son entrée dans la maison de Mazarin, Colbert,
sachant combien le Cardinal était méfiant, lui demanda, exigea même son entière confiance, et il ne
lui fut pas facile de l'obtenir. Le 17 février 1651, Colbert écrivait au Cardinal :

Je crois être obligé de dire à V. Ém. qu'il me semble absolument nécessaire, pour le bien de son service, qu'elle
fasse choix d'une personne en qui elle ait une extrême confiance, et qui ne manque ni de zèle, ni de fidélité pour
elle, qui prenne un soin général de la conduite de toutes

1. P. CLÉMENT, *Introduction aux lettres, etc.*, I, xx.

ses affaires : et qu'il est bon même que, outre les parties
nécessaires pour s'en bien acquitter, il soit encore qualifié,
autant qu'il se pourra, afin qu'il puisse même avoir plus
d'autorité. J'offre, en mon particulier, de lui communiquer
le peu de connaissance que Dieu m'a donnée sur toutes les
sortes d'affaires.

Le 3 mars, Colbert renouvela sa demande et il semble que Mazarin fut décidé dès lors à la lui accorder,
car, le 14 avril, Colbert écrivait au Cardinal : « Pour
ce qui est de l'honneur que V. Ém. se propose de me
faire en me donnant le soin de toutes ses affaires, elle
me fait justice de croire qu'elle ne peut pas s'en décharger sur une personne qui ait plus de zèle pour son
service que moi ». A la fin d'avril, Colbert avait enfin
obtenu ce qu'il désirait : il avait la direction des affaires
de Mazarin, sa confiance absolue et la liberté d'agir[1].

En même temps, Colbert montrait une certaine fierté
vis-à-vis du Cardinal. Mazarin lui avait offert une gratification de 1,000 écus[2] : Colbert la refusa. On lit dans
la lettre du 21 avril :

Touchant ce que V. Ém. me fait l'honneur de m'écrire,
de prendre 1,000 écus sur le même taillon[3], elle me permettra de lui dire qu'elle doit avoir meilleure opinion de
moi pour croire que je la serve de cette sorte. Elle m'a vu
servir l'espace d'un an, dans des voyages où les dépenses
étaient assez grandes, sans jamais l'avoir importunée ; et
je lui puis protester avec vérité qu'il y a trois ans entiers

1. Lettre du 21 avril 1651. T. I, p. 74.
2. 15,000 francs d'aujourd'hui.
3. Impôt, taille.

que je n'ai touché du Roi que 8,000 livres qu'elle me fit
donner à Bordeaux. J'ai, grâces à Dieu, du bien pour vivre
comme un homme de ma condition, et peu d'envie d'en
avoir davantage ; et puisque, depuis trois ans, sans impor-
tuner personne et sans m'en plaindre, j'ai servi le Roi à mes
dépens, V. Ém. peut bien croire facilement que je ne commencerai pas à ruiner le peu qu'elle a dans sa nécessité
pour subsister[1]. Je la supplie très humblement de croire
qu'elle ne trouvera jamais que j'aie autre but en la servant
que de satisfaire au zèle et à l'affection que j'ai toujours
eus pour elle, et qu'elle n'y trouvera aucun mélange de
bassesse. Je lui demande seulement en grâce qu'elle ait
confiance en moi jusqu'à ce qu'elle reconnaisse que je l'aie
trompée, et qu'elle ne m'impute pas les fâcheux accidents
et les difficultés qui surviendront par la nature des affaires
ou par conjonctures du temps.

Ce dévouement gratuit ne devait être que provisoire,
et Colbert entendait bien en tirer récompense un jour ;
il était résolu à profiter de sa situation auprès du Cardinal pour augmenter son bien et celui des siens. Nous
allons bientôt le voir âpre au gain, demandant et obte-
nant faveur sur faveur. Dès 1651, il sollicite la charge
d'intendant de la maison du duc d'Anjou, frère du Roi,
l'obtient en 1652 et la vend, en 1653, 40,000 livres ; il demande ensuite une prébende, puis une lieutenance dans
le régiment de Navarre pour un de ses frères, puis un bénéfice pour un autre frère, la direction des droits du tiers
des prises faites par les vaisseaux du Roi sur les ennemis, pour l'un de ses cousins. Toutes ces grâces et une

1. Colbert s'était arrangé pour faire toucher au Cardinal une
partie du taillon payé par la Bourgogne.

gratification que lui donne le Cardinal ne l'empêchent pas de demander, en 1652, l'abbaye de N.-D.-la-Grande de Poitiers, pour son frère; un nouveau bénéfice qui, avec deux autres qu'il a déjà, lui fera un revenu de 2,700 livres. En 1653, il voudrait bien avoir la charge de capitaine de la volière des Tuileries, ce qui lui donnerait un logement près du Louvre. En 1654, nouvelle demande de bénéfice pour lui et de l'abbaye de Saint-Martin de Nevers pour son frère. « Cent fois encore, depuis cette époque, dit M. P. Clément[1], Colbert demanda au Cardinal des bénéfices, des prieurés, des charges à la Cour et dans les provinces[2], pour lui et les siens. La plus considérable de ces charges, celle de secrétaire des commandements de la *Reine à venir*, comme on disait au moment où la Maison de Marie-Thérèse fut formée, lui fut accordée gratuitement, comme preuve de faveur et de confiance tout à la fois. Or, Colbert, après des sollicitations réitérées, obtint l'autorisation de la vendre et en retira 500,000 livres, près de deux millions et demi d'aujourd'hui ».

En revanche, Colbert servait Mazarin avec activité et zèle, et avec le dévouement le plus complet. Il s'efforçait de mettre en ordre les affaires de son maître, que la Fronde avait complètement ruinées, et dont le relèvement était rendu fort difficile par une quantité de

1. Tome Ier, page 45.

2. L'intendance de Catalogue pour son cousin, Colbert de Terron, qui eut depuis celle de la Rochelle et de Brouage, l'intendance de l'armée envoyée à Naples sous le duc de Guise pour un de ses frères, etc.

procès qui « faisaient peur » à Colbert. La tâche était
d'autant plus difficile, que ni le Cardinal ni ses autres
serviteurs ne fournissaient à Colbert le moindre rensei-
gnement. « Autant de lumières, disait-il[1], que Dieu m'a
données, je les emploie à déterrer, pour ainsi dire, la
connaissance de vos affaires ; et cela sans aucune assistance de qui que ce soit ». Les serviteurs du Cardinal,
chargés de l'éclairer, mais intéressés à la continuation
du désordre qui leur permettait de pêcher en eau
trouble, loin de l'aider, ne lui fournissaient que des
papiers qui « lui embrouillaient l'esprit plutôt que
l'éclaircir, s'il n'avait su démêler les intentions ».

Le 27 juin 1651, il écrit au Cardinal :

D'autant plus je perce le fond de vos affaires, d'autant plus
j'y trouve quelque jour de les liquider, pourvu que vous ap-
prouviez ma maxime, qui est de sortir généralement de
toutes celles qui seront mauvaises au fond, de n'en entreprendre point d'injustes, et d'avoir toujours pour but, dans
l'esprit, de rendre votre bien net et liquide.

Jusqu'alors il semble que Mazarin n'ait pas été le
thésauriseur rapace qu'il a été plus tard : on lit en effet,
dans cette même lettre du 27 juin[2], les curieux détails
qui suivent :

Je vous avoue franchement que si vous m'aviez chargé de
vos affaires dans le commencement ou dans le cours de
votre ministère, vous n'auriez pas souffert guère de temps
que je m'en fusse mêlé, parce qu'il ne m'aurait pas été pos-

1. Lettre du 20 juin 1651.
2. *Lettres, instructions et mémoires*, I, 96.

sible de souffrir l'horrible dissipation que vous avez faite de
votre bien, soit en donnant vos meilleurs benéfices, soit en
créant de grandes pensions sur ce qui vous en restait, soit
en empruntant de tous côtés pour le Roi, et vous incommo-
dant au point où vous êtes présentement. Ceux qui s'en sont
mêlés ont eu autant d'intelligence et de fidélité que moi,
mais pas tant de hardiesse que j'aurais eue, et qui était nécessaire pour votre service. Tous vos amis et serviteurs de
deçà conviennent de deux choses : qu'il fallait à V. Ém. une
personne qui eût la hardiesse de lui résister dans l'envie im-
modérée qu'elle avait de dissiper son bien, et remontrer
qu'elle pouvait bien témoigner son zèle et sa passion pour
l'État sans se ruiner comme elle a fait; et de plus qui, sur
un fondement de probité et de connaissance, eût achevé
toutes les affaires de V. Ém. en prenant promptement son
parti quand il fallait perdre quelque chose; à quoi V. Ém.
n'a jamais pu se résoudre; et personne aussi n'a eu la hardiesse de l'entreprendre, crainte d'être soupçonné.

Le 1ᵉʳ décembre 1651, Colbert revenait sur ce sujet :

En vérité, écrivait-il à Mazarin, si vous faites réflexion sur
tous les engagements dans lesquels vous entraînent la dissipation de votre bien et la confusion de vos affaires, j'espère que vous prendrez résolution de vous conduire d'une
autre sorte à l'avenir, et que vous connaîtrez bien qu'il
n'appartient pas à un particulier de prétendre de faire subsister un royaume tel que celui-ci, et que le personnage
d'un grand ministre est, en proportionnant la dépense en
quelque sorte à la recette, d'employer son autorité à faire
qu'un surintendant s'acquitte de sa charge et pourvoie aux
besoins de l'État. Je vous avoue ingénument que si vous
continuiez à dissiper votre bien, comme vous avez fait par
le passé, sans mettre aucune chose à couvert, je vous prie-
rais de me décharger du soin de vos affaires.

De retour de l'exil et la Fronde finie, Mazarin ne suivit que trop les sages conseils de Colbert et amassa une immense fortune. En 1658, trois ans avant sa mort, Mazarin possédait :

Le duché de Mayenne, le duché de Nevers, diverses terres, maisons dans Paris, domaines et droits acquis sur le Roi, droits sur le sel, etc., d'une valeur de 8,052,165 l. 7 s. 11 d. (40,000,000 de fr.), produisant un revenu de 793,570 l., 8 s. (4 millions).

Il avait en pensions et appointements 204,000 livres : appointements de ministre, 20,000 livres ; — pension de cardinal, 18,000 livres ; — gages et appointements du conseil, 6,000 livres ; — pension extraordinaire, 100,000 livres ; — appointements continués en qualité de surintendant de l'éducation du Roi, 60,000 livres.

Il avait 22 abbayes d'un revenu de 478,380 livres, dont il faut déduire, pour charges et pensions, 229,466 livres, ce qui ne laissait à S. Ém. que 248,863 livres.

A tout cela il faut encore ajouter l'argent comptant, dont on ne connaît pas le chiffre, mais qui devait être énorme, ses tableaux, objets d'art de toutes sortes, etc.

C'est à souhaiter à tout ministre d'avoir un intendant pareil à Colbert. Aussi Mazarin lui accordait-il toute sa protection ; il le défendait contre le mauvais vouloir du surintendant des finances, M. de la Vieuville, contre M. de Lyonne, premier commis des affaires étrangères. Dès 1653, La Vieuville était renvoyé et remplacé par deux surintendants : Abel Servien, l'illustre négociateur de la paix de Westphalie, et Fouquet, procureur

général au parlement de Paris, fort dévoué à Mazarin
et ami de Colbert.

Tout en « débrouillant » les affaires personnelles du
Cardinal, Colbert continuait à donner son avis sur les
affaires politiques et poussait Mazarin à la sévérité ; il
l'engageait à faire obéir le Parlement et à tenir en
bride le cardinal de Retz, qui ne renonçait pas à in-
triguer.

La Fronde terminée, Mazarin revenu à Paris, Colbert
cesse d'écrire aussi fréquemment à son maître ; il nous
reste cependant assez de lettres pour nous renseigner
sur les affaires du Cardinal et sur le rôle de Colbert.
En 1654, nous le voyons s'efforçant de reconstituer la
bibliothèque de Mazarin[1]. Dès 1643, Gabriel Naudé,
l'un des plus savants hommes de son temps, avait commencé à composer la bibliothèque du Cardinal en
achetant 10,000 volumes à un chanoine de Limoges ;
il avait ensuite, pendant dix ans, voyagé en Flandre,
en Hollande, en Italie, en Allemagne, en Espagne et
en Angleterre, achetant, ainsi qu'à Paris, les livres les
plus rares et les plus estimés. Naudé avait ainsi réuni
40,000 volumes et formé la plus belle bibliothèque qui
existât alors en Europe. Elle était établie dans l'hôtel
de Nevers[2], résidence de Mazarin, et était ouverte au
public tous les jeudis. Nous avons dit que par arrêt du
Parlement, en 1651, on avait vendu cette précieuse
collection de livres. Colbert, aidé par le successeur de

1. *Lettres, instructions et mémoires*, I, 215 (3 mars 1654).
2. Où se trouve aujourd'hui la Bibliothèque nationale.

Gabriel Naudé, La Poterie, « ramassa » les livres qu'on trouva chez les libraires, racheta aux acquéreurs bon nombre d'ouvrages, fit rendre gorge à quelques membres du Parlement, commissaires de la compagnie, qui avaient « volé quantité de livres », et au bout de quelques années, la bibliothèque [1] fut reconstituée et de nouveau ouverte au public.

Mazarin fait travailler à Vincennes, où l'on construit de nouveaux bâtiments et où l'on prépare le logement de S. Ém., qui va demeurer dans cette agréable résidence. Colbert y donne tous ses soins, ainsi qu'à la « ménagerie », où l'on élève des veaux avec du lait et « force œufs frais », des poulets d'Inde, des poules, des moutons ou brebis « pour avoir des agneaux de bonne heure », des pigeons, des faisans. « Il y a force gibier dans le parc ». Il y aura bientôt « toute sorte de légumages ». A ces nouvelles [2] Mazarin répond à Colbert : « J'ai pris grand plaisir à tout ce que vous me mandez de Vincennes, et je vois bien que je dois ce contentement à vos soins ».

Mais en même temps Colbert signalait la continuation du désordre dans les affaires du Cardinal :

Je n'ose plus rien dire à V. Ém. de ses affaires. Aux mois de juillet, septembre et octobre 1651, elles n'étaient pas si mauvaises qu'elles sont ; et je n'ai rien à recevoir de plus de six mois d'ici, et beaucoup, et incessamment, à dépenser. L'ordinaire de sa maison même a été diverti (détourné, em-

1. C'est la bibliothèque Mazarine actuelle.
2. Lettre du 7 juillet 1654.

ployé à autre chose), et je ne puis venir à bout de le faire
réassigner : voici le troisième mois qu'il est dû. Je me tâte
moi-même souvent pour connaître si cela vient de ma faute ;
mais je ne trouve rien à me reprocher, autant que mon
industrie se peut étendre.

A ces plaintes Mazarin répondait :

Je crois ce que vous me dites, et je vois fort bien que je
gâte plus en un jour que vous ne sauriez accommoder et
ménager en deux ans ; mais il est impossible de me refaire,
et comme tout cela vient d'un principe si glorieux comme
est de servir le Roi, je réputerais à malheur si je ne conti-
nuais à avoir ce zèle.

Il fallait bien récompenser un serviteur tel que Colbert : en 1655, Mazarin le nomma officiellement intendant de sa maison. Le nouvel intendant répondit à
cette faveur en faisant imprimer une longue lettre
adressée à Mazarin et destinée à faire connaître, disait-
il, dans tout le royaume et aux ambassadeurs du Roi
à l'étranger, la bonté et la munificence du premier
ministre [1].

Bien que j'aie reconnu en mille occasions, par l'honneur
que j'ai d'approcher à toute heure Votre Éminence, qu'elle
ne cherche point d'autre récompense de ses vertueuses
actions que ses actions vertueuses mêmes, et que sa ma-
gnanimité oublie aussi facilement ses bienfaits qu'elle a de
disposition à pardonner les injures, je la supplie de trouver

---

1. Cette lettre, du 9 avril 1655, a été imprimée, in-4°, 8 pages,
avec l'agrément de Mazarin. — *Lettres, instructions et mémoires*,
I, 229.

bon que je ne paraisse pas insensible à tant de faveurs qu'elle a répandues sur moi et sur ma famille, et qu'au moins, en les publiant, je leur donne la sorte de paiement que je suis capable de leur donner. Si elle a de la peine à souffrir que je la fasse souvenir des obligations infinies que je lui ai, qu'elle ne m'envie pas la joie de les apprendre à tout le monde, et qu'elle me permette de lui acquérir pour serviteurs tous ceux qui sont touchés de la beauté de la vertu, en leur faisant voir de quelle manière elle traite les siens et quel avantage il y a de lui être fidèle.

Je ne veux pas, Monseigneur, entrer dans le vaste champ de tous les bienfaits et de toutes les grâces qui sont sorties des mains de Votre Éminence, je me renfermerai dans les choses qui me regardent et ne lasserai ni sa modestie ni sa patience, n'employant que peu de paroles pour ce grand nombre de bienfaits dont il lui a plu de me combler. Quelles paroles aussi bien pourraient exprimer ses libéralités, puisque toute l'étendue de ma gratitude même ne saurait les égaler ?...

Après une longue énumération de toutes les grâces qu'il a reçues de Mazarin, et dont nous avons indiqué les principales, Colbert termine ainsi sa lettre :

Voilà, Monseigneur, en abrégé, ce qui se peut exprimer et connaître des bienfaits dont je suis comblé par la bonté immense de Votre Éminence, étant infiniment au-dessus de mes forces d'exprimer la manière avec laquelle vous en avez su rehausser la valeur. Car, comme il n'y a que Votre Éminence qui puisse concevoir et produire toutes ces grâces dont vous les accompagnez, qui surpassent infiniment les bienfaits mêmes et que vous imprimez si puissamment dans les cœurs, il n'y a qu'elle seule qui les puisse dignement exprimer. Je ne lui en dis autre chose, sinon qu'elles surpassent autant mon mérite que mes souhaits, que leur gran-

deur et leur nombre m'ôtent le moyen et le loisir de les
goûter comme il faudrait, et que plus sa bonté veut même
relever le peu que je vaux, pour leur donner quelque apparence de justice, et plus j'en rapporte les motifs à cette
même bonté, sans que je prétende pouvoir jamais en demeurer quitte envers elle, quelques services que je puisse
lui rendre, quand je lui en rendrais des siècles entiers.

Toutes ces grâces, Monseigneur, et une infinité d'autres
que Votre Éminence a répandues sur toutes sortes de sujets,
à proportion de leur mérite et même beaucoup au delà,
devraient bien étouffer la malice de ceux qui ont osé publier
quelquefois que les grâces et les bienfaits ne sortaient
qu'avec peine de ses mains. Et quelques-uns de ceux mêmes
qui en ont été comblés ont été de ce nombre, comme si,
dans le même temps qu'ils recevaient ses bienfaits, ils cherchaient des couleurs pour les diminuer, afin de se décharger
du blâme de l'ingratitude qu'ils méritaient. C'est une matière dont personne ne peut mieux parler que moi : la meilleure partie de ces grâces ont passé devant mes yeux, et je
n'en ai jamais vu aucune, pour peu de mérite qu'ait eu la
personne qui les a reçues, dont le prix n'ait été redoublé par
la manière obligeante de les faire. Il est vrai que souvent
les grâces ont été fort ménagées, parce qu'elles étaient faites
pour de très puissantes considérations d'État, et non pour
celle des personnes qui les recevaient, qui souvent en étaient
très indignes. Je dois ce témoignage à la vérité : et c'est
principalement pour cela que je supplie Votre Éminence de
souffrir que je fasse connaître à chacun ce que j'en ai éprouvé
en moi-même, afin que, si quelques particuliers lui dérobent
la gloire des bonnes actions qui leur ont été profitables, le
public lui rende justice et ne dénie pas à ces bonnes actions
la louange qui leur est due.

J'avoue, Monseigneur, que Votre Éminence trouverait facilement une infinité d'autres sujets plus dignes que moi de
sa munificence ; et toutefois, si un cœur bien persuadé de
ses obligations et brûlant du désir d'y bien répondre pou-

vait tenir lieu de mérite, je croirais que le mien a toute la
disposition dont il est capable et que Votre Éminence peut
justement désirer pour les grandes choses qu'elle a faites
pour moi, et du moins je ne lui laisserai pas le déplaisir de
les avoir semées en une terre ingrate.

Ce n'est pas, Monseigneur, que pour m'être entièrement
dévoué au service de Votre Éminence et de sa maison, et en
avoir montré l'exemple à mes frères et à mes proches, ni
pour élever mes enfants dans la profession de n'y pas moins
vivre et mourir que dans la religion où Dieu les a fait naître,
avec le même zèle et la même confiance que moi ; ce n'est
pas, dis-je, que je prétende satisfaire à ce que je dois à ses
bontés ; mes soins et mes travaux, quelque grands et utiles
qu'ils puissent être, demeureront toujours au-dessous de ce
qu'elle a droit d'attendre de moi en toute l'étendue de ses
intérêts et de ses commandements. Mes paroles mêmes,
quelque puissantes qu'elles fussent, ne lui sauraient faire
qu'imparfaitement connaître ma gratitude ; et, lui en voulant expliquer la grandeur, je me trouve réduit à me servir
des termes trop ordinaires et trop faibles d'une protestation
très véritable d'être éternellement avec toute sorte de respect et de dévotion, Monseigneur, de Votre Éminence, le très
humble, très obéissant, très obligé et très fidèle serviteur.

COLBERT.

Cette même année 1655, Mazarin achetait le duché
de Mayenne au duc de Mantoue ; Colbert avait été
chargé de tous les détails de l'acquisition.

En 1656, à l'occasion de la levée du siège de Valenciennes, où Turenne avait été obligé de reculer devant
Condé et les Espagnols, Colbert remit 100,000 livres
de son bien à Mazarin pour l'aider à réparer cet échec.
Il prouvait ainsi la sincérité des sentiments qu'il venait
d'exprimer dans sa lettre du 9 avril 1655.

Tout en s'occupant avec ardeur des intérêts de Mazarin, Colbert ne négligeait pas les siens. En 1658, il
acheta la baronie de Seignelay en Bourgogne, et chargea
un sieur Poursin, avocat au Parlement et bailli de Seignelay, de l'administration de son nouveau domaine[1].
Colbert se montra aussitôt un propriétaire dur, raide
avec les « habitants[2] » ou paysans de ses terres. Un
moulin à foulon avait exigé la construction d'une écluse
qui élevait les eaux d'une petite rivière, le Serain, de
façon à nuire aux riverains. Ceux-ci menaçant de détruire les travaux déjà exécutés, Colbert écrivit à
Poursin[3] : « Je suis bien aise que vous ayez fait faire
les batardeaux pour maintenir ma rivière dans son
ancien cours. Si les habitants de Hauterive ont la hardiesse de les rompre, comme vous dites qu'ils ont déjà
fait, il ne faudra pas manquer de les punir par quelque
voie que ce soit, et il est bon que vous leur fassiez
bien connaître qu'assurément ils s'en repentiront s'ils
y touchent ».

Sa grande préoccupation est d'augmenter le revenu
de sa terre ; il y revient sans cesse. En même temps, il
fait restaurer le château et dessiner un jardin par l'architecte Le Vau. Il veut que l'on travaille vite, bien et
avec économie. A Seignelay, Colbert est déjà tel qu'il
sera plus tard, devenu le surintendant des bâtiments
du Roi.

1. *Lettres, mémoires et instructions,* VII, 1.
2. Le Canada a conservé cette vieille expression.
3. 28 septembre 1658, VII, 5.

Il n'est pas endurant : « Lorsque vous irez à Auxerre, écrit-il à Poursin[1], je vous prie de dire aux fermiers généraux que j'ai été fort surpris d'apprendre le procédé de leurs fermiers particuliers, et que je commencerai par les mettre en procès, mais qu'en même temps je ferai donner des coups de bâton à ceux qui enverront des pêcheurs dans ma rivière[2], n'étant pas résolu à souffrir d'être traité de la sorte par des gens qui sont fermiers de S. Ém.; et s'ils y retournent, ne manquez pas de m'en donner avis aussitôt ».

En 1658, les fièvres et les marais de Dunkerque et de Mardyck avaient rendu Louis XIV si malade que l'on s'attendait à sa mort. Le Roi, Mazarin et la Cour étaient à Calais; Colbert, à Paris. Aussitôt le Parlement et les mécontents s'agitèrent, et si le Roi venait à mourir, la chute de Mazarin était presque certaine. Aussi Colbert prit-il ses précautions; il mit, avec les trésors du Cardinal, une bonne garnison à Vincennes; il augmenta celle de la Bastille; il prit les mesures nécessaires pour garantir le palais de S. Ém., en sorte, lui écrit-il[3], qu'elle se peut reposer sur ses soins de toutes ces choses. Il écrivit aussi à tous les intendants de province qui étaient ses amis, et il assura Mazarin que tous feraient leur devoir et « qu'il n'arriverait rien dans Paris ». Colbert recevait, au nom du Cardinal, les assurances de dévouement du vieux duc d'Épernon,

---

1. 28 septembre 1658, VII, 3.
2. Le Serain, qui traversait la terre de Seignelay.
3. 10 juillet 1658.

du chancelier et des surintendants, de Fouquet surtout, qui s'entendait avec Colbert pour assurer l'ordre[1]
et conserver le pouvoir au Cardinal si le Roi mourait.
Colbert joue déjà un rôle important et est autre chose
qu'un simple intendant de grande maison.

Enfin, un médecin d'Abbeville fut autorisé, le Roi
étant considéré comme perdu par ses médecins, à lui
donner de l'émétique, remède alors nouveau, et le sauva.

Délivré des graves inquiétudes qu'il avait eues pendant une dizaine de jours, Colbert écrit à Mazarin[2] :

La santé du Roi se trouvant en si bon état, il ne reste
qu'à penser à celle de V. Ém., étant impossible qu'elle ne
se trouve notablement intéressée par tant de veilles, tant de
fatigues, accompagnées de toute la douleur qu'elle a res-
sentie de l'extrême maladie du Roi. Je conjure V. Ém. de
forcer un peu son inclination et de se mettre dans le régime
pour quelques jours, afin de prévenir quelque grande maladie dont elle pourrait être menacée.

J'avoue à V. Ém. que la grande inquiétude qui a occupé
tous les esprits depuis huit ou dix jours a interrompu depuis
ce temps le soin de ses affaires. Je m'en vais à présent le
reprendre avec le plus d'application qu'il me sera possible.

Une des principales affaires dont Colbert avait alors
à s'occuper était le château de Vincennes, où Mazarin
ordonnait de grands travaux, dont « l'excessive dépense » mettait Colbert en peine, d'autant qu'il y avait
aussi à acheter le mobilier, les tapisseries[3].

---

1. Fouquet était procureur général du Roi au Parlement.
2. 12 juillet 1658, I, 302.
3. Lettre du 21 mai.

On sait que Colbert était très lié avec Michel Le Tellier; on sait aussi que plus tard, à la mort de Mazarin, éclata entre les deux familles une extrême antipathie, et que Colbert finit par trouver dans Louvois un ennemi implacable. Mais on ne sait pas quelle est la cause de la rupture et de cette inimitié. Dès 1658, nous trouvons cependant qu'il s'était élevé quelques nuages entre Colbert et son premier protecteur, et Colbert écrivait à Le Tellier que, devant son silence prolongé, il avait conçu une appréhension qui lui donnait beaucoup d'inquiétude d'être tombé par inadvertance dans quelque faute qui eût diminué dans son esprit l'opinion de sa gratitude, et il lui renouvelait toute sa reconnaissance[1].

Tout-puissant auprès de son maître qui ne peut plus se passer de ses services, l'intendant ne se lasse pas de demander de nouvelles faveurs. Il obtient : pour ses frères une lieutenance aux Gardes et l'évêché de Luçon. Le nouvel évêque ajouta les 18,000 livres de revenu de cet évêché aux 8,000 livres que lui donnaient déjà ses abbayes. Pour lui, il eut la permission de vendre sa charge de secrétaire des commandements de « la reine à venir », ce qui lui rapporta 500,000 livres, soit 2 millions et demi de nos jours. L'intendant faisait ce qu'il voyait faire à son maître. Mazarin, en effet, trafiquait sur les charges et en vendait le plus possible; Colbert cherchait et trouvait les acheteurs ou, comme il le disait, les marchands. L'un et l'autre s'aidaient à faire for-

1. Lettre du 18 juin 1658.

tune, et profitaient de la vénalité des charges, l'un des abus les plus scandaleux de l'ancien régime.

Dans ces mêmes années (1658-9), Colbert écrivait les lettres les plus sages à son frère Charles Colbert[1], intendant d'Alsace, et lui donnait d'excellents conseils sur toutes les parties de l'administration. L'habile administrateur que l'on verra plus tard au ministère est en train de se former en formant les autres.

En 1659. Colbert, qui s'est déjà occupé plus d'une fois des affaires de l'État, veut y jouer un rôle important : il signale et explique à Mazarin les dilapidations de Fouquet. Le 1er octobre[2], il écrivait au Cardinal :

V. Ém. trouvera ci-joint un mémoire[3] qui m'est échappé des mains, quoique je sache bien qu'il ne contient que les ombres d'une connaissance dont V. Ém. a toutes les lumières. S'il y a quelque chose qui ne lui plaise pas, je la supplie de le jeter au feu dès la première page. Au surplus, V. Ém. verra combien il est important qu'il demeure secret.

Mais le mémoire de Colbert fut arrêté à la poste, remis d'abord à Fouquet par le directeur général des postes, M. de Nouveau, qui, ainsi que tous ses officiers subalternes et tous les autres fonctionnaires de l'État, était vendu ou entièrement dévoué à Fouquet[4]. Le mémoire était en réalité un acte d'accusation contre le

---

1. Colbert, marquis de Croissy, ministre des affaires étrangères en 1679.
2. *Lettres, instructions et mémoires*, I, 380.
3. Le mémoire est publié au tome VII des *Lettres*, p. 164.
4. *Lettres, instructions et mémoires*. VII, 183, 187, 188.

surintendant, et mettait à nu toute sa conduite et toutes
ses opérations.

V. Ém. m'ayant ordonné de lui dire ce que je pouvais savoir concernant l'état présent des finances, pour satisfaire à
ses ordres, je lui dirai qu'elles sont toujours gouvernées de
même, et qu'elles sont toutes renfermées entre le surintendant et le sieur Bruant, son commis, avec quelque légère
participation du trésorier de l'Épargne[1] : et cette nature
d'affaires, la plus importante de l'État, qui était autrefois
gouvernée par un conseil de direction..., par divers moyens,
l'on est parvenu à en ôter la connaissance à tout le monde.

Les moyens que l'on a pratiqués pour cela ont été d'empêcher par toutes sortes de voies la tenue d'aucun registre,
non seulement en la main de celui qui avait été destiné
par S. Ém. à cet emploi, qui, ne s'étant pas trouvé assez
fort pour le soutenir, n'a pu résister à toutes les attaques
qui lui ont été données, mais même en la personne des commis plus intimes du surintendant; parce qu'en la personne
du sieur Hervart c'était un étai, un contrôle et une lumière
perpétuelle qui éclairait les yeux de S. Ém., et en la personne
des commis même intimes, c'était un ordre réglé auquel on
pouvait avoir recours en tout temps, et l'on a toujours voulu
établir la confusion pour en ôter la connaissance à tout le
monde.

Ce n'était pas assez d'ôter et bannir tout ordre, il fallait
encore trouver moyen d'avoir un grand fonds en billets de
l'Épargne[2] ou quittances, pour pouvoir consommer les af-

1. Le Trésor central du royaume : on y versait tous les produits
des domaines et des impôts.

2. Le surintendant délivrait un mandat sur l'Épargne, ou Trésor, pour solder une dépense. Le mandat était assigné sur un
fonds spécial ; lorsque ce fonds spécial était épuisé et que l'on ne
pouvait payer le mandat, on convertissait ledit mandat en un
billet de l'Épargne, qui devait être payé plus tard, et souvent ne

faires à mesure qu'elles sont faites, et se rendre par ce moyen maître de toute la distribution.

Colbert montre comment Fouquet négocie avec les traitants[1]; il fait revivre de vieux billets et de vieilles quittances de l'Épargne depuis l'année 1620, qu'il achète à 3 et 4 p. 100, et que Bruant paie comptant. Sur ce chef, Fouquet a gagné plus de 10 millions de livres (soit plus de 50 millions d'aujourd'hui).

Les deux seules personnes qui pouvaient traverser cette conduite étaient le chancelier[2], pour la signature, et les trésoriers de l'Épargne, pour l'expédition. L'un, par sa faiblesse naturelle et par la facilité que l'on a apportée à toutes les affaires, même par l'envie qu'il a eue d'avoir part dans les aliénations[3] qui ont été faites, a tout signé. Les autres, par les grands avantages qu'ils ont eus dans leurs comptes d'exercice et par la dépendance où ils sont du surintendant, ont été retenus, joint que, par les différentes remises d'une Épargne à l'autre[4], on leur a ôté la plus grande part de la connaissance de la suite des affaires.

Ce sont là les moyens par lesquels l'on est parvenu à l'entière disposition des finances du Roi sans la participation presque de personne.

Pour ce qui est des avantages que l'on a retirés de cette conduite, c'est une chose publique et connue de tout le monde que le surintendant a fait de grands établissements,

---

l'était pas. De puissants personnages achetaient à vil prix ces billets, les faisaient réassigner sur un fonds disponible, étaient payés intégralement et réalisaient ainsi d'énormes bénéfices.

1. Financiers chargés du recouvrement de l'impôt.

2. Pierre Séguier.

3. Des rentes (Voy. T. VII, p. 215).

4. Les fonds de l'Épargne étaient divisés en deux parties.

non seulement pour lui, non seulement pour ses frères, non
seulement pour tous ses parents et amis de longue main,
non seulement pour tous les commis qui l'ont approché,
mais encore pour toutes les personnes de qualité du royaume
et autres qu'il a voulu acquérir, soit pour se conserver, soit
pour s'agrandir ; et beaucoup de personnes croient savoir
que le seul Delorme[1] a fait pour plus de 4 millions de livres (plus de 20 millions d'aujourd'hui) de gratifications en
argent ou revenus de pareille valeur pendant dix-huit ou
vingt mois de temps qu'il a été commis du surintendant[2].

L'on ne parle pas des gains épouvantables que les gens d'affaires ont faits et de leur insolence, qui est montée à un
tel point qu'elle serait incroyable si on ne la voyait tous les
jours.

Quant à l'état présent des finances du Roi, c'est un fait de
la connaissance publique :

Que les fermes[3] sont augmentées presque d'un tiers, par
le moyen des nouvelles impositions qui ont été mises sur
toutes sortes de marchandises et de denrées depuis cinq ou
six ans, et néanmoins qu'il n'en revient presque rien au
Roi..., que le peu qui en revient est consommé jusqu'en 1661 :

Que toutes les tailles[4] sont consommées jusqu'en fin de
l'année 1660, et qu'il y en a pour plus de 15 millions de livres aliénées à perpétuité... Que toutes les entrées des villes
et deniers d'octroi, péages de rivières et autres droits ont
été doublés et aliénés à l'instant même.

Que toutes les forêts de Normandie sont presque vendues,

1. Un des commis de Fouquet.
2. Fouquet fut obligé de le chasser en 1657 (I, 391).
3. Les impôts, qui étaient levés par les fermiers généraux,
lesquels gardaient pour eux une partie considérable de l'argent
qu'ils levaient, sous prétexte de leurs frais.
4. Impôt établi sur les paysans et les bourgeois, en un mot,
sur les roturiers, pour leurs biens et leurs revenus.

et même une bonne partie de ce qu'il y avait de bois dans le reste des provinces du royaume : et que toutes ces aliénations ont été faites à vil prix, même une bonne partie donnée par gratification aux plus grands seigneurs du royaume et aux officiers des compagnies souveraines.

Bref, les domaines et les revenus de l'État, impôts, forêts, etc., sont au pillage ; les impôts augmentent, le peuple est écrasé, car il est presque seul à les payer ; mais Fouquet, ses agents, ses partisans font des fortunes colossales en volant le Roi et le peuple. Il faut lire ce mémoire tout entier, qu'il est impossible d'analyser : Colbert y signale les abus, les dilapidations, et indique les moyens de les faire cesser. Les premiers étaient de rétablir l'ordre et la probité dans cette administration, de tenir en bride le surintendant, de faire rendre gorge aux financiers enrichis aux dépens du Trésor, et pour cela établir : une chambre de justice destinée à réprimer les désordres de toute sorte et punir rigoureusement les coupables par la confiscation de leurs biens, — et des Chambres de Grands-Jours[1] pour faire cesser les vexations infligées aux peuples. Il évaluait à plus de 20,000 le nombre des individus, traitants, fermiers, partisans, financiers, gens d'affaires qui vivaient des abus et ruinaient à la fois l'État et la nation. Ses conclusions étaient que les revenus du Roi, si l'on adoptait ses avis, seraient augmentés, et il terminait en disant :

1. Tribunaux extraordinaires allant tenir leurs assises dans les provinces.

L'on ne verra plus les grandes fortunes des partisans et gens de finances qui donnent de l'envie et de la jalousie à tout le monde, et qui sont cause d'une prodigieuse augmentation de luxe.

Les gens de justice reprendront leur première modestie, faute d'avoir de quoi soutenir leur insolente vanité, par le retranchement d'une infinité de droits sur le Roi dont ils sont gorgés.

L'on ne reconnaîtra de grâces, de gratifications et de fortunes que celles qui viendront de la main du Roi par l'entremise de Son Éminence, et enfin un million de bons effets pour le bien, l'avantage et le repos de l'État viendront de cette conduite.

De plus, Son Éminence étant maîtresse d'un grand revenu, pourra, avec beaucoup de facilité, par son économie, entretenir un grand nombre de troupes, de grandes garnisons dans toutes les places avancées, en Allemagne, Flandre, Italie, Espagne, revêtir toutes ces places et les bien fortifier, rétablir la gloire et l'honneur du royaume sur la mer aussi bien que sur la terre, en remettant en mer un nombre considérable de galères et de vaisseaux, afin de porter la gloire et la terreur de son nom jusque dans l'Asie, après l'avoir si fortement et si puissamment établi dans toute l'Europe; et outre toutes ces dépenses, je ne doute point que Son Éminence ne pût encore mettre en réserve une somme considérable tous les ans.

Après avoir exécuté toutes ces grandes choses, il n'en resterait plus que deux à faire qui ne seraient pas moins glorieuses pour Son Éminence : l'une, d'établir le commerce dans le royaume et les voyages de long cours, et l'autre de travailler au retranchement de la multiplicité des officiers des justices souveraines et subalternes, des abus qui se commettent en la justice, et de la faire rendre aux peuples plus promptement et à moins de frais, étant très certain que les officiers de justice tirent des peuples du royaume, tous les ans, par une infinité de moyens, plus de vingt millions

(plus de cent millions) de livres, dont il y aurait beaucoup
de justice de retrancher plus des trois quarts, ce qui ren-
drait les peuples plus accommodés et leur laisserait plus de
moyens de fournir aux dépenses de l'État : et davantage, y
ayant plus de trente mille hommes qui vivent de la justice
dans toute l'étendue du royaume, si elle était réduite au
point où elle doit être, sept ou huit mille au plus suffiraient,
et le reste serait obligé de s'employer au trafic, à l'agriculture ou à la guerre, et ils travailleraient par conséquent à
l'avantage et au bien du royaume, au lieu qu'ils ne travaillent à présent qu'à sa destruction.

Colbert venait de tracer en grande partie le pro-
gramme de son futur ministère. Quand Louis XIV le fit
ministre, il arrivait aux affaires merveilleusement préparé par un long apprentissage, par un travail sérieux
et portant sur toutes les parties de l'administration. Ce
mémoire en est une preuve. Il fut aussi la cause de la
lutte qui s'engagea presque aussitôt entre Colbert et le
surintendant.

Pendant ce temps, Mazarin négociait avec l'Espagne,
et les victoires de Turenne allaient enfin terminer la
longue guerre que Richelieu avait commencée en 1634
et qui finit à la paix des Pyrénées en 1659. Il fut convenu que Louis XIV épouserait l'infante d'Espagne,
Marie-Thérèse ; mais le Roi, épris d'une nièce de Mazarin, Marie Mancini, voulait en faire sa femme, et il
n'est pas douteux que le Cardinal n'ait d'abord favorisé
ce projet, qui n'échoua que devant l'opposition énergique d'Anne d'Autriche[1]. Nous savons que Mazarin

1. Madame de MOTTEVILLE.

tolérait, et facilitait même, la correspondance du Roi avec sa nièce. Le 9 juillet 1659, Colbert écrivait à Mazarin : « J'adresse au sieur de Terron[1] toutes les lettres que le Roi m'a envoyées aujourd'hui pour Mlle Mancini ; j'en userai à l'avenir ainsi que Votre Éminence me l'ordonne[2] ». Mais trois jours après, Mazarin adressait au Roi les plus sérieuses remontrances au sujet de son intention d'épouser Mlle Mancini : Anne d'Autriche, indignée d'un tel mariage, s'était fâchée et avait même menacé le Cardinal de le chasser de France s'il ne renonçait pas à ce projet. Mazarin avait dû céder, et Colbert de Terron avait reçu l'ordre de ne plus remettre aucune lettre du Roi à Marie Mancini. Il ne put cependant résister à la prière de Louis XIV de faire parvenir à Mlle Mancini « dans le dernier secret » un billet et un petit chien. Malgré les précautions prises, Mazarin fut averti, et, redoutant la colère d'Anne d'Autriche, il eut les plus vives inquiétudes. Il se plaignit à Colbert de la conduite de son cousin et lui écrivit[3] :

Je n'ai pas sujet d'être satisfait du sieur de Terron sur le sujet de ma nièce : car, après que j'ai fait rompre tout le commerce, il n'a pas laissé de le faire de fait... Je sais en outre que, après mon retour de la Rochelle, il a fait entretenir ma nièce, mal à propos, car il faut éteindre le feu et non pas porter matière pour allumer.

1. Cousin de Colbert, intendant de la marine à Brouage où se trouvaient les nièces du Cardinal.

2. *Lettres, instructions et mémoires*, I, 349.

3. Lettre du 20 octobre 1659. — I, LXXXIX.

Le 22 octobre, il écrivait encore à Colbert :

Ainsi, un commerce qui était tout à fait cessé, après les
efforts que j'avais faits pour cela (jusqu'à demander mon
congé au Roi, en résolution de quitter tout et me mettre en
un vaisseau avec mes nièces pour m'en aller où je pourrais,
s'il ne se rompait), est sur le point de se renouer plus que
jamais par les soins dudit Terron, lequel en un mot a prétendu faire une grande fortune par ce moyen.... Et de quoi
je vous conjure présentement, c'est de n'en rien témoigner
audit Terron, pour quelque raison que ce puisse être, car
vous me mettriez en d'étranges embarras, vous protestant
que cette affaire est peut-être la plus délicate que j'aie eue
de ma vie et qui m'a donné plus d'inquiétude.

Colbert, à ces nouvelles, fut « rempli de chagrin et
de désespoir », craignant, non sans raison, les consé-
quences que pouvait avoir pour lui le mécontentement
du Cardinal contre son cousin ; mais l'affaire n'eut pas
de suites.

Ce fut Colbert que Mazarin chargea de tous les préparatifs du mariage de Louis XIV : il y avait beaucoup
à faire. Il fallait de nombreux carrosses : un grand
carrosse de parade, en velours rouge, tout couvert de
broderies, pour la Reine ; — un carrosse de campagne,
tout chamarré de grands passements d'argent, aussi
pour la Reine ; — un carrosse et une calèche pour le
Cardinal ; — un carrosse pour les filles d'honneur de la
Reine. Toutes ces voitures étaient couvertes de velours
de Milan, brodé et orné de crépines. Les brodeurs de
Paris ne savaient plus où donner de la tête, tant ils
étaient occupés. Avec les carrosses, il faut commander

et faire faire les harnais, les livrées, — les devises[1], — les broderies, les dessins de ces broderies pour les montrer à Anne d'Autriche et au Roi, — les innombrables bijoux destinés à être donnés en cadeau et qui seront exécutés par le célèbre orfèvre Lescot[2], croix de diamants, montres, montres sonnantes enrichies de diamants, etc., — les agendas, — les épées d'or émaillées ou non, commandées aussi à Lescot (il en faut six au Cardinal), les épées en fer poli et doré demandées à Legay, fourbisseur du Roi, — les tapisseries, — une crépine pour le dais du Roi, — les casaques pour les gardes de S. Ém., qui avait des gardes ainsi que Richelieu, — les couvertures pour les mulets et chevaux de main, « ce qui est nécessaire pour paraître superbement », — les cassettes, — une caisse d'eau d'orange de Rome pour la Reine, — une toilette pour le Roi, — des étoffes, des dentelles, — des habits pour le Roi, article qui s'élèvera à 90.000 livres (500,000 francs), et dont les marchands veulent être payés avant de livrer[3].

Ce n'est pas tout : il faut des oranges de Portugal, que le Cardinal veut offrir à la nouvelle Reine; on paiera 6 livres (30 francs d'aujourd'hui) chacune, celles qui arriveront les premières. Colbert, qui ne perd aucune occasion, reçoit les premières oranges en mars, et prend un intérêt d'un quart dans une boutique de la

1. C'est Douvrier qui est l'auteur de la célèbre devise de Louis XIV : *Nec pluribus impar* (I, 383).

2. *Lettres, instructions et mémoires*, I, 167.

3. *Ibidem*, I, 434.

foire de Saint-Germain, « qui débite, dit-il, nos oranges de Portugal[1] ».

Varin fait des grandes médailles avec le portrait du Roi, de la Reine, de Mazarin. On frappe des médailles de 10 et 5 pistoles, 200 pièces de largesse d'une pistole en or, et 3,000 de 10 livres en argent, et des jetons.

Rien n'avançait assez vite pour satisfaire Mazarin et Colbert. Lescot surtout leur causait de grands ennuis; il ne travaillait pas assez vite; le 3 août 1659, Colbert écrit à Mazarin :

Toutes les dépêches de V. Ém. étant remplies d'impatience pour toutes les choses qu'elle a ici ordonnées au sieur Lescot, je la supplie bien humblement de croire que le déplaisir que je ressens quand je ne puis satisfaire ponctuellement aux ordres qu'elle me donne, est assurément plus grand qu'elle ne s'imagine. Il ne se passe point de jour que je n'aille une fois chez Lescot et que je n'y envoie une autre fois. Je lui fais voir toutes les lettres que je reçois de V. Ém., et l'excite par toutes les raisons et les instances possibles; mais j'avoue que je ne suis pas trop satisfait de lui, et encore moins de sa fille, qui n'a pas tout l'ordre ni tout l'esprit qu'elle croit pour avancer ces ouvrages avec la diligence nécessaire.

Mais l'affaire la plus grave était d'habiller le Cardinal. Il changeait d'avis à chaque instant. Colbert travaillait de cinq heures du matin à onze heures du soir, et rien n'avançait à son gré; il était tellement étourdi des exigences et des caprices de son maître, qu'il ne sa-

1. *Lettres, instructions et mémoires*, I, 426.

vait plus, disait-il, ce qu'il faisait; à quoi le Cardinal lui répondait : « Il faut faire ce qui se peut et ne se pas tourmenter du reste ».

Il fallut aussi penser à l'importante question de savoir où on logerait « Mesdemoiselles, nièces de S. Ém. »; il était difficile de leur trouver un logement au Louvre. A ce sujet, Mazarin écrivit à Colbert : « Pour le logement, je voudrais bien qu'elles le prissent chez moi; car il y aura peine d'en trouver un dans le Louvre, outre que je vous dirai confidentiellement qu'il ne serait pas bien que le Roi y trouvât ma nièce en retournant à Paris avec la nouvelle Reine. Et je ne dis pas cela sans beaucoup de raisons ».

Tout en s'occupant de ces mille détails, Mazarin et Colbert ne négligeaient pas les affaires sérieuses. A la fin de 1659, Mazarin achetait le duché de Nevers au duc de Mantoue, qui lui devait 1,300,000 livres, et qui lui avait déjà vendu le duché de Mayenne en 1655. C'était une fort belle acquisition, et Colbert l'avait fort engagé à la faire.

Le château, écrivait Colbert [1], est des plus beaux que j'aie vus, et très logeable : et, pour peu de dépense que l'on y fasse, il sera assurément capable de loger V. Ém. et toute sa maison. Enfin, Monseigneur, tout ce qui se voit dans cette grande terre sent bien les grandes maisons de Nevers, d'Albret, de Bourgogne, deux fois de Clèves, et de Gonzague qui l'ont possédée. Et si V. Ém. était capable de faire une chose qu'elle ne fera jamais, qui est, non pas de partager

____

1. Le 26 octobre 1659. — I, 389.

ses affections entre la gloire de l'État et ses affaires domestiques, mais seulement d'en réserver quelque petite part pour celles-ci, rien au monde ne lui semblerait si beau, si grand, si considérable et si digne de ses affections que ce duché.

Satisfait de son acquisition, Mazarin écrit à Colbert[1] : « Je suis persuadé que l'affaire de Nevers vous donnera bien de l'exercice, et que je me dois promettre de vos soins de très grands avantages. Aussi je n'en perdrai pas le souvenir, comme des autres services que vous m'avez rendus et me rendez continuellement ».

En 1659, Mazarin chargea Colbert d'une mission auprès du pape Alexandre VII : il espérait obtenir du souverain pontife qu'il restituât au duc de Parme le duché de Castro dont il l'avait dépouillé, et à secourir les Vénitiens contre les Turks qui leur faisaient la guerre dans l'île de Candie. Cette espèce d'ambassade n'eut pas de succès.

Le 7 mars 1660, Colbert recevait à Vincennes le prince de Condé rentré en France après avoir obtenu, au traité des Pyrénées, sa grâce et l'oubli de sa trahison. L'intendant montra les appartements à l'illustre visiteur et lui fit servir à dîner. Le lendemain il rendit compte au Cardinal de ce qui s'était passé et ajouta :

Je dois encore dire à Votre Éminence que Son Altesse me parla en particulier près de deux heures entières, prenant plaisir de m'expliquer toute la conduite qu'il avait tenue

1. *Lettres, instructions et mémoires*, I, 414 ; 31 décembre.

avec les Espagnols, et s'étendant fort en toutes occasions sur l'union inséparable qu'il voulait avoir avec Votre Éminence, et que non seulement il en avait la volonté, mais même qu'il n'était pas difficile de juger qu'il avait assez d'esprit pour connaître qu'il n'avait point d'autre parti à prendre que celui-là, me priant et me conjurant par diverses fois de lui dire toutes les choses qui pourraient venir à ma connaissance dans lesquelles il pourrait manquer par inadvertance, ou que je pourrais savoir qu'il eût faites ou dites, et même de lui donner avis de toutes les occasions dans lesquelles il pourrait servir Votre Éminence ; qu'il savait bien la confiance qu'elle avait en moi, et que, assurément, je trouverais que la volonté dans laquelle il était serait de durée, et qu'il ne se départirait jamais de la résolution d'être toujours ami et serviteur de Votre Éminence.

A quoi, suivant son habitude, Mazarin fit la réponse suivante sur la marge de la lettre de Colbert :

Si Monsieur le Prince répond par ses actions aux paroles par lesquelles il tâche de persuader tout le monde qu'il veut vivre dans la dernière amitié avec moi, j'en aurai beaucoup de joie, et lui sera très heureux ; mais si toutes ces avances vont à se mettre en état de demander des grâces que je ne crois pas que le Roi lui doive accorder, la bonne intelligence ne durera pas longtemps. Puisqu'il vous a tant pressé de lui dire vos sentiments dans les choses qui pourront regarder son service et la conservation de cette union entre lui et moi, je voudrais bien que vous prissiez occasion de reconnaître les siens à l'égard du Parlement, lequel assurément, je le prévois, sur le prétexte de faire soulager le peuple, à l'occasion de la paix, entreprendra des choses qui choqueront l'autorité royale et dans la forme et dans la substance, et il serait bon de savoir de bonne heure ce qu'on doit attendre dudit sieur Prince en un tel rencontre, c'est-à-dire

s'il lèverait le masque pour appuyer les résolutions que le
Roi pourrait prendre, ou ne songerait qu'à se ménager,
comme plusieurs personnes l'imaginent à cause de son
humeur, et pour les grandes démonstrations qu'il a faites à
tous les gens de robe, ayant traité les présidents à mortier[1]
mieux que les officiers de la couronne. J'ai appris aussi, de
personnes qui y étaient présentes, qu'il a fait applaudir aux
harangues dans lesquelles on lui a dit que la paix lui était
due et qu'on savait bien que c'était lui qui avait conclu le
mariage.

Colbert finit ce qu'il y a à dire de Monsieur le
Prince par ces mots :

J'ai omis de dire à V. Ém. que Monsieur le Prince m'o-
bligea presque par force à me mettre à table avec lui. — Il
eût eu grand tort, écrit Mazarin, s'il en eût usé autrement.

Cette correspondance fait voir que Colbert était, auprès de Mazarin, autre chose qu'un intendant actif,
habile et fidèle; il était initié, dans une certaine proportion, aux affaires du gouvernement, et avait aussi
sur ce point toute la confiance du Cardinal. Cette confiance, si justifiée, expliquera, dans peu de temps, celle
que Louis XIV lui accordera en le prenant pour ministre.

Enfin, le 3 juin 1660, Louis XIV épousait Marie-Thérèse à Saint-Jean-de-Luz ; la Cour revenait à Paris, les

---

1. Bonnet ou toque garni de fourrures que portaient les présidents du Parlement. Le mortier du premier président avait
deux galons d'or; celui des autres présidents n'avait qu'un
galon.

fêtes se terminaient; Mazarin et Colbert allaient jouir d'un repos bien mérité.

Il faut revenir maintenant à la lutte de Colbert contre Fouquet, lutte dont nous avons raconté l'origine [1]. Fouquet s'était plaint à Mazarin du mémoire et des accusations lancés contre lui par son intendant. Le Cardinal en avait référé à Colbert, qui, de Nevers, où il se trouvait, écrivit à Mazarin, le 28 octobre 1659 [2] :

Il est vrai, Monseigneur, que j'ai entretenu une amitié assez étroite avec lui (Fouquet) depuis les voyages que je fis, en 1650, avec V. Ém., et que je l'ai continuée depuis, ayant toujours eu beaucoup d'estime pour lui et l'ayant trouvé un des hommes du monde les plus capables de bien servir V. Ém et de la soulager dans les grandes affaires dont elle est surchargée. Cette amitié a continué pendant tout le temps que M. Servien a eu la principale autorité dans les finances, et souvent j'ai expliqué à V. Ém. même la différence que je faisais de l'un à l'autre. Mais, dès lors que, par le partage que V. Ém. fit en 1653, toute l'autorité des finances fut tombée entre les mains dudit sieur Procureur général, et que, par succession des temps, je vins à connaître que sa principale maxime n'était pas de fournir par économie et par ménage beaucoup de moyens à V. Ém. pour étendre la gloire de l'État, et qu'au contraire il n'employait les moyens que cette grande charge lui donnait qu'à acquérir des amis de toute sorte et à amasser, pour ainsi dire, des matières pour faire réussir, à ce qu'il prétendait, tout ce qu'il aurait voulu entreprendre, et même pour se rendre nécessaire, et, en un mot, qu'il a administré les finances avec une profusion qui n'a point d'exemple ; à me-

1. Page 30.
2. *Lettres, instructions et mémoires*, I, 390.

sure que je me suis aperçu de cette conduite, à mesure notre amitié a diminué.

Mais il a eu raison de dire à V. Ém. que je me suis souvent ouvert à lui et que je lui ai même donné quelques conseils, parce que, pendant tout ce temps-là, je n'ai laissé passer aucune occasion de lui faire connaître, autant que cette matière le pouvait permettre, combien la conduite qu'il tenait était éloignée de ses propres avantages : qu'en administrant les finances avec profusion, il pouvait peut-être amasser des amis et de l'argent, mais que cela ne se pouvait faire qu'en diminuant notablement l'estime et l'amitié que V. Ém. avait pour lui ; au lieu qu'en suivant ses ordres, agissant avec ménage et économie, lui rendant compte exactement, il pouvait multiplier à l'infini l'amitié, l'estime et la confiance qu'elle avait en lui, et que, sur ce fondement, il n'y avait rien de grand dans l'État, et pour lui, et pour ses amis, à quoi il ne pût parvenir.

Quoique j'eusse travaillé inutilement jusqu'en 1657, lorsqu'il chassa Delorme, je crus que c'était une occasion très favorable pour le faire changer de conduite ; aussi redoublai-je mes diligences et mes persuasions, lui faisant connaître qu'il pouvait rejeter toutes les profusions passées sur ledit Delorme pourvu qu'il changeât de conduite, lui exagérant fortement tous les avantages qu'il pourrait tirer de cette favorable conjoncture. Je ne me contentai pas de faire toutes ces diligences ; je sollicitai encore M. Chanut, pour lequel je sais qu'il a estime et respect, de se joindre à moi, l'ayant trouvé dans ces mêmes sentiments. Je fus persuadé quelque temps qu'il suivait mon avis, et, pendant tout ce temps, notre amitié fut fort réchauffée ; mais depuis, l'ayant vu retomber plus fortement que jamais dans les mêmes désordres, insensiblement je me suis retiré, et il est vrai qu'il y a quelque temps que je ne lui parle plus que des affaires de V. Ém., parce que je suis persuadé qu'il n'y a rien qui le puisse faire changer. Mais il est vrai qu'il n'y a rien que j'aie tant souhaité, et que je souhaite tant, que ledit sieur Procureur général pût quitter ses deux mauvaises qualités, l'une de l'intrigue et l'autre de l'horrible corruption dans laquelle il s'est plongé, parce que si ses grands talents étaient séparés de ces grands défauts, j'estime qu'il serait très capable de bien servir Votre Éminence...

Si dans ce discours et dans le mémoire que j'ai envoyé à V. Ém., la vérité ne paraît point sans aucun fard, déguisement, envie de nuire, ni autre fin indirecte de quelque nature que ce soit, je ne demande pas que V. Ém. ait jamais aucune créance en moi, et il est même impossible qu'elle la puisse avoir, parce que je suis assuré que je ne puis jamais lui exposer la vérité plus à découvert et plus dégagée de toutes passions. Et outre que V. Ém. le découvre assez par le discours même, si elle considère que je ne souhaite la place de personne, que je n'ai jamais témoigné d'impatience de monter plus haut que mon emploi, lequel j'ai toujours estimé et estime infiniment plus que tout autre, puisqu'il me donne plus d'occasions de servir personnellement V. Ém., et que d'ailleurs, si j'avais dessein de tirer des avantages d'un surintendant, je ne pourrais en trouver un plus commode que celui-là (ce qui paraît assez clairement à V. Ém. par l'envie qu'il lui a fait paraître de vouloir bien vivre avec moi); V. Ém. jugera, dis-je, assez facilement qu'il n'y a eu aucun autre motif que la vérité et ses ordres qui m'aient obligé de dire ce qui est porté par ledit mémoire....

Quant à l'envie qu'il a fait paraître à V. Ém. même de vouloir bien vivre avec moi, il n'y aura pas grand'peine, parce que, ou il changera de conduite, ou V. Ém. agréera celle qu'il tient, ou V. Ém. l'excusera par la raison de la disposition présente des affaires, et trouvera peut-être que ses bonnes qualités doivent balancer et même emporter ses mauvaises. En quelque cas que ce soit, je n'aurai pas de peine à me conformer entièrement à ce que je reconnaîtrai être les intentions de V. Ém., lui pouvant protester devant Dieu qu'elles ont toujours été et seront toujours les règles des mouvements de mon esprit.

Mazarin fut satisfait des explications de Colbert, comme nous le voyons dans la lettre de celui-ci, en date du 26 novembre[1] :

Dans la réponse que j'ai faite à V. Ém. sur l'entretien qu'elle aurait eu avec M. le surintendant, j'ai tâché de lui expliquer mes véritables sentiments. C'est un grand avantage pour moi que V. Ém. en ait été satisfaite, mais ce serait le comble de ma félicité si cette réponse avait pu contribuer à faire connaître à V. Ém. une vérité constante : que je suis incapable et que je ne puis pas me reprocher à moi-même d'avoir dit ou écrit à V. Ém. aucune chose, depuis que j'ai l'honneur de la servir, par principe de nuire ou de rendre office à qui que ce soit, ni pour parvenir à aucune fin indirecte, mais seulement dans la vue du bien de son service, autant que je l'ai pu connaître.

Mazarin répondit :

Je sais en quels termes vous m'avez toujours parlé et écrit touchant le surintendant, et je vous connais trop bien pour ne pas savoir avec quel principe vous me parlez des choses et des personnes[2].

Les choses en restèrent là. Mazarin ne tenait pas, et pour cause, à chasser Fouquet : il « agréa » la conduite que tenait le surintendant. Terminons en insistant sur le rôle considérable que jouait déjà Colbert pendant le ministère de Mazarin; on comprend maintenant que lorsque Louis XIV, devenu maître du gouvernement, voudra faire cesser le régime des « profusions » et voir

1. *Lettres, instructions et mémoires*, I, 402.
2. *Ibidem*, p. 403.

clair dans ses finances, Colbert était prêt, et depuis longtemps, à renseigner exactement le jeune roi et à lui donner sur l'heure les moyens de faire cesser le désordre.

Colbert, à force de soins et de travail, était parvenu à reconstituer la fortune du Cardinal : il dirigeait ses affaires avec habileté, et ce n'était pas petite besogne.

Je supplie V. Ém., écrivait-il le 5 avril 1660[1], de me permettre de lui dire que pour peu de réflexion qu'elle fasse à ses affaires, elle trouvera que je suis chargé de l'administration et du détail de vingt-trois abbayes qui composent 5 à 600,000 livres de revenu, de deux grands duchés, dont l'un est assurément un abîme d'affaires et de procès, d'un grand domaine qui est celui de la Fère, et d'un petit qui est celui du duché d'Auvergne, de près de 300,000 livres de revenu sur le Roi en divers droits, de toutes les terres que V. Ém. a à présent en Alsace, de ses gouvernements d'Alsace, Brisach, Auvergne et Brouage, des bâtiments de tout ce qui concerne Vincennes, du détail de sa maison et de son garde-meuble, et d'une infinité d'autres affaires qui surviennent à tous moments.

Je ne dis point ceci pour exagérer mon travail à V. Ém.; au contraire, je la supplie de croire comme une vérité constante que mon inclination naturelle est tellement au travail, que je reconnais tous les jours, en m'examinant en mon dedans, qu'il est impossible que mon esprit puisse soutenir l'oisiveté ou le travail modéré, en sorte que du jour où ce malheur m'arrivera dans le cours de ma vie, je n'ai pas six ans de temps à vivre ; ce qui me fait connaître clairement que je suis obligé à V. Ém. de la vie, et de la vie agréable,

1. *Lettres, instructions et mémoires*, 1, 443.

quand elle ne m'aurait pas d'ailleurs comblé de bienfaits,
et en ma personne et en celle de tous mes frères. En sorte
que je connais fort bien que je suis sans comparaison plus
obligé à V. Ém. que qui que ce soit ne le peut jamais être ;
et c'est sur ce pied que je mesure aussi la reconnaissance
que j'en dois avoir.

Colbert termine sa lettre en annonçant au Cardinal
qu'il a employé depuis cinq ans à visiter ses abbayes
et domaines un sieur Berryer, d'assez bonne naissance,
possesseur de 1,500,000 livres de biens de bonne nature.

Depuis 1655, il ne s'est point passé d'année que je ne lui
aie fait dépenser 15,000 livres chacune pour le service de
V. Ém. Cependant, comme je ne puis point fournir cette dépense, quoique très nécessaire, et que j'ai été bien aise de
ménager à V. Ém. les appointements et voyages de cet
homme, je l'ai entretenu pendant tout ce temps de la connaissance que V. Ém. *aurait* de ses services, d'espérances
d'un bénéfice pour un de ses enfants et de quelque établissement pour lui, et d'autres choses de cette nature, afin de
l'exciter toujours et d'en tirer le plus d'avantages que je
pourrais pour Votre Éminence.

Décidément Colbert est un intendant modèle.

Le 9 mars 1661 Mazarin mourait à Vincennes, laissant à ses héritiers, suivant M. de Pomponne, 40 millions de livres[1] ou, suivant d'autres auteurs, 100 millions de livres[2], ce qui paraît plus probable, car Hortense

1. 200 millions de francs.
2. 500 millions de francs.

Mancini, sa nièce préférée il est vrai, eut pour sa part 28 millions de livres[1].

La fortune de Colbert, loin d'être arrêtée par la mort du Cardinal, fit au contraire un grand pas : du service du ministre, il passa à celui du Roi; d'intendant d'un riche Cardinal il devint le ministre des finances du roi de France.

Colbert resta toujours attaché, et en fort bons termes, avec la famille de Mazarin; on en jugera par la lettre que le duc de Mazarin[2] écrivait à Colbert le 29 juillet 1662[3] :

Je vous supplie de trouver bon que je vous écrive sans aucune cérémonie à l'avenir, dans la pensée où je suis que vous ne ferez aucune façon d'en user de même; j'ai cru cependant qu'il fallait vous en donner l'exemple, que vous ne devez pas, ce me semble, faire difficulté de suivre, puisque ayant à nous écrire aussi souvent que nous ferons dans la grande liaison d'intérêts que vous avez bien voulu qui fût entre nous, il est à propos, ce me semble, de supprimer toute sorte de compliments.

J'ai appris avec une joie extrême le départ de mon beau-frère[4] de Rome pour revenir en France. Je vous supplie de me mander ce que vous en savez, afin que, si la chose est véritable, je ne tarde pas à lui dépêcher un gentilhomme pour me réjouir avec lui sur ce sujet. Au reste j'ai vu M. Berryer, qui s'est engagé de la meilleure grâce du monde à prendre l'emploi dans mes affaires que nous lui avions des-

1. 140 millions de francs.

2. Le duc de la Meilleraye, en épousant Hortense Mancini, avait pris le titre de duc de Mazarin.

3. *Lettres, instructions et mémoires*, VII, 343.

4. Le duc de Nevers, Philippe-Julien Mazarini-Mancini.

tiné[1], et comme je suis persuadé que c'est en votre considération principalement qu'il s'est engagé, je vous en fais mes très humbles remerciements. Il ne se peut pas rien faire de meilleure grâce que la manière dont il a accepté ce que je lui ai offert. Nous avons rendez-vous chez M. Boucherat, où nous parlerons d'affaires, c'est-à-dire de celle que vous avez bien voulu ébaucher, et pour les nouvelles, trouvez bon que l'on n'y songe que lorsque vous aurez eu agréable de nous en pousser la première lumière... Je finirai ensuite par une des choses du monde qui me tient le plus au cœur, qui est de vous assurer que, vous étant obligé à un point que je ne saurais exprimer, je serai toute ma vie, par reconnaissance, par estime et par inclination, plus qu'homme du royaume, tout à fait à vous.

La duchesse de Mazarin, qui assure Madame Colbert de ses très humbles services. Monsieur, je suis bien aise de vous assurer, dans la lettre de mon cher mari, que je suis votre très humble servante[2].

Nous lisons dans les Mémoires de l'abbé de Choisy : « Colbert se vantait que Mazarin mourant avait dit à Louis XIV : « Je vous dois tout, Sire, mais je crois « m'acquitter en quelque manière en vous donnant Col- « bert ». Nous n'hésitons pas à regarder ces paroles comme absolument vraies, et ce qui confirme notre opinion, c'est le testament même du Cardinal, où on lit : « A Colbert, la maison où il demeure, sans être obligé de rendre aucun compte, sur peine d'être déshé-

----

1. M. Berryer avait enfin sa récompense. Voy. p. 50.
2. Ces lignes sont de la main de la duchesse de Mazarin.

rités pour ceux qui le demanderont, et prie le Roi de se servir de lui, étant fort fidèle ».

A peine Mazarin est-il mort que Colbert est en relations directes et intimes avec Louis XIV. Chargé de la garde de l'argent disponible du Cardinal, Colbert remet au Roi une somme de 15 millions de livres[1] (75 millions de francs) et lui ouvre les yeux sur les dilapidations de Fouquet. Ce nouveau rôle ne peut s'expliquer qu'à la condition d'admettre que Mazarin avait « donné » Colbert au Roi.

1. Mémoires de l'abbé de Choisy.

CHAPITRE III

I. *Colbert ministre. — Procès de Fouquet.*

Mazarin mourut le 9 mars 1661, et aussitôt Louis XIV
signifia qu'il n'y aurait plus de premier ministre, et
qu'il gouvernerait par lui-même. Fouquet resta surintendant des finances, espérant même devenir premier
ministre quand le jeune roi serait fatigué de son nouveau rôle. Mais Louis XIV connaissait en partie le
désordre et les malversations de l'administration que
dirigeait Fouquet ; voulant se rendre un compte exact
de l'état des choses, du système général des finances
et de l'emploi des revenus de l'État, il s'adressa à Colbert, qui le mit au courant de ce qui se passait.

Nous avons dit que déjà Colbert avait averti Mazarin
des déprédations commises par Fouquet et ses complices ; Colbert signala les mêmes faits au Roi. Éclairé
par Colbert et convaincu de tous les mensonges que lui
débitait Fouquet, Louis XIV prit la résolution de se débarrasser du surintendant. Le 5 septembre 1661,
Fouquet était arrêté à Nantes ; la charge de surintendant fut abolie, et un conseil royal des finances, pré-

sidé par le Roi, fut établi. Colbert, nommé intendant des finances, fit partie de ce conseil, et quand les trois intendants des finances furent réduits à deux, en 1662, il fut maintenu dans ses fonctions. La même année, Louis XIV ajouta à ses attributions la marine et les galères, les manufactures, le commerce et les consulats. Le duc de Lionne avait une partie de la direction de ces divers services; en 1669, Colbert en eut la direction complète et entière. En 1664, Colbert fut nommé surintendant des bâtiments; en 1665, surintendant du commerce, contrôleur général des finances et grand trésorier de l'ordre du Saint-Esprit. En 1669, il devint secrétaire d'État de la marine avec la survivance de sa charge pour son fils le marquis de Seignelay, qui, dès 1672, dirigea les services de la marine.

La première condition qui s'imposait au Roi et à son conseiller, pour rétablir l'ordre et l'honnêteté dans l'administration des finances, était de punir Fouquet et ses complices. On les traduisit devant une Chambre de justice chargée de les juger.

Il a toujours été admis par beaucoup de gens que voler ou frauder l'État, la douane ou l'octroi, n'est pas un vol, et ce préjugé, qui est un triste reste des temps anciens, n'est pas encore complètement détruit. L'époque de Mazarin et de Fouquet est celle où cette opinion criminelle était partagée, sans exception, par tous ceux qui la pouvaient mettre en pratique. Jamais, dans notre histoire, on n'a vu le vol des deniers de l'État exercé en grand avec autant d'audace, pendant vingt ans, par un ensemble de malfaiteurs comprenant

presque tous les officiers chargés de l'administration
des finances, ministre en tête, foulant le peuple, l'acca-
blant d'impôts de toutes sortes, et en prenant pour eux
plus de la moitié. Page honteuse de notre histoire,
qu'il faut écrire cependant pour faire apprécier justement toute la grandeur du service rendu à la France
par Colbert et Louis XIV, qui ont mis fin, non sans
peine, à un tel régime.

Ce n'est que de nos jours, grâce aux documents
publiés par M. P. Clément, dès 1846[1], que l'opinion,
égarée surtout par madame de Sévigné, a cessé de voir
dans Fouquet une innocente victime de la jalousie de
Louis XIV et de l'ambition de Colbert, et qu'elle a été
forcée d'admettre que Fouquet était un grand coupable
qui avait été justement, et pas assez sévèrement puni;
qu'il y avait dans ce protecteur aimable et intelligent
des lettres et des arts un autre personnage, « un grand
voleur », ainsi que l'appelle madame de Motteville,
d'ordinaire si mesurée et si modérée dans ses appréciations et les termes qu'elle emploie.

Est-ce que les complices et protégés de Fouquet,
est-ce que tous ces financiers d'alors, les Bullion, les
Tubeuf, les Guénégaud, les Rambouillet, les de Nouveau, les Fieubet, le chancelier Séguier lui-même,
qui gagnait « sur les boues de Paris », l'ancien surintendant Servien, ne sont pas aussi de sincères amis des
arts? Comme Mazarin et Fouquet, ils employaient nos
meilleurs artistes à décorer leurs somptueux hôtels.

____

1. *Hist. de la vie et de l'admin. de Colbert*, 1 vol. in-8°.

Sont-ils donc plus innocents pour cela? Et le fait
d'employer de l'argent mal acquis doit-il être pardonné parce qu'une partie en est employée à faire faire
de belles peintures et de belles sculptures?

Depuis la mort de Richelieu et de Louis XIII (1642-
43), le vol des deniers publics, assez fréquent avant
Sully et Richelieu, avait recommencé. Mazarin, premier ministre, y prenait part, et une part importante,
car on sait qu'il légua à ses héritiers plus de 100 millions de livres (500 millions de francs), sans compter
les millions déposés dans certaines forteresses, que
Colbert livra à Louis XIV. Le surintendant des finances
Particelli, un autre Italien qui se fit appeler M. d'É-
mery, signala son administration par les abus les plus
scandaleux. Le poids des impôts, tant anciens que nouveaux, et les vols des partisans furent l'une des principales causes de la Fronde, qui éclata en 1648. Parmi
les libelles qui parurent alors, j'en trouve un dont le
titre est significatif[1]. Ce factum contient les noms de
tous les partisans de l'époque, au nombre d'environ
deux cents, et caractérise en quelques mots l'origine
de leurs biens et signale leurs principaux méfaits. A chaque page, on constate des fortunes scandaleuses : c'est
un nommé Bordier, fils d'un fabricant de chandelles,
qui s'est fait bâtir une maison de 400,000 livres (2 millions de francs), qui a donné 800,000 l. (4 millions) à
sa fille, qui a acheté une charge de 800,000 l. (4 mil-

---

1. *Catalogue des partisans, ensemble leurs généalogies, contre
lesquels on peut et on doit agir pour la contribution aux dépenses
de la guerre présente.* 1649, in-4° de 20 pages.

lions), et qui, outre cela, possède encore une douzaine
de millions de l. (60 millions). La lecture de ce factum
est navrante. On y voit tous les officiers des finances,
surintendants, intendants, trésoriers et fermiers, leurs
commis, associés et parents, commettre, sans pudeur
et en toute liberté, friponneries, vols et pillages, recevoir d'énormes pots de vin, puiser à pleines mains dans
les fonds du clergé, les tailles, les aides, les entrées de
Paris, les gabelles, les rentes de la ville, les fermes, les
taxes sur les officiers des gabelles, les fonds affectés à la
Chambre des deniers du Roi, enfin dans toutes les
caisses, à Paris et dans les provinces; prendre pour
eux, sur les 90 millions de livres (450 millions) d'impôts de toute nature que le peuple paye à l'État, plus
de 50 millions de livres (250 millions), et ne laisser au
Roi que 35 à 40 millions de livres[1] (175 à 200 millions),
se faire des fortunes aussi impudentes que colossales,
telles que celles de Mazarin, d'Émery, de Fouquet, d'un
certain traitant appelé Boislève[2], qui, au moment de
l'arrestation de Fouquet, possédait 18 millions de livres
(environ 100 millions), et de tant d'autres, Bruant,
Gourville, etc. Cet état de choses, que nous avons de
la peine à concevoir, avait pour résultat, le Roi étant
ainsi dépouillé de ses revenus, de l'obliger à consommer
les revenus des années suivantes, que les maltôtiers lui
avançaient en prenant d'énormes bénéfices. Quand Col-

---

1. *Lettres, mémoires et instructions*, VII, 175 (Mémoire de Colbert à Mazarin, du 1er octobre 1659).

2. *Lettres, instructions et mémoires*, VII, 147.

bert devint ministre, il était de règle que les dépenses
de l'année courante étaient payées par les revenus de
la seconde année suivante : 1660 était mangé en 1658.

Ce qu'il y a de curieux dans la biographie de tous
ces maltôtiers, c'est que plusieurs ont une origine po-
pulaire : l'un est fils de cordonnier, l'autre a pour père
un ouvrier en soie de Tours, d'autres descendent d'un
paysan de Bourgogne, d'un fripier de Paris, d'un bate-
lier du Languedoc ; sept sont d'anciens laquais. Parmi
eux se rencontrent : un individu qui était jadis un va-
gabond sans père ni mère, un « rat de cave dans les
aides ». Tous sont parmi les plus riches ; quelques-uns
ont pris un titre et figurent avec aplomb dans le monde
des partisans.

La Fronde, c'est-à-dire le soulèvement général qui
éclata contre l'intolérable régime financier de Mazarin
et de Particelli, avait voulu le faire cesser ; mais Mazarin finit par redevenir le maître, et le désordre re-
commença. Les maltôtiers, autorisés par l'exemple de
Mazarin et de Fouquet, se remirent à leurs opérations,
un moment gênées.

Le procédé le plus commode pour voler, voler à la
fois le Roi et le peuple, consistait dans le trafic des
billets de l'épargne[1]. Le Trésor ou l'Épargne ne payait
pas ces billets, ou mieux ces mandats, à certains
créanciers de l'État, aux petits, aux gens sans influence,
sans protection, sous prétexte que les fonds sur lesquels
ces billets devaient être acquittés étaient épuisés : au

1. Voy. p. 31.

bout de quelques années, ces malheureux créanciers, las de réclamer leur argent ou ruinés, se décidaient à les vendre aux aigrefins, avec 96, 95 et 94 p. 100 de perte, et ces mêmes billets, achetés par les maltôtiers, surintendant et autres, étaient payés intégralement par l'Épargne. C'est la banqueroute en permanence avec complication d'escroquerie et de vol. Le surintendant Servien acheta une fois pour 50,000 livres (250,000 fr.) de billets de l'Épargne et en tira 1,200,000 livres (6 millions[1]). Après la banqueroute de 1648, les billets de l'Épargne inondèrent Paris, et on les achetait à 10 p. 100 : Fouquet et les trésoriers de l'Épargne firent ce honteux commerce et se firent payer intégralement ces billets. « Cela, dit Gourville dans ses Mémoires, cela fit beaucoup de personnes extrêmement riches. . et ayant tous ces exemples devant moi, je profitai beaucoup ». Nous voyons bien les enrichis : mais les ruinés !

Fouquet, pour rendre plus faciles ses opérations et éviter tout contrôle, poussa l'impudence jusqu'à placer chez lui la caisse de l'Épargne. La caisse du Trésor public était devenue la sienne.

Après la défaite de la Fronde, en 1653, Fouquet avait partagé la surintendance des finances avec Servien ; et quand celui-ci mourut, en 1659, il fut le seul surintendant, put prendre tout pour lui et agir en toute liberté. Aussi put-il dépenser par an 4 millions de livres (20 millions d'aujourd'hui), plus que Louis XIV au

---

1. *Lettres, instructions et mémoires*, VII, CCI.

temps de ses plus grandes prodigalités, et ne perdons pas de vue que cet argent provient de l'impôt payé par des populations misérables et affamées, foulées de mille manières.

Colbert dénonça plusieurs fois Fouquet à Mazarin ; mais Mazarin, agissant un peu comme Fouquet, ne pouvait sévir contre le surintendant.

Avant d'obtenir la charge de surintendant en 1653, Fouquet avait acheté celle de procureur général au Parlement de Paris. Il avait, comme tel, une grande autorité sur le Parlement et la direction de la police de Paris. Sa richesse lui permettait de servir des pensions à de nombreux personnages de la haute noblesse qui devenaient ses clients et ses appuis. On dit qu'Anne d'Autriche recevait de lui une pension de 500,000 livres (2 millions et demi[1]). Il avait des ambassadeurs particuliers et des agents dans les principales Cours. Il se faisait des partisans et des prôneurs parmi les écrivains, les artistes, les femmes du grand monde, par les services qu'il leur rendait, par l'argent qu'il leur distribuait largement ; il était ainsi devenu le favori de l'opinion à la Cour et à la ville.

Craignant d'être un jour renversé ou arrêté par Mazarin, il avait pris ses précautions et formé tout un projet de révolte en Bretagne, où il possédait l'île de Belle-Isle, qu'il avait fortifiée. De ce chef seul il méritait la corde. Après son arrestation, on trouva le plan de cette révolte tout entier écrit de sa main.

---

1. *Lettres, instructions et mémoires*, II. XIII.

Quand Mazarin mourut, Fouquet, avons-nous dit,
était persuadé qu'il allait le remplacer comme premier
ministre : il se trompait, Louis XIV voulant être roi de
nom et de fait. Bientôt, inquiet des relations de Colbert
avec Louis XIV, Fouquet se crut obligé à faire quelques
aveux sur « les irrégularités qu'il avait pu commettre
à cause de la difficulté des temps », et le Roi, jugeant
que le moment du châtiment n'était pas encore venu,
feignit de lui pardonner.

Voulant gagner l'esprit de Louis XIV, Fouquet eut
l'idée de l'inviter, le 17 août 1661, à une fête dans son
château de Vaux, et de déployer un luxe prodigieux
dans cette maison plus belle que ne le fut jamais Versailles, et qui avait déjà coûté plus de 50 millions de
nos jours[1]. Il comptait pour séduire le jeune roi sur
l'effet merveilleux des fontaines du parc, avec leurs
gerbes et leurs jets innombrables, au milieu desquels
apparut, sortant d'une large coquille, une actrice de la
troupe de Molière transformée en nymphe et récitant
de beaux vers à S. M. Molière devait jouer *les Fâcheux*.
auxquels le Roi avait un peu travaillé. Un repas
splendide, préparé par les soins de Vatel, allait être
servi aux 6,000 invités, au Roi, à Anne d'Autriche, à
Monsieur, frère du Roi, à Madame[2]. Le repas coûta
600,000 francs. On y vit figurer un service entier en or
massif, dont 36 douzaines d'assiettes. Partout on

1. Le château de Vaux existe encore. Son propriétaire actuel
l'a fait restaurer par M. Destailleurs.

2. Henriette d'Angleterre, l'aimable duchesse d'Orléans.

voyait l'écureuil des armes de Fouquet avec sa devise : *Quô non ascendam*[1]?

Indigné de ce luxe inouï, de ce faste insolent, qui contrastait avec la modestie des maisons royales de ce moment, Louis XIV dit à sa mère : « Ne ferons-nous pas rendre gorge à tous ces gens-là? » et il voulut faire arrêter le surintendant séance tenante. Anne d'Autriche l'en empêcha; mais Fouquet était si bien servi par ses espions, hommes et femmes, qu'il fut aussitôt averti.

Il ne faut pas hésiter à dire ici quelle terrible misère sévissait sur le peuple, foulé par cet homme. Gui Patin écrivait alors : « On minute de nouveaux impôts; les pauvres gens meurent par toute la France de maladie, de misère, d'oppression, de pauvreté et de désespoir[2]. » Le président de Lamoignon put dire, pendant le procès, avec une complète exactitude : « Les peuples gémissaient dans toutes les provinces sous la main de l'exacteur, et il semblait que toute leur substance et leur propre sang même ne pouvait suffire à la soif ardente des partisans. La misère de ces pauvres gens est presque dans la dernière extrémité, tant par la continuation des maux qu'ils ont soufferts depuis si longtemps que par la cherté et la disette presque inouïe des deux dernières années ». Et, en présence de ces faits non moins inouïs, il faut hautement reconnaître et dire que la punition de Fouquet constitue l'acte

---

1. Où ne monterai-je pas?
2. *Lettres*, III, 383. — Voy. aussi l'ouvrage de FEILLET, *la Misère au temps de la Fronde*.

le plus honorable du règne de Louis XIV et de la vie de Colbert.

Mais cet homme était si puissant qu'il fallut toutes sortes de précautions pour l'arrêter sans risquer de provoquer des désordres graves : le Roi et Colbert, en préparant son arrestation, ont l'air de gens qui organisent dans l'ombre un mauvais coup, tant il y a de secrets à garder, de fausses nouvelles à faire courir, de précautions à prendre. Et cependant il s'agit de mettre la main sur un criminel.

Il fallut d'abord le décider à vendre sa charge de procureur général, qui lui donnait l'appui du Parlement, car on craignait, non sans raison, qu'il ne cherchât à recommencer une nouvelle Fronde. L'abbé de Choisy prétend que, pour le décider, on fit croire à Fouquet qu'il ne pouvait être nommé chevalier de l'ordre, ce qu'il désirait beaucoup, que s'il n'était plus de robe. Il paraît plus probable qu'il vendit sa charge parce que le Roi lui dit qu'il ferait bien d'employer tout son temps à l'administration des finances. Quoi qu'il en soit, il vendit sa charge 1,400,000 livres (7 millions), et donna 1 million de livres (5 millions) à Louis XIV.

Décidés à faire arrêter et punir Fouquet, Louis XIV et Colbert prirent toutes les précautions nécessaires pour ne pas laisser échapper le surintendant, si bien servi par ses espions, ses amis, ses complices. Tout fut préparé par Colbert : on a de lui trois pièces[1] qui nous

____

1. *Lettres, instructions et mémoires*, VII, CLXXXIX.

mettent au courant de toutes les mesures qu'il fallait prendre et qui furent prises. On arrêtera Fouquet à Nantes; — il faut agir avec promptitude et secret; — il faut empêcher la nouvelle de l'arrestation d'arriver à Paris autrement que par les courriers du Roi[1] et mettre les scellés aussitôt à Vaux, à Saint-Mandé[2], dans ses logements à Paris et à Fontainebleau; — on arrêtera madame Fouquet, Bruant et Pellisson, ses commis principaux[3]; — on enverra 12 compagnies des Gardes françaises et suisses en Bretagne pour assurer l'ordre et occuper Belle-Isle[4]; — à Nantes, tous les détails de l'arrestation sont préparés; on a même sous la main le linge, les habits, le valet, qui seront nécessaires à Fouquet, et 1,000 pistoles pour les frais de son voyage de Nantes à Paris. Tout étant prêt, laissons maintenant Louis XIV exposer les causes de l'arrestation du surintendant et nous en raconter les détails.

Ce fut alors, dit le Roi[5], que je crus devoir mettre sérieusement la main au rétablissement des finances, et la première chose que je jugeai nécessaire, fut de déposer de leurs emplois les principaux officiers par qui le désordre avait été introduit, car depuis le temps que je prenais soin de mes affaires, j'avais de jour en jour découvert de nou-

1. Un valet de Fouquet arriva cependant à Paris avant les courriers de Louis XIV.

2. Où Fouquet avait une très belle maison.

3. Averti à temps, Bruant s'échappa et se retira dans les Pays-Bas.

4. Colbert avait envoyé Colbert de Terron, pour observer l'état de Belle-Isle et les fortifications qu'on y élevait.

5. *Mémoires composés pour l'instruction du Dauphin.*

velles marques de leurs dissipations, et principalement du
surintendant.

La vue des vastes établissements que cet homme avait
projetés, et les insolentes acquisitions qu'il avait faites, ne
pouvaient qu'elles ne convainquissent mon esprit du dérè-
glement de son ambition; et la calamité générale de tous
mes peuples sollicitait sans cesse ma justice contre lui. Mais
ce qui le rendait plus coupable envers moi, était que bien
loin de profiter de la bonté que je lui avais témoignée en le
retenant dans mes conseils[1], il en avait pris une nouvelle
espérance de me tromper, et bien loin d'en devenir plus
sage, tâchait seulement d'en être plus adroit.

Mais quelque artifice qu'il pût pratiquer, je ne fus pas
longtemps sans reconnaître sa mauvaise foi[2]. Car il ne pouvait s'empêcher de continuer ses dépenses excessives, de
fortifier des places[3], d'orner des palais[4], de former des ca-
bales, et de mettre sous le nom de ses amis des charges
importantes qu'il leur achetait à mes dépens, dans l'espoir
de se rendre bientôt l'arbitre souverain de l'État.

Quoique ce procédé fût assurément fort criminel, je ne
m'étais d'abord proposé que de l'éloigner des affaires; mais
ayant depuis considéré que de l'humeur inquiète dont il
était, il ne supporterait point ce changement de fortune
sans tenter quelque chose de nouveau, je pensai qu'il était
plus sûr de l'arrêter.

Je différai néanmoins l'exécution de ce dessein, et ce
dessein me donna une peine incroyable ; car, non-seulement
je voyais que pendant ce temps-là il pratiquait de nouvelles
subtilités pour me voler, mais ce qui m'incommodait davantage était que, pour augmenter la réputation de son crédit,
il affectait de me demander des audiences particulières ; et

1. Après la mort de Mazarin.
2. Avec l'aide de Colbert.
3. Belle-Isle.
4. Vaux, Saint-Mandé.

que pour ne lui pas donner de défiance, j'étais contraint de
les lui accorder, et de souffrir qu'il m'entretînt de discours
inutiles pendant que je connaissais à fond toute son in-
fidélité.

Vous pouvez juger qu'à l'âge où j'étais[1], il fallait que ma
raison fît beaucoup d'effort sur mes ressentiments pour agir
avec tant de retenue. Mais d'une part je voyais que la dé-
position du surintendant avait une liaison nécessaire avec le
changement des fermes; et, d'un autre côté, je savais que
l'été, où nous étions alors, était celle des saisons de l'année
où ces innovations se faisaient avec le plus de désavantage,
outre que je voulais, avant toutes choses, avoir un fond en
mes mains de 4 millions (20 millions de fr.) pour les besoins
qui pourraient subvenir. Ainsi je me résolus d'attendre l'automne pour exécuter ce projet.

Mais étant allé vers la fin du mois d'août à Nantes, où les
États de Bretagne étaient assemblés, et de là voyant de plus
près qu'auparavant les ambitieux projets de ce ministre, je
ne pus m'empêcher de le faire arrêter en ce lieu même, le
5 septembre.

Toute la France, persuadée aussi bien que moi de la
mauvaise conduite du surintendant, applaudit à cette action,
et loua particulièrement le secret dans lequel j'avais tenu,
durant trois ou quatre mois, une résolution de cette nature,
principalement à l'égard d'un homme qui avait des entrées
si particulières auprès de moi, qui entretenait commerce
avec tous ceux qui m'approchaient, qui recevait des avis du
dedans et du dehors de l'État, et qui de soi-même devait
tout appréhender par le seul témoignage de sa conscience.

Fouquet avait en effet reçu de nombreux avis sur sa
prochaine arrestation et n'avait pas voulu y croire; il
était persuadé, disait-il, que Louis XIV voulait faire

---

1. Louis XIV avait alors 23 ans.

arrêter Colbert. Écoutons maintenant le Roi raconter
l'arrestation du surintendant : il écrivit à Anne d'Autriche, le 5 septembre, la lettre suivante :

Madame ma mère, je vous ai déjà écrit ce matin l'exécution des ordres que j'avais donnés pour faire arrêter le
surintendant ; mais je suis bien aise de vous mander le détail
de cette affaire. Vous saurez qu'il y a longtemps que je
l'avais sur le cœur ; mais il a été impossible de le faire plus
tôt, parce que je voulais qu'il fît payer auparavant 30,000
écus pour la marine, et que d'ailleurs il fallait ajuster diverses choses qui ne se pouvaient faire en un jour, et vous
ne sauriez vous imaginer la peine que j'ai eue seulement à
trouver le moyen de parler en particulier à d'Artagnan [1] ;
car je suis accablé tout le jour par une infinité de gens fort
alertes, et qui, à la moindre apparence, auraient pu pénétrer bien avant : néanmoins il y avait deux jours que je
lui avais commandé de se tenir prêt, et de se servir de Duclavaux et de Maupertuis au défaut des maréchaux de logis
et brigadiers de ses mousquetaires, dont la plupart sont
malades. J'avais la plus grande impatience du monde que
cela fût achevé, n'y ayant plus autre chose qui me retînt
dans ce pays.

Enfin, ce matin, le surintendant étant venu travailler avec
moi à l'accoutumée, je l'ai entretenu tantôt d'une manière,
tantôt d'une autre, et fait semblant de chercher des papiers
jusqu'à ce que j'aie aperçu, par la fenêtre de mon cabinet,
Artagnan dans la cour du château, et alors j'ai laissé aller
le surintendant, qui, après avoir causé un peu au bas du
degré avec La Feuillade, a disparu dans le temps qu'il saluait le sieur Le Tellier, de sorte que le pauvre Artagnan
croyait l'avoir manqué, et m'a envoyé dire par Maupertuis

1. Capitaine des mousquetaires, qui était chargé d'arrêter
Fouquet.

qu'il soupçonnait que quelqu'un lui avait dit de se sauver ;
mais il le rattrapa dans la place de la grande église, et l'a
arrêté de ma part environ sur le midi. Il lui a demandé les
papiers qu'il avait sur lui, dans lesquels on m'a dit que je
trouverais l'état au vrai de Belle-Isle ; mais j'ai tant d'autres
affaires, que je n'ai pu les voir encore : cependant j'ai commandé au sieur Boucherat[1] d'aller sceller chez le surintendant, et au sieur Pellot chez Pellisson, que j'ai fait arrêter
aussi.

J'avais témoigné que je voulais aller ce matin à la chasse,
et, sous ce prétexte, fait préparer mes carrosses et fait
monter à cheval mes mousquetaires ; j'avais aussi commandé les compagnies des Gardes qui sont ici, pour faire
l'exercice dans la Prairie, afin de les avoir toutes prêtes à
marcher sur Belle-Isle. Incontinent donc l'affaire a été faite :
l'on a mis le surintendant dans l'un de mes carrosses, suivi
de mes mousquetaires, qui le mènent au château d'Angers,
et m'y attendront en relais, tandis que sa femme, par mon
ordre, s'en va à Limoges. Fourille a marché à l'instant avec
mes compagnies des Gardes et ont ordre de s'avancer à la
rade de Belle-Isle, d'où il détachera Chavigny, capitaine,
pour commander dans la place avec 100 Français et
60 Suisses, qu'il lui donnera ; et si, par hasard, celui que le
surintendant y a mis voulait faire résistance, je lui ai recommandé de le forcer. J'avais d'abord résolu d'en attendre
des nouvelles ; mais tous les ordres sont si bien donnés, que,
selon toutes les apparences, la chose ne peut manquer ; et
aussi je m'en retourne sans différer davantage, et celle-ci
est la dernière que je vous écrirai de ce voyage.

J'ai discouru ensuite sur cet accident[2] avec des Messieurs
qui sont ici avec moi ; je leur ai dit franchement qu'il y
avait quatre mois que j'avais formé mon projet ; qu'il n'y

---

1. Maître des requêtes, depuis chancelier de France.
2. Événement ; ce qui arrive.

avait que vous seule qui en aviez connaissance, et que je ne
l'avais communiqué au sieur Le Tellier que depuis deux
jours, pour faire expédier les ordres. Je leur ai déclaré aussi
que je ne voulais plus de surintendant, mais travailler moi-
même aux finances avec des personnes fidèles, qui n'agi-
ront pas sans moi, connaissant que c'était le vrai moyen de
me mettre dans l'abondance et de soulager mon peuple.
Vous n'aurez pas de peine à croire qu'il y en a eu de bien
penauds ; mais je ne suis pas si dupe qu'ils s'étaient ima-
giné, et que le meilleur parti est de s'attacher à moi.

J'oubliais de vous dire que j'ai dépêché de mes mousquetaires partout sur les grands chemins, et jusqu'à Saumur,
afin d'arrêter tous les courriers qu'ils rencontreront allant à
Paris, et d'empêcher qu'il n'y en arrive aucun devant celui
que je vous ai envoyé. Ils me servent avec tant de zèle et de
ponctualité, que j'ai tous les jours plus de sujet de m'en
louer ; et, en cette dernière occasion, quoique j'eusse donné
plusieurs ordres, ils les ont si bien exécutés, que tout s'est
fait en un même temps, sans que personne ait rien pu
pénétrer.

Au reste j'ai déjà commencé à goûter le plaisir qu'il y a
de travailler soi-même aux finances, ayant, dans le peu
d'occupations que j'y ai donné, remarqué des choses importantes dans lesquelles je ne voyais goutte, et l'on ne doit pas
douter que je ne continue. J'aurai achevé dans demain tout
ce qui me reste à faire ici, et à l'instant je partirai avec une
joie extrême de vous aller embrasser, et vous assurer moi-
même dans la continuation de mon affection et de mon
amitié, étant, Madame ma mère,

Votre affectionné fils,

Louis.

A la nouvelle de l'arrestation du surintendant, la
stupéfaction fut extrême dans la société parisienne et
à la Cour; mais le peuple, dont la haine était encore

excitée par la cherté du pain[1], montra une grande joie ; partout où passa Fouquet, de Nantes à la Bastille, le peuple voulait le tuer, et d'Artagnan, à Angers surtout, eut peine à le protéger.

Colbert avait non seulement préparé tout ce qui intéressait l'arrestation de Fouquet, mais aussi ce que le Roi devait faire après s'être débarrassé de ce pillard et de ses complices. Louis XIV déclara qu'il supprimait complètement la charge de surintendant ; qu'il se réservait la direction entière de ses finances et qu'il établissait un conseil royal des finances qui, sous sa direction, ferait « toutes les fonctions des finances ». Colbert fit partie de ce conseil, et Louis XIV, grâce à lui, put faire cesser le honteux régime financier qui durait depuis si longtemps.

Les scellés avaient été mis dans toutes les résidences de Fouquet, et on avait fait les recherches les plus sérieuses. A Saint-Mandé[2], on trouva deux cassettes pleines de lettres et de papiers fort compromettants, et, derrière une glace, un « plan de guerre civile » qui devait être mis à exécution si Mazarin, ou les ennemis que Fouquet s'était faits, voulaient « l'opprimer » ou le faire arrêter ; le plan était accompagné d'engagements de diverses personnes pour soutenir Fouquet[3]. L'une des cassettes révéla les sommes énormes données à de

1. Gui Patin, III, 393.

2. Fouquet s'était fait construire, en 1656, à Saint-Mandé, près Vincennes, où résidaient la reine Anne et Mazarin, un fort beau château, dont les derniers restes ont été détruits en 1885.

3. *Lettres, instructions et mémoires,* II, xx.

grands seigneurs : 600,000 livres au duc de Brancas ;
200,000 au duc de Richelieu ; 100,000 au marquis de
Créqui ; 100,000 à Madame Beauvais, première femme
de chambre de la Reine-Mère, etc. Ces dons ne pouvaient avoir été faits que dans une mauvaise intention,
celle d'acheter des partisans. L'autre cassette prouva
combien les mœurs de Fouquet étaient perverties, et
les lettres qu'elle contenait produisirent un immense
scandale dans la haute société[1], en même temps qu'une
sorte de terreur s'emparait de la Cour, tant il y avait
de gens compromis et craignant d'être poursuivis.

Une chambre de justice, destinée à juger Fouquet et
ses complices, fut créée en décembre 1661[2]. Elle fut
composée de M. de Lamoignon, premier président du
Parlement, et de vingt-six juges pris dans le Conseil
d'État, parmi les maîtres des requêtes, et dans divers
parlements de province. L'avocat général de la chambre
fut M. Talon. Bien que triés sur le volet par Colbert, qui
avait mis parmi eux son oncle Pussort, conseiller d'État
et de caractère dur et sévère, les juges se montrèrent
bientôt hostiles à Colbert et favorables à Fouquet, jusqu'à faire traîner l'affaire pendant trois ans, et même
jusqu'à vouloir l'absoudre ; et il fallut, pour obtenir

1. La cassette renfermait plusieurs lettres de madame de Sévigné, fort innocentes, paraît-il, mais dont la découverte, en pareille compagnie, mit au désespoir l'aimable écrivain, qui, selon
nous, a toujours le tort, par sa défense énergique de Fouquet,
d'égarer, encore aujourd'hui, l'opinion sur le compte de « son
pauvre ami ».

2. *Lettres, instructions et mémoires*, VII, 193, 195, 213.

d'eux une condamnation presque dérisoire, que le Roi et Colbert exerçassent une lourde et fâcheuse pression sur une partie des juges.

Le préambule de l'édit de création de la Chambre de justice est évidemment l'œuvre de Colbert : nous le reproduisons avec les chefs d'accusation dirigés contre Fouquet.

Les abus dans l'administration des finances avaient été poussés si loin, que le Roi s'était décidé à prendre personnellement connaissance du détail de toutes les recettes et dépenses du royaume, afin d'empêcher quelques particuliers d'élever subitement, par des voies illégitimes, des fortunes prodigieuses, et de donner le scandaleux exemple d'un luxe capable de corrompre les mœurs et toutes les maximes de l'honnêteté publique.

« Quelques jours après, un avertissement ou *moni-toire* fut lu dans toutes les églises du royaume pour provoquer des dénonciations contre les financiers, et un arrêt de la Chambre défendit à tous trésoriers, receveurs, traitants, partisans ou intéressés dans les finances du Roi, de sortir sans autorisation de la ville où ils se trouvaient, sous peine d'être déclarés convaincus du crime de péculat. Or, nous l'avons dit, d'après les lois du temps, le péculat était puni de mort[1] ».

Quant aux chefs d'accusation, on imputait à Fouquet :

1° D'avoir tracé de sa main un véritable plan de

---

1. *Lettres, instructions et mémoires*, II, xviii.

guerre civile, en cas, disait-il, qu'on voulût l'opprimer,
et de s'être fait donner par diverses personnes des engagements de se dévouer aveuglément à ses intérêts,
de préférence à tout autre, sans en excepter personne
au monde;

2° D'avoir fait au Roi des prêts supposés[1], afin de se
créer un titre apparent à des intérêts qui ne lui étaient
pas dus;

3° D'avoir confondu les deniers du Roi avec les siens
propres, et de les avoir employés avec une profusion
insolente à ses affaires domestiques;

4° De s'être fait donner par les fermiers et traitants
des pensions évaluées à 362,000 livres (1,800,000 fr.),
à condition de les favoriser dans le prix de leurs
fermes, et d'avoir pris pour lui-même, sous d'autres
noms, la ferme de divers impôts;

5° D'avoir fait revivre des billets surannés, achetés
à vil prix, et de les avoir employés, pour leur somme
totale, dans les ordonnances de comptant.

On ne peut passer sous silence une faute grave commise, dans ce long et solennel procès, par le gouvernement, faute qui fut largement exploitée par les juges
gagnés à la cause de Fouquet. Mazarin était compromis dans toutes les déprédations et affaires véreuses
dont on accusait Fouquet : Louis XIV et Colbert voulurent donc dégager le Cardinal du procès de Fouquet,
dans lequel la mémoire de Mazarin eût été gravement

1. Notamment un certain emprunt de 6 millions de livres
(30 millions), dont le Roi ne vit jamais une pistole.

et judiciairement atteinte et flétrie. Des commissaires furent chargés d'examiner les papiers de l'accusé en son absence, et de faire disparaître du dossier[1] toutes les pièces qui compromettaient le Cardinal. Cette faute eut pour résultat de fournir un excellent prétexte de mécontentement aux juges, d'autoriser Fouquet à se défendre avec audace, en protestant contre l'enlèvement de papiers qui, disait-il, établissaient son innocence, et à rejeter sur Mazarin une partie des faits qu'on lui reprochait.

L'instruction de l'affaire dura près de trois ans : il y avait d'innombrables pièces à examiner et à débattre avec l'accusé. Sans cesse il suscitait des délais, afin de gagner du temps et donner à ses amis du dehors le moyen d'agir sur l'opinion du public, qui à son tour réagirait sur les juges.

Quant à Fouquet, il se pose carrément en victime et en accusateur; il décline la compétence de ses juges et prétend qu'un surintendant n'est justiciable que du Roi; il soutient son innocence complète, accuse Mazarin et le chancelier Séguier lui-même; il n'a jamais rien pris, dit-il; le luxe qu'on lui reproche vient de sa fortune, des appointements de ses charges et des dettes qu'il a contractées, et qui, dit-il, ne sont pas moindres de 12 millions de livres (60 millions). Quant à son projet de révolte, il déclara que ce n'était qu'une pensée ridicule et extravagante, depuis longtemps ou-

---

1. Il y avait environ 60,000 pièces.

bliée, et qui ne pouvait constituer un chef d'accusation sérieux.

Nous n'avons pas le procès-verbal officiel du procès ; les trois volumes in-folio qui le composent sont encore inédits et se trouvent au cabinet des manuscrits de la Bibliothèque nationale, et il n'est pas probable que leur publication trouverait facilement un éditeur et surtout des lecteurs. Tout ce que nous savons sur ce procès est de provenance hostile à Colbert et très favorable à Fouquet : le journal du rapporteur Olivier d'Ormesson, — les lettres de madame de Sévigné, — les Défenses de Pellisson, — les 15 petits volumes in-12 parus sous le titre de : *les Défenses de M. Fouquet*, — dont il y a eu trois éditions imprimées clandestinement et jetées en pâture au public, — de nombreuses pièces de vers satiriques dirigées contre Colbert.

Pendant ce temps, les opérations de Colbert sur les rentes, et leur réduction, soulevaient l'opinion contre lui et venaient en aide aux manœuvres des amis de Fouquet.

Les amis de Fouquet ! mais c'est presque tout ce qu'on est convenu d'appeler la société ; j'y trouve : la cabale des dévots, comme dit Colbert, les Jansénistes, les amis du cardinal de Retz avec les débris de la Fronde, madame de Sévigné, qui s'agitait, écrivait et travaillait plus que tout autre, les financiers, les fermiers, traitants et partisans qui allaient être condamnés « à rendre gorge », beaucoup de grandes familles nobles alliées aux financiers, afin de « fumer leurs terres », les rentiers auxquels on retranchait un quartier en 1664, tous ceux qui étaient menacés ou gênés par les réformes de Colbert, le gazetier Loret, La Fontaine et d'autres gens de lettres. Pour tout ce monde, Fouquet est innocent; c'est Colbert qui est coupable, on l'attaque avec acharnement.

Bref, le procès était devenu un prétexte d'opposition générale; les juges se laissaient influencer, et la condamnation devenait incertaine. Les juges résistaient aux justes impatiences et aux démarches de Colbert et du Roi; ils s'en plaignaient, et les amis de Fouquet exploitaient contre Colbert ses démarches, justifiées cependant par les lenteurs voulues de la Chambre. Ils invoquaient l'indépendance des juges, et cependant leurs obsessions ne la respectaient guère. Entre temps (juillet 1664), on pendit quelques pauvres diables de sergents aux tailles et un partisan, auxquels personne ne s'intéressait.

Fatigué des lenteurs calculées de la Chambre de justice, le Roi remplaça l'avocat général Talon par Chamillart le père, et M. de Lamoignon par le chancelier Séguier. Enfin, les débats commencèrent le 14 novembre 1664, et M. Chamillart donna ses conclusions.

Je requiers pour le Roi, dit-il, Nicolas Fouquet être déclaré atteint et convaincu du crime de péculat et autres cas mentionnés au procès, et, pour réparation, condamné à être pendu et étranglé jusqu'à ce que mort s'ensuive, en une potence qui, pour cet effet, sera dressée en la cour du Palais, et à rendre et restituer au profit du Seigneur Roi toutes les sommes qui se trouveraient avoir été diverties (détournées) par ledit Fouquet ou par ses commis, ou par autres

personnes, de son aveu et autorité, pendant le temps de
son administration ; le surplus de ses biens déclaré acquis
et confisqué, sur iceux préalablement prise la somme de
80,000 livres parisis d'amende envers ledit Seigneur.

Les débats durèrent deux mois. Les rapporteurs du
procès prirent enfin la parole et motivèrent leurs conclusions. Le premier rapporteur, Olivier d'Ormesson,
parla pendant cinq jours et conclut au bannissement
de l'accusé et à la confiscation de ses biens. Son avis
prévalut et fut suivi par 13 juges, qui avaient cédé aux
« supplications » et aux intrigues de toutes sortes pra-
tiquées à leur endroit : 9 juges votèrent pour la mort.
Les votes étaient alors motivés et demandèrent huit
jours. Le procès fut enfin terminé le 20 décembre 1664.

Les amis et partisans de Fouquet triomphaient : Colbert et Louis XIV étaient vaincus par la cabale. Mais
Louis XIV, « jugeant qu'il y pouvait avoir grand péril à
laisser Fouquet sortir hors du royaume, vu la connaissance particulière qu'il avait des affaires les plus importantes de l'État », modifia la sentence et commua la
peine du bannissement perpétuel en celle de prison
perpétuelle, et fit enfermer Fouquet à Pignerol, où il
mourut en 1680, après dix-neuf ans de captivité.

Nous n'hésitons pas à approuver complètement la
mesure prise par Louis XIV. La fausse philanthropie
qui, de nos jours, s'apitoie sur les coupables en regardant les victimes comme une quantité négligeable,
est une mauvaise doctrine : ce n'est pas à Fouquet que
nous nous intéressons ; nous plaignons les milliers de

victimes qu'il a rançonnées et celles qu'il a fait mourir
de misère et de désespoir.

Après la punition de Fouquet, 500 maltôtiers, grands
et petits, furent condamnés à 110 millions de livres de
restitution (550 millions de francs). Gourville, qui avait
« beaucoup profité » du trafic des billets de l'épargne,
dut payer 500,000 livres (2,500,000 francs). Enfin la
Chambre de justice fut dissoute en 1669.

II. — *Finances.*

« On se tromperait beaucoup si l'on voulait juger de
l'importance du ministère des finances sous Louis XIV
par son importance actuelle : la perception des impôts
et le paiement des dépenses publiques ne constituaient
alors qu'un minime détail de cette charge ; elle embras-
sait, sous l'autorité du Roi, les parties les plus essentielles de la législation ; tout ce qui peut influer sur le
revenu de l'État, la fixation des diverses sortes d'impôt
et de leur taux, la direction des sources de richesse
auxquelles ils s'alimentent, c'est-à-dire les encouragements et les règlements concernant l'agriculture, les
arts mécaniques, le commerce, en un mot le bien-être
général du pays, et par conséquent l'architecture, les
beaux-arts de toute espèce, même les lettres et les
sciences, tout cela était dans la dépendance de cet au-
guste ministère ; il représentait une véritable gérance de
souveraineté. Ce que Colbert a accompli dans cette

charge est digne en tous points du grand siècle auquel
il a eu l'honneur d'appartenir, et ce n'est pas sans raison que son nom est demeuré gravé dans la mémoire
de la France[1] ».

Achevant le portrait de Colbert, l'éminent écrivain
ajoute : « Moins puissant que Louis XIV par l'étendue
et la force du génie politique, par la promptitude du
coup d'œil et par la vivacité de la conception, Colbert
s'en rapprochait cependant par la vigueur du caractère.
Il lui en a fallu beaucoup pour pousser en avant et
faire réussir tant de choses nouvelles qui ont été mises
en France par lui. Aussi ne faut-il pas s'étonner qu'il
ait été accusé de despotisme par ses contemporains.
Mais le despotisme, si l'on entend par là cette volonté
énergique qui tombe partout d'aplomb et s'impose,
sans tolérer la résistance, à tous ceux qui doivent le
servir, est peut-être une des qualités les plus essentielles
à un homme d'État qui veut produire quelque bien :
sans cette qualité précieuse, qui seule peut assurer à
l'administrateur la liberté de ses mouvements, et,
comme une hache, lui frayer sa route à travers les embarras et les difficultés sans nombre qui arrêtent ses pas,
les plus beaux plans sont vainement conçus, et rien
n'arrive à son terme. Les hauts vouloirs ne sont le partage que des puissantes âmes ».

Mais il faut sortir des généralités, même les plus élevées, et aborder les faits.

Il serait à peu près impossible de se rendre compte

1. Jean Reynaud, article Colbert dans *l'Encyclopédie nouvelle.*

de ce que Colbert a fait comme ministre des finances, si l'on ne connaissait, au moins dans ses grands traits, le système des impôts de l'ancienne monarchie.

Le fisc du XVIIe siècle a conservé les traditions du fisc romain et des temps féodaux, dont il dérive : la noblesse et le clergé sont affranchis de l'impôt; le roturier, le paysan, l'homme de pôte[1], paient seuls l'impôt, la taille; ils sont taillables et corvéables. En détruisant la grande féodalité, la royauté avait pris pour elle les droits des anciens grands vassaux et les exerçait à son profit.

L'affermage était le mode de perception de tous les impôts : taille, gabelle, douanes, etc. Le procédé était commode pour l'État, qui se trouvait ainsi dégagé de presque tous les soins de la perception. Mais, en revanche, l'affermage se prêtait à toutes les fraudes, et il fallait un Sully ou un Colbert pour que la probité devînt la règle. Par exemple : on afferme un impôt 20 millions; il doit rapporter à l'État 15 millions, le fermier ne doit percevoir que 20 millions, dont 5 pour ses frais et bénéfices. Si le ministre est un Fouquet, l'État ne touchera que 10 millions et le peuple paiera 25 millions : les 15 millions volés au Roi et au peuple seront partagés entre les voleurs de tout étage. L'Assemblée constituante a donc eu raison d'abolir l'affermage et de le remplacer par la régie, c'est-à-dire par la levée directe de l'impôt par l'État et ses agents.

L'administration financière dont Colbert prenait la direction, en 1661, était détestable : le système des im-

---

1. *In potestate.* — Le mot impôt a la même étymologie.

pôts, leur base, leur répartition, leur perception, étaient
odieux, pleins d'iniquités. On a vu avec quelle improbité les prédécesseurs de Colbert avaient géré les
affaires. Il ne faut pas craindre de le redire, Colbert rétablit l'ordre et la probité dans cette caverne de malhon-
nêtes gens; il s'efforça de tirer le meilleur parti du système existant, de le rendre moins lourd pour le peuple;
mais il ne changea rien au système lui-même, qui dura
jusqu'en 1789.

A l'arrivée de Colbert aux affaires, le Trésor était lit-
téralement à sec; les revenus des deux années suivantes
étaient dépensés ou volés; le taillable était ruiné, hors
d'état de payer. Nous l'avons déjà dit, mais il est utile
de reproduire ici les justes doléances de Louis XIV.

On lit dans ses Mémoires :

Les finances, qui donnent l'action et le mouvement à tout
ce grand corps de la monarchie, étaient entièrement épuisées,
et à tel point qu'à peine on y voyait de ressource : plusieurs
des dépenses les plus nécessaires et les plus privilégiées de
ma maison et de ma propre personne, ou retardées contre
toute bienséance, ou soutenues par le seul crédit dont les
suites étaient à charge. L'abondance paraissait en même
temps chez les gens d'affaires, qui d'un côté couvraient toutes
leurs malversations par toute sorte d'artifices, et les décou-
vraient de l'autre par un luxe insolent et audacieux, comme
s'ils eussent appréhendé de me les laisser ignorer..... La
manière en laquelle s'était faite la recette et la dépense
était une chose incroyable. Mes revenus n'étaient plus ma-
niés par mes trésoriers, mais par les commis du surintendant,
qui lui en comptaient confusément avec ses dépenses particulières, et l'argent se déboursait en tel temps, en telle
forme et pour telle cause qu'il leur plaisait. L'on cherchait

après, à loisir, de fausses dépenses, des ordonnances de
comptant et des billets réformés pour consommer toutes ces
choses.

Le premier point à obtenir était de faire cesser un
pareil régime. Colbert et Louis XIV mirent fin aux voleries des financiers ; mais le point essentiel, la réforme
générale du système, ne fut accomplie, comme nous
venons de le dire, qu'en 1789, par l'Assemblée constituante, qui abolit les privilèges et soumit à l'impôt tous
les citoyens.

Nos impôts actuels sont à peu près les anciens impôts,
mais perçus autrement, répartis plus équitablement et
payés par tout le monde[1]. L'impôt foncier remplace la
taille et le vingtième. — Les aides sont devenues les
droits réunis, appelés plus tard les contributions indi-
rectes. — La gabelle a perdu son nom exécré et est devenue l'impôt du sel. — Les octrois existent encore,
mais s'appellent octrois de bienfaisance. — La taxe des
maîtrises et jurandes, et le droit de marc d'or, qu'il fallait payer pour être admis à exercer une profession industrielle ou commerciale, ont été remplacés par l'impôt des patentes. — Notre impôt du timbre est l'ancien
droit de contrôle, etc.

Taille.

La taille était payée par le paysan, qui de plus
payait la gabelle, les aides, etc., subissait les corvées,

---

1. Les rentes françaises ont encore le privilège d'être exemptes
d'impôt.

payait à son seigneur les droits féodaux, la dîme au clergé, et supportait encore presque tout le poids du logement des soldats, dont les excès achevaient de le ruiner.

L'intendant de la généralité[1] remettait aux élus le rôle des tailles, qu'ils répartissaient entre les diverses paroisses (communes) de leur ressort. La répartition dernière, qui se faisait dans la paroisse, était opérée le plus souvent d'une manière injuste, et exigeait la plus grande surveillance, surveillance que les agents du pouvoir négligeaient d'exercer. Colbert leur recommande[2] de veiller à cette répartition dernière, car il arrive, dit-il, que « dans presque toutes les paroisses, les principaux habitants et les plus riches, « les coqs du village », trouvent facilement les moyens de se décharger des tailles et d'en surcharger les moyens et les pauvres habitants, et même que ceux-ci demeurent d'accord de la décharge de ces plus riches, parce qu'ils les font travailler et parce qu'ils trouvent des secours par leur moyen dans toutes leurs nécessités ».

Colbert s'efforça de combattre cet abus, en autorisant les intendants à taxer d'office ceux que la faveur avait laissés en dehors du rôle ou qui avaient été insuffisamment taxés. Il soumit à la taille, le plus qu'il le pût faire, les faux nobles, déjà si nombreux.

1. La division administrative de la France, depuis Richelieu, était celle des *généralités*, qui se subdivisaient en *élections*, administrées, au point de vue financier, par des magistrats appelés *Élus*, bien qu'ils fussent nommés par le Roi. A l'origine (1356) ils devaient être élus par les députés aux États-Généraux.

2. Circulaire du 28 mai 1681.

La taille était perçue avec rigueur. Souvent on logeait des brigades d'archers (gendarmes) chez le taillable négligent ou récalcitrant. On saisissait ce qu'il possédait, le bétail même. Colbert empêcha ces sévérités extrêmes. Il diminua les tailles autant que faire se pouvait, et ce fut sa grande préoccupation. En 1661, quand il arriva au ministère, la taille était de 42 millions de livres (210 millions de francs) ; — en 1671, elle est réduite à 33,845,000 livres (170 millions) ; — la guerre de Hollande a fait augmenter les impôts ; aussi en 1678 la taille est remontée à 40 millions de livres (200 millions) ; — en 1680, elle redescend à 32,894,828 livres (164,500,000 francs) ; — en 1683, année de la mort de Colbert, elle est de 37,908,000 livres (189,500,000 fr.). Colbert et la taille sont obligés de suivre la volonté de Louis XIV et de fournir à ses dépenses : guerre, bâtiments, luxe et plaisirs. Le ministre ne peut que dire au maître : « Quant à la diminution des tailles, c'est une matière qui dépend de la résolution de S. M., du règlement de ses dépenses, et en laquelle l'application de ceux auxquels S. M. veut bien se confier dans la conduite, régie et administration de ses finances ne peut rien ».

Avant Colbert les remises faites aux receveurs généraux des tailles étaient de 5 sols pour livre ; en 1662, Colbert les réduisit à 9 deniers [1], c'est-à-dire de 25 pour 100 à environ 2 et 1,2 pour 100, ce qui diminua la taille de 4 millions de livres (20 millions).

---

1. Le sol se divisait en 12 deniers, le denier en 2 mailles.

Il ne suffit pas d'ordonner, il faut s'assurer que les ordres donnés sont exécutés. Pour obtenir ce résultat, le ministre prescrivit aux intendants de visiter, chaque année, au printemps, leur généralité, élection par élection, en s'arrêtant quelques jours dans trois ou quatre petites villes ou gros bourgs de chacune d'elles, afin de prendre connaissance de tous les détails de l'administration, et de recevoir les plaintes et doléances des habitants. Ces visites annuelles, que Colbert dirigeait surtout au point de vue financier, sont de sa part l'objet de circulaires, dans lesquelles on trouve résumées d'une manière admirable toutes ses idées relatives aux impôts et au commerce[1].

La lourdeur des tailles et l'excès de la misère faisaient éclater de temps en temps quelques révoltes, impitoyablement réprimées. Quand on établit la taille dans le Boulonnais (1662), qui jusqu'alors n'y avait pas été soumis, il y eut un soulèvement qui fut rudement châtié, et plusieurs centaines de pauvres paysans furent envoyés aux galères[2].

Dans les pays d'élection, en vertu d'une détestable coutume venant du fisc romain, les collecteurs des tailles, nommés chaque année par les paroisses, étaient responsables de la taille et en devaient payer l'intégralité. Leurs biens et leur liberté en répondaient. Après avoir usé de tous les moyens pour lever l'impôt, pour-

1. BAUDRY, introduction aux Mémoires de Foucault, in-4°, p. LXXXVII (Collection des Documents inédits).

2. *Correspondance administrative sous Louis XIV*, II, 898.

suites, frais, vexations, garnisaires, le collecteur ne donnant pas à l'intendant la somme exigée, était jeté en prison par l'intendant, qui avait aussi sa responsabilité. En 1679, les prisons de Tours renfermaient 54 collecteurs.

Affligé d'un pareil état de choses, Colbert essaya d'y remédier en recommandant, tantôt l'indulgence devant la misère, tantôt la sévérité devant « la malice ». Mais le seul remède efficace était un changement complet de système, et il n'y avait pas alors à y penser[1]. Malgré tous les efforts du ministre pour ménager le paysan, dans l'escarcelle duquel l'État trouvait ses principales sources de revenus, la situation des campagnes alla de mal en pis, la misère ne cessa d'augmenter et finit par prendre des proportions et une intensité qui nous paraissent incroyables. Ainsi, le 29 mai 1675, le duc de Lesdiguières, gouverneur du Dauphiné, écrivait à Colbert :

Je ne puis plus différer de vous faire savoir la misère où je vois réduite cette province : le commerce y cesse absolument, et de toutes parts on me vient supplier de faire connaître au Roi l'impossibilité où l'on est de payer les charges. Il est assuré, Monsieur, et je vous parle pour être bien informé, que la plus grande partie des habitants de ladite province n'ont vécu pendant l'hiver que de pain de gland et de racines, et que, présentement, on les voit manger l'herbe des prés et l'écorce des arbres. Je me sens obligé de vous dire les choses comme elles sont pour y donner après cela l'ordre qu'il plaira à Sa Majesté.

1. Pour les détails voir : *Lettres, mémoires et instructions*, II, LXXII et suivantes.

Colbert ne cessait de signaler à Louis XIV la misère des peuples : en 1681, il lui remettait un mémoire dans lequel on lit :

Ce qu'il y a de plus important et sur quoi il n'y a plus de réflexion à faire, c'est la misère très grande des peuples. Toutes les lettres qui viennent des provinces en parlent, soit des intendants, soit des receveurs généraux ou autres personnes, même des évêques.

Le 8 juin 1683, il écrivait encore au Roi :

Toutes les affaires de finance ont leur cours ordinaire ; les intendants visitent les généralités et en rendent compte par toutes leurs lettres, qui sont pleines de la misère des peuples.

A quoi Louis XIV répondit :

La misère me fait grand'peine. Il faudra faire tout ce que l'on pourra pour soulager les peuples. Je souhaite de le pouvoir bientôt[1].

Les pays d'États[2] avaient le privilège de lever la

---

1. La misère, contre laquelle saint Vincent de Paul lutta avec tant de charité et d'énergie, n'avait pris l'intensité que nous venons de signaler que depuis quelques années. Sous Henri IV et Louis XIII, avant les dilapidations et les désordres de l'administration de Fouquet, la condition des classes rurales était fort différente. Colbert fit complètement disparaître les voleries des deniers de l'État, mais la mauvaise législation qu'il établit sur le commerce des céréales ne lui permit pas de faire disparaître la misère des campagnes.

2. Provinces ayant des États provinciaux, composés de députés des trois ordres. Ces pays étaient : le Languedoc, la Bretagne, la Bourgogne, la Provence, le Dauphiné, l'Artois, le Hainaut, le Cambrésis, le comté de Pau, le Bigorre, le comté de Foix.

taille par leurs agents. La somme à laquelle chacun d'eux était taxé, après débats entre le gouvernement et les députés, portait le nom de don gratuit. La répartition de la taille, faite dans ces pays d'après un cadastre plus ou moins sérieux, était un peu plus équitable que la répartition opérée dans les pays d'élection d'après des appréciations purement arbitraires.

Gabelle.

La gabelle était l'impôt sur le sel. Dès le XIVe siècle, le Roi avait pris pour lui le monopole du commerce du sel. Il fut ordonné que tout le sel fabriqué dans le royaume serait porté dans les greniers à sel établis par le Roi, qui le faisait vendre par ses grènetiers à un prix fixé. Nul impôt n'a été plus odieux, par les vexations qu'il imposait aux peuples. Il n'y avait, au temps de Colbert, aucune égalité entre les provinces : les unes, celles du Nord, appelées pays de grandes gabelles, subissaient l'impôt dans toute sa lourdeur ; il était moins lourd dans les pays de petites gabelles (Midi) ; il n'existait pas dans les pays de franc-salé (Ouest) ; les Trois-Évêchés de Metz, Toul et Verdun étaient régis par un mode particulier. Les nobles, le clergé étaient exempts de la gabelle ; une grande partie de la bourgeoisie également. Le paysan, le petit bourgeois payaient seuls cet impôt, qui était de 45 p. 100 de la valeur réelle du sel.

Dans les pays de grandes gabelles, non seulement le prix est fixé et l'impôt considérable, mais la consommation du taillable est fixée aussi : on le force d'acheter un poids, déterminé arbitrairement. Ce sel, « le sel du devoir », ne doit être employé que pour « le pot et la table » ; si le taillable en a trop, il lui est défendu de l'employer aux salaisons ; il y a un sel affecté aux salaisons.

Un pareil régime ne pouvait pas manquer d'amener de fréquents soulèvements, la contrebande, de continuelles fraudes, une lutte incessante entre le peuple et les « gabelous » ; il s'ensuivait des visites domiciliaires, des saisies et des arrestations. On comptait 10,000 arrestations par an et 1,800 condamnations à la prison. La contrebande du sel ou « faux-saunage » était un crime puni des galères perpétuelles : on envoyait dans les chiourmes plus de 300 faux-sauniers par an.

En 1661, la ferme de la gabelle était de 14,750,000 livres (73 millions et demi de francs) et rapportait seulement 1,399,000 livres (7 millions). Les frais de perception, de poursuites étaient tels, que le peuple payait 13 écus pour 1 que le Roi touchait ; les fermiers en avaient 12 pour leurs frais et leurs bénéfices. Dès le premier bail, Colbert réduisit la ferme à 13,500,000 livres (67 millions et demi) et toucha 4,566,950 livres (22 millions et demi).

Aides et entrées.

Les aides et entrées comprenaient les impôts sur les vins et autres boissons, les droits de jauge et de courtage, les droits sur les cabaretiers, taverniers et hôteliers, les droits sur les cartes à jouer, etc. Les aides

étant des impôts de consommation, la noblesse et le
clergé n'en étaient pas exempts : Colbert les augmenta
de façon à faire payer quelque chose aux classes privilégiées, et pouvoir diminuer la taille.

Octrois.

Les octrois étaient des aides accordées ou octroyées
aux villes par la royauté, qui prenait pour elle la moitié du produit brut.

Domaine et droits domaniaux.

« Le domaine royal possédait dans tout le royaume
une foule de terres, seigneuries, droits féodaux et sei-
gneuriaux ; et, de plus, les droits nommés domaniaux,
objets, avec le domaine, d'une ferme particulière, comprenaient un certain nombre de droits fiscaux, parmi
lesquels on peut citer les lods et ventes et les
amendes[1]. »

Don gratuit du clergé.

Avec la permission du Roi, le clergé tenait tous les
cinq ans des assemblées, dans lesquelles il réglait ses
affaires et formulait des vœux. Mais le Roi n'accordait
au clergé la permission de se réunir qu'à la condition
que l'assemblée lui accorderait, sous le nom de don
gratuit, des décimes ordinaires et des subsides extraordinaires, d'une quantité variable.

1. BAUDRY, introduction aux Mémoires de Foucault, LXXVI.

Affaires extraordinaires.

Nous venons d'indiquer les sources principales du revenu de l'État. Quand il était pressé d'argent, ce qui arrivait souvent, il avait recours à un moyen détestable, «aux affaires extraordinaires». On vendait quelques domaines, on créait de nouveaux offices en faisant payer les titulaires, on établissait « les formules » ou papier timbré (1673[1]), on mettait un droit sur la vaisselle d'étain, sur le tabac[2], sur les cartes à jouer, sur les métiers, etc. Ces nouveaux impôts, venant s'ajouter aux anciens, exaspéraient les populations ou les réduisaient au désespoir. Madame de Sévigné écrit en 1675[3] : « Un pauvre passementier, dans le faubourg Saint-Marceau, était taxé à 10 écus[4] pour un impôt sur les maîtrises. Il ne les avait pas ; on le presse et represse, il demande du temps, on lui refuse ; on prend son pauvre lit et sa pauvre écuelle. Quand il se vit en cet état, la rage s'empara de son cœur ; il coupa la gorge à trois enfants qui étaient dans sa chambre ; sa femme sauva le quatrième et s'enfuit. Le pauvre homme est au Châtelet ; il sera pendu dans un jour ou deux. Il dit que tout son déplaisir, c'est de n'avoir pas tué sa femme et l'enfant qu'elle a sauvé. Songez que cela est vrai comme si vous l'aviez vu, et que, depuis le siège de Jérusalem, il ne s'est pas vu une telle fureur ».

1. *Lettres, instructions et mémoires*, II, 404.
2. *Ibidem*, II, 404.
3. Lettre du 31 juillet.
4. Soit 30 livres (150 fr.).

En 1674, Angoulême s'était révolté ; en 1675, ce fut
le tour de Bordeaux, qui se souleva au cri de : Vive le
Roi sans gabelle ! L'exaspération était telle, que l'intendant écrivait à Colbert : « Si le roi d'Angleterre
voulait profiter des dispositions de la province et faire
une descente en Guyenne, où le parti des religion-
naires était très fort, il donnerait dans la conjoncture
présente beaucoup de peine[1] ». On pendit et on roua
quelques-uns des révoltés ; l'autorité du Roi fut main-
tenue, mais l'iniquité et le désordre continuèrent.

La même année, la Bretagne se souleva à cause du
papier timbré et de la misère. La répression fut atroce :
on roua, on pendit sans pitié les révoltés. Nous avons
tous lu dans Madame de Sévigné le récit de ces terribles « penderies ».

Colbert était sensible à cette misère : loin de pouvoir
la faire cesser, il pouvait à peine l'adoucir quelquefois. On raconte qu'un jour, contemplant la campagne
des fenêtres de son château, et songeant sans doute à
la misère de ceux qui la cultivaient : « Je voudrais,
dit-il, les yeux baignés de larmes, à tous ceux qui l'en-
touraient, pouvoir rendre ce pays heureux, et qu'éloigné du Roi, sans appui, sans crédit, l'herbe crût dans
mes cours ».

Colbert n'abusa pas des affaires extraordinaires.
Mais après lui, dans les dernières années du règne de
Louis XIV, Pontchartrain, Chamillart et Desmarets
n'eurent guère d'autres ressources pour faire face aux

1. *Lettres, instructions et mémoires*, II, XCVI, 24 avril 1675

dépenses de la guerre de la Ligue d'Augsbourg et à celles de la guerre de la Succession d'Espagne, pendant lesquelles Louis XIV fut aux prises avec des coalitions que son fol orgueil avait soulevées contre la France. Le pays fut alors épuisé, ruiné et réduit à cette épouvantable misère dont Vauban et Boisguilbert nous ont laissé le navrant tableau.

Rentes et emprunts.

Les rentes sur l'État étaient alors dans un chaos incompréhensible pour nous : il y avait des rentes constituées sur les tailles, d'autres sur les gabelles, d'autres sur les fermes, d'autres sur l'Hôtel de Ville de Paris, garanties par les revenus particuliers de la ville. Ces dernières passant pour les plus solides avaient plus de valeur. Les intérêts ou quartiers devaient se payer par trimestre ; mais le paiement était très irrégulier et ne se faisait pas toujours. On paya aux rentiers, en 1658. les quartiers de janvier 1641 et 1643. Souvent on retranchait un quartier ; plus d'une fois on fit banqueroute. Les financiers rachetaient les titres avilis de ces rentes, lesquels reprenaient entre leurs mains leur valeur. Les titres de rentes, de même que les billets de l'Épargne, étaient un moyen de faire une grande et rapide fortune.

Une des premières mesures prises par Colbert fut de mettre l'ordre dans les rentes sur l'État, et de frapper les coupables qui s'étaient enrichis aux dépens du trésor public et des particuliers. La Chambre de justice supprima un million de rentes sur l'Hôtel de Ville, pour

lesquelles le Roi n'avait pas touché 100,000 livres de capital (13 mars 1662). D'autres arrêts (1662-64) suppri
mèrent des rentes constituées sur l'Hôtel de Ville de
1656 à 1661, et remboursèrent au prix d'achat toutes les
rentes établies depuis vingt-cinq ans. Mesures violentes,
mais absolument nécessaires, car jamais la réforme n'eût
été faite autrement, et il fallait la faire.

Une opposition formidable éclata au Parlement et
parmi tous les intéressés; mais elle tomba devant la
fermeté de Colbert et la sagesse des mesures qu'il prit
pour accomplir cette révolution financière. Colbert et
le Roi voulaient diminuer les tailles et « soulager les
peuples »; pour cela ils faisaient cesser un des principaux scandales de l'administration de Fouquet, en réduisant, supprimant ou rachetant les rentes qui résultaient
d'emprunts fictifs ou véreux.

Malheureusement beaucoup de rentiers honnêtes
furent atteints en même temps que les financiers mal-
honnêtes, et ces mesures produisirent contre Colbert
un déchaînement que les amis de Fouquet exploitèrent
contre le ministre et en faveur de leur protégé.

Colbert, ayant terminé l'affaire des rentes et réglé l'intérêt à 5 pour 100 (au denier vingt), prit pour règle de
ne plus emprunter et, pendant dix ans, jusqu'en 1674,
il put mettre à exécution cette sage résolution. Les dépenses causées par la guerre de Hollande décidèrent
Louis XIV à emprunter et à suivre l'avis de Louvois, à
qui il fallait absolument de l'argent pour l'armée, et
qui vantait l'excellence des emprunts, en blâmant l'o-
pinion de Colbert.

Le premier président, M. de Lamoignon, ennemi de Colbert, fut consulté par Louis XIV et donna raison à Louvois. « Vous triomphez, lui dit Colbert en sortant du Conseil; mais croyez-vous avoir fait l'action d'un homme de bien? Croyez-vous que je ne susse pas comme vous qu'on pouvait trouver de l'argent à emprunter? Mais connaissez-vous comme moi l'homme à qui nous avons à faire, sa passion pour la représentation, pour les grandes entreprises, pour tout genre de dépense? Voilà donc la carrière ouverte aux emprunts, et par conséquent à des dépenses et à des impôts illimités! Vous en répondrez à la nation et à la postérité ».

Louis XIV emprunta donc et beaucoup; successivement l'intérêt s'éleva à 5,55 pour 100 (au denier 18), puis à 6,25 (au denier 16) et à 7,14 (au denier 14). A la paix de Nimègue (1678), Colbert arrêta le mouvement et régularisa la situation, en remboursant une partie des emprunts, ce qu'il fit en contractant d'autres emprunts à meilleur marché. Il s'efforçait en même temps, par une administration honnête et prudente, de maintenir le crédit du Roi en France et à l'étranger. Il savait ce qu'était le crédit; il en connaissait les ressorts et la puissance, et le définissait ainsi : « Le crédit, écrivait-il à Louis XIV, consiste en l'opinion du public sur le bon état des finances de Votre Majesté ».

Colbert avait créé une caisse des emprunts, où les particuliers pouvaient placer leur argent à 5 pour 100 avec la faculté de le retirer à volonté, et, grâce à la confiance du public, cette nouvelle institution réussit parfaitement.

En 1683, les rentes dues par l'État s'élevaient à 8 millions de livres[1] (40 millions de francs). En 1715, Louis XIV laissa une dette de 2 milliards de livres (10 milliards de francs), qu'on liquida en faisant banqueroute. Il y avait longtemps qu'on avait laissé de côté les sages maximes de Colbert et qu'on avait oublié l'ordonnance proposée par lui et signée par Louis XIV, laquelle portait peine de mort contre les traitants qui feraient désormais au Roi une avance de deniers : « Ordonnance monstrueuse, sans doute, qui n'eut jamais cours, qui fut même violée et réduite à néant presque aussitôt que née, mais qui sert du moins à nous donner une idée de la gravité des abus déjà commis, de la grandeur du péril, de la vigilance du ministre et de la force de ses inquiétudes[2] ».

III. — *Marine*[3].

Jamais un grand État, dit le cardinal de Richelieu, ne doit être au hasard de recevoir une injure sans pouvoir en prendre revanche. Et partant, l'Angleterre étant située comme elle est, si la France n'était puissante en vaisseaux, elle pourrait entreprendre à son préjudice ce que bon lui semblerait, sans crainte de retour. Elle pourrait empêcher nos pêches, troubler notre commerce, et faire, en gardant les embouchures de nos grandes rivières, payer tel droit

1. *Lettres, instructions et mémoires*. II. LXI.
2. J. REYNAUD, *loc. cit.*
3. *Lettres, instructions et mémoires*. t. III. — JOUBLEAU, *Études sur Colbert*.

que bon lui semblerait à nos marchands. Elle pourrait descendre impunément dans nos îles, et même sur nos côtes. Enfin, la situation du pays natal de cette nation orgueilleuse, lui ôtant tout lieu de craindre les plus grandes puissances de la terre, à ne point traverser la mer ; et l'ancienne envie qu'elle a contre ce royaume lui donnerait apparemment lieu de tout oser, lorsque notre faiblesse nous ôterait tout moyen de rien entreprendre à son préjudice.

La mer était alors infestée de pirates et de corsaires : une marine était absolument nécessaire pour protéger le commerce maritime ; les vaisseaux de commerce se réunissaient en nombre considérable pour aller sur tel ou tel marché, et naviguaient sous la protection des bâtiments de guerre qui les escortaient.

Richelieu avait créé la marine et avait mis à la mer 80 vaisseaux et 20 galères ; ses amiraux, MM. de Sourdis et de Brézé, avaient plus d'une fois vaincu les Espagnols. Mais les troubles de la Fronde et la négligence de Mazarin amenèrent la destruction de cette brillante marine : en 1661, on ne dépensait plus que 300,000 livres par an pour la flotte ; il ne restait plus que six galères, les autres étaient coulées à fond dans le port de Toulon.

Dès 1662, Colbert et Louis XIV résolurent de rétablir la marine ; le Roi y consacra trois millions de livres (15 millions de francs), et il écrivit à l'amiral duc de Beaufort[1] : « Vous êtes bien informé, par tout ce que j'ai écrit avant le départ de mon armée navale, com-

1. 17 juin 1662.

bien j'ai à cœur le rétablissement[1] de mes forces maritimes, et avec quel soin et quelle application j'y travaille ». En 1670, Colbert avait 13 millions de livres
(65 millions de francs) à dépenser, et, en moyenne, son
budget fut d'au moins 10 millions de livres. Aussi, en
1671, la France avait, pour entrer bientôt en lutte
avec la Hollande, 196 bâtiments de toute grandeur,
portant 5,500 canons et montés par 37,500 hommes,
officiers, officiers mariniers, matelots et soldats[2]. —
En 1677, les forces navales de la France se composaient de 270 bâtiments de tout rang, et de 30 galères,
montés par 50,000 hommes d'équipage. — Seignelay
augmentera encore le nombre de nos vaisseaux.

La marine fut confiée à Colbert dès 1661 ; mais le
duc de Lionne avait une partie du service, qu'il con-
serva jusqu'en 1665. La tâche que Louis XIV donnait à Colbert était énorme ; tout était à organiser, à
rétablir ou à créer : vaisseaux, galères, manufactures
pour la production des objets nécessaires à la flotte,
ports, arsenaux, approvisionnements de toute nature,
équipages, officiers, solde, discipline, administration.
En quelques années, à force de volonté et de travail,
tout se trouva organisé, rétabli ou créé.

Les magasins de la marine étant « entièrement dé-
nués de toutes choses », il fallut acheter dans les pays
étrangers, en Hollande principalement, les marchan-

1. Louis XIV dit formellement : « le rétablissement de la marine », laissant l'honneur de sa création au grand Cardinal.

2. Cette flotte coûtait 941,181 livres par mois (4.700,000 fr.).

dises dont on avait besoin pour construire les vaisseaux, acheter des navires, faire rentrer en France
les matelots qui servaient au dehors, organiser les
chantiers, attirer chez nous les charpentiers hollandais, les plus habiles de tous, pour former nos « maîtres de hache » et leurs ouvriers, peu exercés et lents.
En 1669, on créa des conseils de constructions, qui furent établis dans les grands ports pour présider aux
constructions navales. Partout, à Rochefort surtout, on
déploya une activité prodigieuse, qui fait grand honneur
à Colbert de Terron.

La flotte devait être partagée en deux grandes divi-
sions : la marine du Levant, sur la Méditerranée, dont
le centre était à Toulon avec 40 vaisseaux, — la marine du Ponant, sur l'Océan, dont les principaux centres étaient à Rochefort, avec 40 vaisseaux, et à Brest,
avec 30 vaisseaux, et dont les centres secondaires
étaient au Havre et à Dunkerque.

Nous avons dit qu'en 1671 la France avait 196 bâtiments à la mer : ces forces se composaient de 120 vaisseaux[1], de 55 frégates et flûtes[2], et 21 brûlots.

On acheta d'abord à l'étranger, avons-nous dit, les
ancres, les bois, les mâts, le goudron, les chanvres, les
canons dont on avait besoin; mais en même temps Colbert créait les industries qui devaient bientôt lui fournir ces divers objets. Il établissait les fonderies du Ni-

---

1. Dont 12 de premier rang, à trois ponts, portant de 70 à
120 canons; — 24 de deuxième rang, aussi à trois ponts, de 56
à 70 canons.

2. Bâtiments de transport.

vernais[1] pour la fabrication des ancres ; il encourageait
et développait la culture du chanvre, et, dès 1669, la
France en produisait toutes les quantités nécessaires.
Il créa l'industrie du goudron en Provence, dans le
Médoc et les landes de Gascogne[2], à l'aide d'ouvriers
suédois et hollandais ; et, à mesure que ces industries
se développaient, il défendait avec raison qu'on achetât à l'étranger rien de ce que nos manufactures produisaient.

Sa préoccupation constante est de « se passer des
étrangers », et il est dans le vrai dans toute cette période de créations. Il force tous ceux qui sont sous ses
ordres d'accepter ses idées : il les recommande à son
fils, le marquis de Seignelay, son survivancier à la
marine. On lit dans les instructions qu'il lui adressa
en 1671 :

Observer surtout et tenir pour maxime de laquelle on ne
se départe jamais, de prendre dans le royaume toutes
les marchandises nécessaires pour la marine ; cultiver avec
soin les établissements des manufactures qui ont été faits et
s'appliquer à les perfectionner, en sorte qu'elles deviennent
meilleures que dans tous les pays étrangers.

Ces manufactures principales sont : le goudron, établi dans
le Médoc, Provence et Dauphiné ;

Tous les fers de toutes mesures et qualités pour la marine,
établis en Dauphiné, Nivernais, Périgord et Bretagne ;

1. A proximité des mines de fer du Nivernais et du Berry, et
des forêts du Morvan.
2. Cette industrie n'a pas survécu à Colbert dans la Provence ;
mais elle est encore très florissante dans les Landes.

Les grosses ancres, établies à Rochefort, Toulon, Dauphiné, Brest et Nivernais ;

Les mousquets et haches d'armes, en Nivernais et Forez ;

Les canons de fer, en Nivernais, Bourgogne et Périgord ;

La fonte des canons de cuivre, à Toulon, Rochefort et Lyon ;

Le fer blanc et noir, en Nivernais ;

Tous les ustensiles de pilote et autres, à la Rochelle, Dieppe et autres lieux.

Acheter tous les chanvres dans le royaume, au lieu qu'on les faisoit venir directement de Riga, et prendre soin qu'il en soit semé dans tout le royaume, ce qui arrivera infailliblement si l'on continue de n'en point acheter dans les pays étrangers.

Cultiver avec soin la compagnie des Pyrénées[1], et la mettre en état, s'il est possible, de fournir tout ce à quoi elle s'est obligée, ce qui sera d'un grand avantage dans le royaume, vu que l'argent pour cette nature de marchandises ne se portera point dans les pays étrangers.

Cultiver avec le même soin la recherche des mâts dans le royaume, étant important de se passer pour cela des pays étrangers. Pour cet effet, il faut en faire toujours chercher, et prendre soin que ceux qui en cherchent en Auvergne, Dauphiné, Provence et les Pyrénées, soient protégés et qu'ils reçoivent toutes les assistances qui leur seront nécessaires pour l'exécution de leurs marchés.

Examiner avec les mêmes soins et applications toutes les autres marchandises et manufactures qui ne sont point encore établies dans le royaume, en cas qu'il y en ait, et chercher tous les moyens possibles pour les y établir.

Pour les bois et les mâts, Colbert les fit chercher et

---

1. Cette compagnie était chargée de fournir des mâts et autres marchandises du Nord et des ancres.

les trouva sur le sol de la France, et, pour conserver
nos forêts et assurer, après lui, les richesses qu'elles
contenaient, il fit, en 1669, l'ordonnance sur les eaux
et forêts, qui est demeurée un de ses titres de gloire.
Cependant, il acheta toujours les bois étrangers apportés
dans nos ports; c'était un moyen d'économiser les
ressources de nos forêts; il s'en servait ou les vendait
à bon marché aux constructeurs français pour les
exciter à mettre de nouveaux bâtiments sur leurs chantiers. On fit de grands approvisionnements de bois et
de mâts dans les arsenaux, en prenant tous les soins
qu'il fallait pour leur conservation, afin qu'en tout
temps on pût trouver dans chaque arsenal les matériaux nécessaires à la construction de six vaisseaux.

Trois grands ports militaires, avec leurs arsenaux,
furent établis à Toulon, Brest et Rochefort, ce dernier créé de toutes pièces par Colbert et Colbert de
Terron[1].

Colbert fit faire de grands travaux dans les ports de
Brest et de Toulon pour augmenter leur profondeur,
construire les arsenaux, leurs ateliers et magasins,
établir des quais[2], etc. Dans chacun de ces trois ports,
on augmenta les fortifications pour les mettre à l'abri
des attaques de l'ennemi. Marseille, Cette, le Havre,

1. En 1671 Colbert alla visiter l'arsenal de Rochefort et ins-
pecter la construction des vaisseaux (*Gazette*. 1671. p. 412 .

2. A Toulon, Colbert est déjà aux prises avec les autorités mu-
nicipales pour leur faire exécuter les travaux indispensables à
l'assainissement et à la propreté de la ville et du port. Il n'obtint
aucun résultat.

Boulogne, Calais et Dunkerque furent notablement
améliorés.

Les arsenaux et leurs magasins furent l'objet d'une
réglementation sévèrement appliquée, ce qui était
nécessaire pour éviter le gaspillage et le vol, ce que
l'on appelle aujourd'hui, par euphémisme, les détour-
nements.

En 1680, Louis XIV visita Dunkerque; il n'avait pas
encore vu, et, chose bizarre, il ne vit jamais un seul de
ses grands ports. Satisfait des immenses travaux que
Vauban et Colbert avaient fait exécuter à Dunkerque, il
écrivit au ministre :

J'ai été très content des travaux du port; j'entendrai bien
mieux présentement les lettres de marine que je ne faisais,
car j'ai vu le vaisseau de toutes manières et faire toutes les
manœuvres, tant pour le combat que pour la route. Je n'ai
jamais vu d'hommes si bien faits que le sont les soldats et
les matelots. Si je vois jamais beaucoup de mes vaisseaux
ensemble, ils me feront grand plaisir. Les travaux de la
marine sont surprenants, et je n'imaginais pas les choses
comme elles sont. Enfin, j'en suis très satisfait. Mon
voyage me coûtera quelque chose, mais mon argent sera
bien employé, car j'aurai plus de pièces qui verront la rade
et les attaques à revers; votre fils vous expliquera le détail.
J'ai vu comment on fermerait l'arsenal. Je crois que tout ira à
merveille et qu'après cela Dunkerque sera le plus beau lieu
du monde. Voilà ce que je suis bien aise de vous dire pour
aujourd'hui.

Partout Colbert imposait une économie sévère et
un ordre absolu. Il s'occupe des soins à prendre pour
conserver les vaisseaux, ce qui est aussi indispensable

que d'en construire. On lit dans ses instructions à
Seignelay :

N'y ayant rien dans toute la marine de plus important que
la conservation des vaisseaux, il n'y a rien aussi à quoi on
doive donner plus d'application. Pour cet effet il faut donner
des ordres précis et tenir la main à ce qu'ils soient tenus
extraordinairement propres[1], tant dedans que dehors, depuis
la quille jusqu'au bâton de pavillon.

Observer avec soin la différence qu'il y a entre les
vaisseaux du Roi et ceux de Hollande sur le point de la propreté ; s'informer de tout ce qui se passe en Hollande et de
tout ce qui se fait pour les entretenir en cet état, et faire
observer les mêmes choses en France, et quelque chose de
plus, s'il est possible.

Il faut considérer cette propreté comme l'âme de la marine,
sans laquelle il est impossible qu'elle puisse subsister[2] ; et
il faut s'y appliquer comme à ce qui est plus important et
plus nécessaire pour égaler et même surpasser les étrangers.

De cette propreté dépend encore l'arrangement parfait
dans tous les magasins et travaux de marine, sur quoi il faut
voir en détail chacune chose pour les pouvoir réduire au degré de perfection qu'il est nécessaire.

Il faut, de plus, examiner avec le plus grand soin le véritable prix de toutes les marchandises et manufactures, et chercher tous les moyens possibles pour les réduire au meilleur
prix qu'il se pourra ; pour cet effet il faut être informé de ce
que chacune nature de marchandise coûte en Hollande et en
Angleterre, comme :

1. Notre nation était alors « la plus malpropre de toutes celles
qui allaient en mer ». L'hygiène en souffrait encore plus que la
conservation des vaisseaux.

2. A cause des maladies épidémiques que la malpropreté en-
gendrait parmi les équipages.

Les chanvres, le fer, les toiles noyales[1], les ancres, etc.

Il faut, de plus, s'informer particulièrement de l'économie qu'ils observent en toutes choses, les travaux qu'ils font faire à journées, et ceux qu'ils font faire à prix faits : la discipline et police qu'ils observent dans leurs arsenaux, et enfin tout ce qui peut contribuer au bon ménage et économie des deniers du Roi, et tenir pour une maxime certaine sur ce sujet que *celui qui fait la guerre à meilleur marché est assurément supérieur à l'autre.*

Avant Colbert le recrutement des vaisseaux de l'État se faisait à l'aide de *la presse,* coutume brutale et inique qui est encore en usage en Angleterre. En cas de besoin, l'État faisait main basse sur les matelots du commerce et les embarquait. Après divers essais pour organiser la levée des équipages sur des bases équitables, Colbert établit, en 1668, le système des *classes*[2]. On fit un rôle général des marins: on déclara qu'ils appartenaient à l'État, et on les partagea en classes, dont le nombre fut fixé à trois[3]; ils devaient servir à bord des vaisseaux du Roi, une année par chaque période de trois ans. Les marins enrôlés jouissaient de quelques faveurs ; s'ils étaient blessés, ils étaient secourus ou pensionnés ; leurs familles étaient aussi secourues par la caisse des gens de mer fondée en 1675.

Mais en temps de guerre on prenait tous les marins

---

1. On désignait sous ce nom certaines toiles très fortes, fabriquées surtout à Olonne.

2. Qui fut essayé dès 1665.

3. Après plusieurs essais.

dont on avait besoin ; la levée générale ressemblait fort à une *presse* organisée. Aussi ce régime ne fut-il ni regardé comme une amélioration, ni accepté facilement ; et en 1672, pour forcer les matelots à s'engager au service du Roi[1], on avait eu recours à la presse et aux mesures les plus violentes.

C'est une erreur de croire que notre inscription maritime remonte aux classes de Colbert ; elle en est la suite, les classes en ont donné l'idée première, mais elle ne leur ressemble guère. Nos lois modernes[2], qui ont organisé l'inscription maritime, ont transformé le régime des classes ; elles en ont fait disparaître tout ce qu'il avait de violent et d'injuste, de sorte que notre inscription maritime ne ressemble plus aux classes de Colbert.

Pour diminuer le nombre des hommes qu'il aurait à demander annuellement aux classes, Colbert avait formé (1669) deux régiments d'infanterie de marine[3]. Cette création, éminemment utile, était en cours d'exécution lorsque Louvois y mit obstacle[4]; il prétendit que la levée de ces régiments « faisait tort à sa charge », et déclara que si le Roi voulait avoir des régiments d'infanterie sur ses vaisseaux, c'était lui qui devait donner les com-

1. Service pour lequel, disait Louis XIV, les gens de mer avaient une aversion insurmontable, sans nul doute par suite de leur mauvaise condition à bord de ses vaisseaux, et par la faute des officiers.

2. Ordonnance de 1784, loi du 3 brumaire an IV, décrets de 1808, 1833, 1860, 1861, 1863.

3. Royal-Marine et Vermandois.

4. *Lettres, instructions et mémoires.* III, Ire partie, XXIII.

missions aux officiers; ce que Colbert, par esprit de
conciliation, accepta. Mais les officiers de ces nouveaux
régiments servirent mal : officiers de terre, ils ne voulaient pas obéir aux officiers de mer, aux capitaines de
vaisseau, et l'on fut obligé de renoncer au système de
Colbert et de faire servir ces régiments à terre avec
le reste de l'infanterie. La marine, par la faute de Louvois, fut ainsi privée d'un personnel qui lui eût été fort
utile.

L'institution des classes donnait à nos flottes environ
60,000 marins, non compris les officiers, les ouvriers
des ports, les mousses, la chiourme des galères.

L'improbité que l'on trouvait alors dans l'armée de
terre (fraudes envers l'État et les soldats commises par
les capitaines, qui se faisaient un revenu à l'aide de ces
indignes pratiques), la même improbité se retrouvait
dans l'armée de mer. Colbert et Louis XIV luttèrent
sans relâche et avec énergie contre les capitaines de
vaisseau qui retenaient une partie de la solde de leurs
hommes, leur donnaient une nourriture mauvaise et
insuffisante, et rendaient ainsi le régime des classes encore plus impopulaire. Le ministre fit cesser cet abus,
en chargeant un munitionnaire d'approvisionner les
vaisseaux des provisions de bouche nécessaires aux
officiers et matelots. Jusqu'alors les capitaines avaient
été chargés de ce soin.

Colbert apporta à la surveillance des dépenses, à bord
des bâtiments et dans les arsenaux, une constante attention : on volait partout ; on volait sur les constructions
navales, sur les vivres, sur les poudres, et les voleurs

n'étaient autres que des officiers, des fonctionnaires grands et petits[1]. Pour faire cesser ces désordres, Colbert cassa un grand nombre d'officiers.

Louvois, toujours poussé par sa haine contre Colbert, signala plusieurs fois à Louis XIV quelques-unes de ces friponneries, comme s'il n'y en avait pas eu à signaler aussi dans le service qu'il dirigeait.

Nos matelots et nos officiers, ces derniers surtout, ne valaient pas grand'chose en 1661, et il ne fut pas facile, au début, d'avoir de bons officiers, instruits, braves et disciplinés. La formation du brillant corps d'hommes de mer qui commandèrent les vaisseaux et les escadres de Louis XIV n'est donc pas la moins belle partie de l'œuvre de Colbert.

A l'origine, l'audace manquait surtout aux officiers, plus encore que l'instruction. En 1671, Colbert écrivait à un chef d'escadre que, s'il avait le bonheur d'exécuter « une action d'éclat, elle serait d'autant plus agréable à S. M. qu'elle lui serait plus nouvelle ». Pilotes timides, officiers trop prudents, Colbert n'eut d'abord que des gens de cette sorte sur ses vaisseaux : aucun n'avait « l'élévation et la chaleur nécessaire pour faire quelque chose d'extraordinaire ». On n'osait sortir du port à la moindre apparence de mauvais temps; personne ne se souciait « d'aller à la guerre » contre les pirates de la Méditerranée, encore moins d'aller les brûler dans leurs ports. Longtemps Louis XIV « ressentit grand'peine» de voir toutes ses dépenses pour la marine

1. Ces habitudes détestables dataient du temps de Mazarin.

rendues inutiles par la faute des officiers et leur manque de « bravoure audacieuse ».

Les choses changèrent avec la guerre de Hollande (1672-78 : Martel, Valbelle, Vivonne, Duquesne, Château-Renault, Tourville déployèrent une grande bravoure, résistèrent aux Hollandais, les meilleurs marins de ce temps, battirent Tromp et Ruyter, leurs plus grands amiraux, et commencèrent à donner à la marine française la bravoure audacieuse que lui voulait Louis XIV et qu'elle avait eue sous Richelieu.

Pour former les jeunes officiers, Colbert créa des écoles où ils apprenaient l'hydrographie et le tir du canon : il voulait avec raison que le tir de nos vaisseaux fût excellent, supérieur à celui de l'ennemi.

Colbert eut autant de peine à établir la discipline parmi les officiers de marine qu'à combattre leur improbité. Il se plaint souvent de manquements au devoir, de désobéissances. Un capitaine abandonne son navire en mer ; d'autres vont coucher à terre, beaucoup embarquent des marchandises, une pacotille, pour en faire le commerce. Il ne cesse de se plaindre des jalousies, des susceptibilités qu'il appelle des « pointilleries d'honneur » ce qui entravent le service, et de l'esprit d'intrigue et de cabale qui anime les officiers.

Parmi les plus indisciplinés de marins de ce temps, on doit signaler Duquesne et Château-Renault. Ce dernier, chef d'escadre, était l'un des meilleurs officiers de la flotte ; mais il refusait trop souvent d'obéir à ses chefs, aux ordres du ministre et du Roi. Château-Renault avait reçu l'ordre de mettre à la voile pour escorter des bâtiments allant à Terre-Neuve (1675) ; il n'avait pas bougé et demandait délai sur délai ; Colbert lui écrivit :

S. M. a remarqué que vous ne lisez pas ses instructions ou que vous n'y faites aucune réflexion, et c'est ce qu'elle ne veut souffrir. Cela est indigne, non seulement d'un commandant général, mais d'un commandant de flûte. Vous devez me remercier que je vous écrive aussi fortement que je fais, parce que le service du Roi, vos avantages et votre propre gloire dépendent uniquement de ce point.

Quinze jours après, Château-Renault n'était pas parti et discutait encore ses instructions.

S. M. m'ordonne de vous écrire, lui dit Colbert, que si elle reçoit encore une lettre de vous, par laquelle elle voie que vous n'avez point exécuté son ordre, elle enverra celui de vous faire arrêter sur votre bord[1].

Duquesne, notre plus grand homme de mer, avait le caractère le plus difficile. En 1670. Colbert disait : « La difficulté du sieur Duquesne est une grande chicane. Je ne sais à la fin si nous pourrons nous servir de cet homme ». Duquesne, en effet, est en lutte avec tout le monde : intendants, ministre, amiral ; il discute sans relâche ; il a « ses fantaisies » ; il n'obéit pas à son chef, le vice-amiral d'Estrées, qui paraît, il est vrai, avoir moins de valeur que lui. Comme on le savait très habile

1. *Lettres, instructions et mémoires.* III. 1re partie, XXXIX

homme de mer, on lui avait fait une belle position : 26,000 livres (180,000 francs) lui étaient allouées pour son traitement et sa table. On patienta et on fit bien, car, lorsque la flotte française lutta, en 1676, dans les mers de Sicile, contre Ruyter, Duquesne fit des prodiges de valeur et de tactique, et remporta les plus belles victoires. Aussi Colbert lui écrivit-il les lettres suivantes :

La lettre que le Roi veut bien vous écrire de sa main vous fera mieux connaître que je ne le pourrais faire la satisfaction que S. M. a reçue de ce qui s'est passé dans la dernière bataille que vous avez donnée contre les Hollandais[1]. Tout ce que vous avez fait est si glorieux, et vous avez donné des marques si avantageuses de votre valeur, de votre capacité et de votre expérience consommée dans le métier de la mer, qu'il ne se peut rien ajouter à la gloire que vous avez acquise. S. M. a enfin eu la satisfaction de voir remporter une victoire contre les Hollandais, qui ont été jusqu'à présent presque toujours supérieurs sur mer à ceux qu'ils ont combattus, et elle a connu, par tout ce que vous avez fait, qu'elle a en vous un capitaine à opposer à Ruyter pour le courage et la capacité.

Soyez persuadé que personne ne peut jamais prendre plus de part que moi à la gloire que vous avez acquise ; j'y suis obligé par le service que S. M. en reçoit, mais j'y suis encore fortement engagé par l'estime que j'ai toujours eue pour vous, qui me fera chercher toutes les occasions de vous rendre service.

En même temps qu'il écrivait cette lettre, comme

---

1. La bataille de Stromboli, du 7 janvier 1676. Duquesne avait 20 vaisseaux et 6 brûlots ; Ruyter, 24 vaisseaux, 6 brûlots, 2 flûtes et 9 galères espagnoles.

ministre, Colbert, comme particulier, en adressait une autre à Duquesne :

Je vous avoue qu'il y a bien longtemps que je n'ai écrit de lettre avec autant de plaisir que celle-ci, puisque c'est pour vous féliciter du premier combat naval que les forces du Roi ont livré contre les Hollandais, dans lequel vous avez donné de si grandes preuves de votre capacité, de votre fermeté et de votre valeur, que, ayant autant d'envie que vous savez que j'en dois avoir que les armes du Roi soient aussi glorieuses par mer que par terre, je ne puis m'empêcher de prendre part plus que personne à la gloire que vous avez acquise et à la satisfaction que S. M. vous a témoignée d'une aussi belle et aussi grande action que celle que vous avez faite ; et vous ne pouvez pas douter que le Roi n'ait fort bien remarqué que, ayant affaire au plus habile matelot, et peut-être au plus grand et au plus ferme capitaine de mer qu'il y ait à présent au monde, vous n'avez pas laissé de prendre sur lui l'avantage de la manœuvre, votre vaisseau ayant regagné pendant la nuit le vent qu'il avait sur vous le soir précédent, et celui de la fermeté, l'ayant obligé de plier deux fois devant vous. Une si belle occasion nous donne ici des assurances certaines de toutes celles que vous ferez à l'avenir, lorsque les occasions s'en présenteront ; vous devez être assuré de la part que j'y prendrai toujours, et je n'omettrai rien de ce qui pourra concourir à vos avantages et à votre satisfaction[1].

Une nouvelle victoire amena de nouvelles félicitations, mais ne donnait pas à Duquesne le grade d'amiral qu'il méritait et qu'il n'obtenait pas, à cause de son carac-

---

1. *Lettres, instructions et mémoires*, III, 1re partie (2e partie du volume), p. 2 et 3.

tère et parce qu'il était protestant, ce qui, lui écrivait Colbert « mettait obstacle aux intentions du Roi[1] ». Duquesne continua à gronder, discuter, résister, censurer aigrement, et s'attira la semonce suivante de Colbert[2] :

Je vous ai dit plusieurs fois que les difficultés infinies que vous faites en toutes occasions et en toutes choses font beaucoup de peine au Roi. Je ne vous dirai pas qu'elles gâtent les services que vous rendez; mais assurément il est difficile que cela ne fasse pas impression dans l'esprit de Sa Majesté, et que peut-être elles ne lui fassent connaître que si vous étiez plus avancé dans les dignités de la marine, vos difficultés augmenteraient à proportion. C'est la plus grande marque d'amitié que je vous puisse donner de vous redire souvent les mêmes choses, et croyez-moi, une fois pour toutes, rendez-vous plus facile.

« L'activité prodigieuse, l'esprit d'ordre, le zèle ardent de Colbert pour le bien de l'État, ne ressortent nulle part plus nettement que dans ses lettres aux chefs d'escadre Martel, Château-Renault, d'Almeras, Tourville, Duquesne. Les détails instructifs, les particularités piquantes y abondent, et les caractères s'y dessinent avec une précision qu'on chercherait vainement ailleurs. Ces lettres, avec celles aux intendants des ports et les instructions au marquis de Seignelay[3] pour l'initier à la marine, forment son titre de gloire

1. En 1682, Duquesne fut fait marquis.
2. Lettre du 7 mai 1678.
3. On les trouvera au chapitre IV de ce volume.

le plus incontestable. Rien dans ces pages qui ne défie
la critique la plus sévère et ne mette en relief les qualités essentielles de l'organisateur, les grandes vues, la
décision, la fermeté[1] ».

Colbert a été un financier habile et un ministre des
finances intelligent et honnête ; mais l'organisateur de
la marine a été un homme de génie, et il jugeait bien
son rôle quand il disait que la marine était « la plus
importante et la plus belle partie de son département ».

Galères.

Les galères, navires à rames aidés quelquefois de la
voile, étaient les bâtiments de guerre le plus en usage
sur la Méditerranée. C'était une marine spéciale et que
l'on séparait ordinairement des vaisseaux, ou marine
proprement dite, dans le langage et l'administration
d'alors.

En 1661, les galères étaient dans le même état de
décadence que la marine. Colbert eut les mêmes efforts
à faire pour rétablir la flotte à rames que pour reconstituer les bâtiments à voiles. En 1670, la France avait
20 galères ; en 1677, 30 ; à la fin du siècle, 42.

L'équipage des galères, la chiourme[2], se recrutait
surtout avec les forçats ou condamnés aux travaux forcés, puis avec des esclaves turcs, quelquefois avec des
bonnevoglies ou rameurs volontaires italiens.

1. P. Clément. *Lettres, instructions et mémoires*. III, 1re partie, xxxviii.
2. Du turc *tcheurmè* (Jal).

Afin d'avoir le plus grand nombre possible de forçats, Colbert recommandait aux Parlements de condamner aux travaux forcés le plus de coupables qu'ils pourraient, de les envoyer aux galères plutôt qu'à la mort ou en prison. « C'est surtout en parcourant la correspondance des premiers présidents et des intendants qu'on acquiert la preuve de la pression qui fut exercée; pression malheureuse et dont les excès, quel que fût le but du gouvernement, causent une insurmontable tristesse[1] ». Avec ces procédés on augmenta la chiourme, qui était de 4,710 forçats en 1676. Mais la mort faisait de continuels ravages parmi eux, et soit pour maintenir les effectifs des rameurs, soit pour en augmenter le nombre, on envoya aux galères : mendiants, vagabonds, contrebandiers, faux-sauniers, paysans révoltés contre les impôts; on acheta au duc de Savoie, qui n'avait pas de galères, ses forçats; on acheta des nègres de Guinée, des esclaves turcs aux chevaliers de Malte ou à nos consuls du Levant[2], des esclaves russes à Constantinople. A l'imitation des Espagnols, on envoya aux galères des prisonniers de guerre.

On avait recours aussi à un moyen odieux : on gardait après l'expiration de leur peine les forçats qu'on aurait dû, d'après la loi, mettre en liberté; on doublait, on triplait le temps auquel les galériens avaient

---

1. P. CLÉMENT, *Lettres, instructions et mémoires*, III, 1re partie, L.

2. Très vigoureux, ces Turcs se payaient 400 ou 450 livres (2,000 ou 2,500 fr.).

été condamnés ; on ne les libérait guère que lorsqu'ils
étaient hors de service par leurs blessures, leurs infir-
mités ou leurs maladies incurables, et encore leur im-
posait-on, même dans ce cas, l'obligation de se faire
remplacer par un esclave turc. Un forçat, condamné en
1665 à deux ans de galères, y était encore en 1679 !
Je ne suis pas de l'école de ces philanthropes qui s'api-
toient à l'excès sur le sort des criminels et oublient la
pitié qu'on doit à leurs victimes ; mais si cet excès de
douceur est dangereux et ridicule, l'excès de rigueur,
de violence et d'iniquité d'autrefois doit être énergiquement flétri.

Que dire du régime auquel ces misérables étaient
soumis? Enchaînés sur leur banc, à peine nourris,
à peine vêtus d'une casaque rouge, rongés de vermine
et de gale, battus à coups de fouet et de trique pour les
faire ramer en mesure et avec énergie, un bâillon de
bois dans la bouche pour les forcer au silence pendant
les manœuvres, les forçats accomplissaient alors le
travail que font aujourd'hui les machines à vapeur.

IV. — *Colonies*.

Nos premières colonies datent du règne de Charles V.
Les Dieppois avaient fondé alors plusieurs comptoirs
sur les côtes de la Guinée. Nous nous laissâmes enlever
ces colonies par les Portugais pendant que nos rois
s'efforçaient de conquérir l'Italie. Ce n'est que sous
Henri IV que la France se remit à coloniser ; on fonda

pendant ce règne la colonie du Canada ou Nouvelle-France, dont seuls quelques grands esprits appréciaient l'inestimable valeur. Richelieu continua l'œuvre de Henri IV et fonda plusieurs colonies. C'est des colons de cette époque que descendent les créoles des Antilles, de l'île Bourbon et de l'île de France, et cette forte race franco-canadienne, qui a pris de nos jours une importance considérable. On trouve dans la *Gazette de France* du 10 janvier 1632[1] un curieux article destiné à appeler l'attention du public sur la Nouvelle-France et à engager les habitants nécessiteux de la vieille France à émigrer dans ces vastes et fertiles contrées. Nous reproduisons ce curieux article, qui est toujours vrai et encore plein d'actualité.

Il se fait à la Rochelle un embarquement pour aller au mois de mars en la Nouvelle-France. C'est une terre neuve, propre à froment et légumes, et où tous autres fruits croissent comme en France, riche en mines d'argent, cuivre et fer, partout plantée d'arbres de haute futaie d'extrême grosseur et hauteur, féconde en prairies à nourrir toute sorte de bétail. Son étendue est de plus de mille lieues, bornées de rivières et d'une mer fort poissonneuse, et où se pêchent force saumons, esturgeons et moulues (mornes). La navigation y est sûre pour ce qu'elle se fait en pleine mer, où l'on ne peut être guetté des corsaires, et que personne ne prétend rien en ce pays-là depuis cent ans qu'il est aux Français. Ce qui paraît en ce que tous les ans 800 vaisseaux y vont et reviennent sans péril, avec 30 pour 100 de profit de leurs pêches par chacun voyage.

Le royaume de l'Acadie, où la colonie doit habiter, est à

1. Page 24.

même hauteur que Bordeaux et Marseille. On y va ordinairement en un mois, bien qu'un vaisseau des Sables-d'Olonne en soit naguère revenu en quatorze jours.

La compagnie autorisée de Sa Majesté pour l'exécution de ce beau dessein, y fera passer un chacun pour 10 écus par tête, et pour chaque mille écus qu'y voudront employer ceux qui aiment cette sorte de trafic, promet au bout de trois ans de leur y faire trouver autres mille écus de profit par chacun an. Ceux qui s'entretuent ou consument leur âge en procès pour un arpent de terre en pourraient la trouver à meilleur marché ; et si ceux que la misère et la nécessité poursuivent en ce royaume veulent ouvrir les yeux à cet expédient, ils pourront, par ce changement de climat, interrompre le cours de leurs mauvaises influences ; et surtout est cette entreprise à estimer par la décharge qu'elle nous fait espérer de tous les mendiants valides de la France. Je leur décrirai les autres particularités et sonnerai le boute-selle quand il en sera temps : ce peu suffira pour leur faire ce pendant (en attendant) disposer de leurs affaires.

Avec Mazarin le développement colonial s'arrêta : Colbert dut reprendre en sous-œuvre tout ce que Richelieu avait commencé. Il confia, comme Richelieu l'avait fait et comme cela se pratiquait en Hollande, à de grandes compagnies commerciales le soin de régir et d'administrer les possessions françaises d'outre-mer. En 1664, il créa la compagnie des Indes occidentales et lui accorda le monopole du commerce de la Guyane, des Antilles françaises et de la Nouvelle-France. La même année il fonda la compagnie des Indes orientales, dont le siège fut d'abord fixé à Madagascar. Cette dernière compagnie fut établie par actions, dont les principaux souscripteurs furent le Roi, les parlements, les grands fonctionnaires, et au capital de 15 millions de livres (75 millions de francs).

La principale visée de Colbert, dit l'ambassadeur vénitien Giustiniani[1], n'est pas de prendre pied dans les Indes pour s'enrichir en distribuant les denrées dans les autres pays de l'Europe comme le font les Anglais et les Hollandais, mais pour les répandre dans le royaume de France et y ruiner ce commerce qui est le plus grand que fassent ces deux peuples, et, par là, attirer à lui l'argent des Français. Le royaume n'ayant plus besoin des marchandises des autres, ils perdront leur principale ressource, et contenant en lui-même les produits dont on a besoin ailleurs par nécessité ou par luxe, il sera toujours bien fourni de numéraire.

Les compagnies fondées par Colbert eurent de nombreux privilèges et le monopole du commerce dans toute l'étendue de leurs concessions. Mais ces monopoles et les fausses mesures économiques qui avaient présidé à leur organisation ruinèrent la compagnie des Indes occidentales et arrêtèrent tout l'essor de la compagnie des Indes orientales.

La France avait alors pour colonies : le Canada, fondé par Henri IV ; — la Guyane, le Sénégal, le Bastion de France (en Algérie), la Martinique, la Guadeloupe, Saint-Christophe, l'île de France, Bourbon et Madagascar, où nous nous étions établis sous Richelieu. A ces possessions Colbert ajouta : la partie occidentale de Saint-Domingue, Sainte-Lucie, la Grenade, Marie-Galante, Saint-Martin, Saint-Barthélemy, Sainte-Croix

1. *Lettres, instructions et mémoires*, VII, CLXXV.

(dans les Antilles); la Louisiane, c'est-à-dire l'immense bassin du Mississipi; la baie d'Hudson; Gorée, Arguin et Portendick (au Sénégal), et, dans l'Inde, les comptoirs de Surate, Ceylan, San-Thomé et Pondichéry. Notre empire colonial était fondé; nous étions les maîtres de presque toute l'Amérique septentrionale; nous possédions les plus riches Antilles; mais nous n'avons su ni faire valoir ces possessions, ni en conserver les parties les plus importantes, grâce aux fautes accumulées que nous avons commises et à l'incroyable régime auquel étaient soumises nos colonies[1], régime désigné sous le nom de pacte colonial.

Le régime colonial imposé aux possessions françaises n'était pas une invention de Richelieu et de Colbert; c'était un régime adopté, dès le XVIe siècle, par les Portugais et les Espagnols, et après eux par les Hollandais et les Anglais. Une fois établi chez nous, malgré les ruines qu'il causait, malgré l'évidence de la fausseté de sa base, la France l'a conservé. En vain Vauban[2], Jurieu[3], le commerce français[4], démontrèrent le tort grave qu'il faisait à nos colonies, en arrêtant leur commerce et leurs développements, le système fut conservé, même par l'Assemblée constituante de 1789, et il a duré jusqu'à nos jours, où il

---

1. Sous Louis XV nous avons perdu le Canada et ses dépendances, la Louisiane. l'Inde de Dupleix, plusieurs Antilles; depuis la Révolution, Saint-Domingue, la plus riche de nos colonies, l'île de France.

2. *Oisivetés de M. de Vauban.*

3. *Soupirs de la France esclave.*

4. P. CLÉMENT, *Histoire du système protecteur.*

semble qu'on voudrait le rétablir au moins en partie. Forbonnais avait bien raison de dire : « Cette nation, taxée d'inconstance, est la plus opiniâtre à conserver les fausses mesures qu'elle a une fois adoptées ».

Le pacte colonial, organisé pour fermer complètement nos colonies au commerce hollandais, reposait sur les bases suivantes : Tout commerce avec les étrangers est interdit aux colonies; — les colonies sont des débouchés ouverts au commerce seul de la métropole; — elles doivent acheter à la France seule les produits manufacturés dont elles ont besoin ; — la métropole seule a le droit d'y acheter les matières premières ou les denrées nécessaires à son industrie ou à sa consommation.

Le pacte colonial se compliquait du système protecteur, dont on parlera plus loin et en vertu duquel les colonies ne devaient fabriquer aucun produit manufacturé qui pourrait nuire ou faire concurrence aux produits similaires fabriqués dans la métropole. En même temps il leur était défendu de vendre aux étrangers aucun produit manufacturé, conséquemment d'avoir aucune industrie.

Le pacte colonial, quelque absurde qu'il fût, a duré jusqu'en 1861, et c'est Napoléon III qui a eu l'honneur de l'abolir, et non sans peine : c'était une des grandes traditions des bureaux et des hommes d'État.

On avait vu cependant un fait énorme s'accomplir en Algérie. Ce pays produit en abondance une plante fibreuse, l'alfa, qui sert à la fabrication du papier. Un

industriel avait eu l'idée de transformer l'alfa en
pâte et d'expédier en France cette pâte aux fabriques de papier. Rien de plus naturel : en effet, le
transport de la pâte d'alfa coûtera moins cher que
l'alfa brut, et il est donc opportun de réduire l'alfa en
pâte en Algérie, sur le lieu même de production, et
d'expédier la pâte d'alfa en France. C'est évident, mais
le pacte colonial le défend : cette pâte fera concurrence aux pâtes fabriquées en France, avec le chiffon
ou toute autre matière. C'est en vain que le colon
algérien et nos fabricants de papier invoquent le
besoin que les fabriques françaises ont de la pâte
d'alfa, parce que la consommation du papier a pris de
telles proportions, que le chiffon ne suffit plus; la
douane reste inflexible; le règlement est absurde, mais
formel ; elle s'oppose à l'exportation en France de la
pâte d'alfa, et ce, en vertu du pacte colonial. Battu sur
ce point, notre colon veut alors vendre son alfa en
pâte aux Anglais, qui ne demandent qu'à en acheter.
Maintenant la douane défend la sortie de la marchandise, parce que l'Algérie est une colonie et que les colonies, en vertu du système protecteur, n'ont pas le
droit de vendre leurs produits manufacturés aux étrangers. Il ne restait plus au colon qu'à faire faillite; c'est
ce qu'il fit.

Il faut avoir une forte dose d'amour-propre, quand
on a de tels règlements chez soi, pour croire qu'on est
le peuple le plus spirituel de l'univers.

Revenons au XVIIe siècle. Il s'était passé au Canada
des faits non moins invraisemblables. Les Indiens

avaient l'habitude de se vêtir avec des couvertures de laine : les Anglais et les Hollandais vendaient aux Indiens du Canada des couvertures de la grandeur et de la largeur qui leur convenaient, et ornées selon leur goût. Jamais, je dis jamais, ni les intendants, ni les gouverneurs du Canada ne purent obtenir du gouvernement français qu'on envoyât de France des couvertures ayant les dimensions exigées par nos Indiens, parce que les règlements imposés à l'industrie française exigeaient que les couvertures fabriquées en France, pour nos lits, eussent telle largeur, telle longueur, telle épaisseur, telles bandes de couleur. Et, en vertu de ces merveilleux et immuables règlements, nous n'avons jamais pu avoir, au Canada, ce principal article de commerce avec les Indiens, qui l'achetaient aux Anglais et aux Hollandais.

Débarrassé du fléau de l'administration française et de ses ineptes règlements, le Canada, soumis à une domination étrangère depuis 1763, a vu sa population s'élever de 80,000 habitants à 2 millions et demi, son industrie, son commerce, son agriculture et sa richesse prendre de merveilleux développements.

V. — *Industrie et commerce.*
Agriculture, forêts, haras; routes et canaux ; mines.

Industrie et commerce.

On a tort de regarder Colbert comme l'auteur du système protecteur ; ses idées sur ce point sont celles de tout le monde à cette époque. Elles règnent à Venise, à Gênes, en Espagne, en Portugal, en Hollande, en Angleterre, dans les villes anséatiques ; personne n'admet la liberté commerciale et industrielle : Colbert a suivi les idées dominantes.

De nos jours, la partie semblait gagnée par la liberté commerciale ; mais, depuis quelques années, elle perd du terrain et nous revenons peu à peu au régime protecteur. Est-ce que M. Renan aurait raison de dire que « l'économie politique n'est qu'un éternel dialogue entre « deux systèmes, dont l'un n'arrivera jamais à supplanter l'autre, ni à le convaincre d'erreur absolue » ?

Si Colbert a fait des tarifs protecteurs et a entravé la liberté du commerce, c'était pour protéger l'industrie qu'il créait : il a fait ce qu'avait fait Cromwell par l'acte de navigation ; il a fait ce que viennent de faire les États-Unis et le prince de Bismarck, et il avait raison ; il agissait dans l'intérêt du pays et non pas dans l'intérêt exclusif du producteur, et je pense que, quand un pays a une industrie bien établie et florissante, la protection n'est plus qu'une prime accordée à l'intérêt personnel du producteur, ce qui est injuste, et à sa routine, ce qui est inepte.

À son arrivée aux affaires, Colbert trouvait les Hollandais entièrement maîtres du commerce de la France et de ses colonies. La France n'avait qu'une faible marine marchande ; le cabotage de port à port, sur nos côtes, se faisait par des bâtiments hollandais ; avec ses 15,000 bâtiments de commerce, la Hollande faisait à elle seule tous les transports maritimes et réalisait ainsi d'immenses bénéfices.

Si les Hollandais nous achetaient nos vins de Bordeaux, notre blé « dans les temps de nécessité », nos eaux-de-vie, nos vinaigres, quelques toiles, des papiers, quelques merceries, en revanche, ils nous vendaient : draperies, tissus de laine, sucres, tabac et indigo des îles de l'Amérique ; épiceries, drogues, soie, étoffes de coton et cuirs des Indes orientales et du Levant ; bois ; mâts ; fer de Suède et de Galice ; cuivre ; goudron ; canons de fer ; chanvre ; cordages ; fer blanc et noir ; cuivre jaune ; ustensiles de pilote ; boulets ; ancres ; poudres ; mèches ; mousquets ; plomb ; draperies et serges de Londres ; bas de soie et bas de laine d'Angleterre ; bouracans, damas et camelots de Flandre ; points de Venise et de Hollande ; passements de Flandre ; moquettes de Flandre ; bœufs et moutons d'Allemagne ; cuirs de tous pays ; soieries de Milan, de Gênes et de Hollande. En réalité, ils fournissaient à la France la presque totalité des marchandises dont elle avait besoin ; ils étaient les seuls maîtres du commerce de nos Antilles. Incontestablement, ils jouaient en France un rôle qui les enrichissait, mais nous appauvrissait de plus en plus, qui tuait tout travail chez nous, et nous réservait le sort du Portugal, exploité si longtemps et ruiné par les Anglais.

Quelque partisan que l'on puisse être de la liberté du commerce, il faut bien convenir que Colbert avait raison de faire cesser cet état de choses, tout en se réservant le droit de blâmer certaines mesures maladroites.

Il ferma le marché français à la Hollande, comme

Cromwell avait fermé le marché anglais aux bâtiments hollandais. Il opposa au commerce hollandais des tarifs sur toutes les marchandises importées en France ; il leur ferma nos colonies par le pacte colonial ; il fonda de grandes compagnies coloniales pour fournir la France des produits de l'Inde, du Levant et de l'Amérique ; il créa de nombreuses industries destinées à donner à la France les produits industriels que lui avaient vendus jusqu'alors les Hollandais ; il développa la marine marchande ; il força la France à travailler, à produire et à aller chercher elle-même dans les pays étrangers ce dont elle avait besoin.

Il existait en France, à l'arrivée de Colbert au ministère, une certaine industrie : Rouen, Paris, Tours étaient des centres manufacturiers assez actifs ; les lainages, les soieries, les bas, les chapeaux de castor, la mercerie, la quincaillerie, les pelleteries en étaient recherchés à l'étranger ; les arts industriels produisaient de véritables chefs-d'œuvre. La France vendait pour 80 millions de livres (400 millions de francs) de produits manufacturés et de produits agricoles à la Hollande et à l'Angleterre, sans compter ses exportations au Levant, en Espagne, en Italie. En 1663, cette situation avait un peu changé ; une partie de nos ouvriers étaient passés en Angleterre et en Hollande ; l'industrie tendait à diminuer. Colbert voulut la relever et déjà il faisait dire à Louis XIV qu'il voulait « mettre le royaume en état de se passer de recourir aux étrangers pour les choses nécessaires à l'usage et à la commodité de ses sujets ». On allait, pour obtenir ce résultat, créer de nouvelles manufactures : en effet, Colbert établit des fabriques de dentelles, de point de France, à l'imitation du point de Venise, et les dentelles françaises, le point d'Alençon surtout, devinrent bientôt, grâce au goût de nos dessinateurs, les plus belles du monde. Il établit la fabrication des glaces, miroirs et services de table en cristal, à l'imitation de ceux de Venise, et celle des « carreaux transparents pour les fenêtres[1] », — la fabrication des draps à Abbeville, Louviers, Sedan, Villeneuvette, — la fabrication du savon, de la soude, du fer-blanc, — la fabrication des tapisseries dites de Flandre, — des filatures, des blanchisseries, des raffineries, etc.

A l'arrivée de Colbert au ministère, il n'y avait pas en France une seule raffinerie pour les sucres de nos Antilles ; on les raffinait en Hollande, en Angleterre et en Portugal. Les choses changèrent avec Colbert : la compagnie du Nord raffina nos sucres et les vendit dans les pays de sa concession. Une surtaxe de 12 p. 100 fut établie sur les sucres étrangers, et les sucres français furent exemptés de tout droit de sortie et d'entrée.

Dans un mémoire adressé à Louis XIV en 1670[2], Colbert indique tout ce qu'il a fait pour l'industrie.

La manufacture des draperies de Sedan a été rétablie et augmentée de 12 métiers, qu'il y avait alors (en 1664), à 62 ;

---

1. Les fabriques furent établies à Paris (1665) et à Saint-Gobain. On voit de beaux échantillons de ces glaces et carreaux à la galerie des glaces du château de Versailles.

2. *Lettres, instructions et mémoires*, VII, 233.

Les établissements nouveaux d'Abbeville, Dieppe, Fécamp et Rouen ont été faits, dans lesquels il y a présentement plus de 200 métiers[1] ;

Celle des bouracans a été établie ensuite à la Ferté-sous-Jouarre, qui est composée de 120 métiers;

Celle des petits damas de Flandre, à Meaux, composée de 80 métiers ;

Des camelots, à Amiens et Abbeville, de 120 métiers ;

Les basins et coutils de Bruges et Bruxelles, à Montmorin, Saint-Quentin et Avranches, de 30 métiers;

Des toiles fines de Hollande, à Bresle, Louviers, Laval et autres lieux, de 200 métiers;

Les serges de Londres, à Gournay, Auxerre, Autun, et autres lieux, de 300 métiers;

Les bas de laine d'Angleterre, dans la Beauce, Provins, Picardie, Sens, Auxerre, Autun et ailleurs, au nombre de 32 villes ou bourgs;

Celle du fer-blanc, en Nivernais ;

Celle des points de France, en 52 villes et bourgs, où plus de 20,000 ouvrières travaillent ;

La manufacture de laiton, ou cuivre jaune, montée en Champagne;

Celle des camelots de Bruxelles, à Paris, qui deviendra grande et considérable;

Le fil de laiton, en Bourgogne ;

L'or filé de Milan, à Lyon;

La manufacture des soies appelées *organsins*, dans la même ville.

Pour diminuer l'entrée des bestiaux dans le royaume, les droits d'entrée ont été augmentés notablement, et en même temps les ordres ont été donnés pour empêcher la saisie des

1. Ajoutons ici la fabrication des draperies grossières destinées au Levant et aux Indes, fabrication établie dans le Dauphiné, le Lyonnais, le Languedoc, la Picardie et la Normandie. Colbert en parle plus loin.

bestiaux par le receveur des deniers du Roi dans tout le royaume, ce qui a produit en même temps la diminution de l'entrée des cuirs.

Les métiers des bas de soie ont été établis au nombre de 100 ;

La recherche des salpêtres, et en même temps la manufacture des poudres :

Celle des mèches ;

L'établissement de la manufacture des mousquets et des armes de toute sorte en Nivernais, et le rétablissement de celle du Forez[1] :

La distribution des étalons qui a produit et produira certainement le rétablissement des haras, et diminuera considérablement l'entrée des chevaux étrangers, s'il ne l'empêche entièrement.

Et comme V. M. a voulu travailler avec diligence au rétablissement de ses forces maritimes, et pour cela qu'il a été nécessaire de faire une dépense fort considérable, que toutes les marchandises, munitions et manufactures venaient auparavant de Hollande et des pays du Nord, il a été absolument nécessaire de s'appliquer particulièrement à trouver dans le royaume, ou à y établir tout ce qui pouvait être nécessaire à ce grand dessein.

Pour cet effet, la manufacture de goudron a été établie en Médoc, Auvergne, Dauphiné et Provence :

Les canons de fer, en Bourgogne, Nivernais, Saintonge et Périgord ;

Les grosses ancres, en Dauphiné, Nivernais, Bretagne et Rochefort :

Les toiles à voiles pour le Levant, en Dauphiné ;

Les étamines, en Auvergne :

Tous les ustensiles des pilotes et autres, à Dieppe et à la Rochelle ;

1. À Saint-Étienne.

La coupe des bois propres pour les vaisseaux, en Bourgogne, Dauphiné, Bretagne, Normandie, Poitou, Saintonge, Provence, Guyenne et Pyrénées ;

Les mâts, qui étaient inconnus dans le royaume, ont été trouvés en Provence, Languedoc, Auvergne, Dauphiné et dans les Pyrénées.

Le fer, qui se tirait de Suède et de Biscaye, se fabrique à présent dans le royaume.

Le chanvre fin pour cordages, qui venait de Prusse et de Piémont, se prend à présent en Bourgogne, Mâconnais, Bresse, Dauphiné : et depuis l'on en a établi les achats en Berry et Auvergne, ce qui donne toujours de l'argent dans ces provinces et le retient au dedans du royaume.

En un mot, tout ce qui sert à la construction des vaisseaux est à présent établi dans le royaume, en telle sorte que V. M. se peut passer des étrangers pour la marine, et même que, dans peu de temps, elle leur en pourra fournir et tirer leur argent par ce moyen. Et c'est dans cette même vue d'avoir tout ce qui est nécessaire pour pourvoir abondamment sa marine et celle de ses sujets, qu'elle a fait travailler à la réformation universelle de toutes les forêts de son royaume, qui, étant aussi soigneusement conservées qu'elles sont à présent, produiront abondamment tout le bois nécessaire pour cela.

Il fallait protéger cette industrie naissante contre la concurrence étrangère : aussi, en 1664, Colbert fit-il un nouveau tarif de douanes qui modifiait considérablement celui de 1644, alors en vigueur, en augmentant notablement les droits d'entrée, quelquefois en les doublant. Les puissances étrangères se soumirent sans trop de récriminations. Le tarif de 1664, sur certains points, eut d'excellents résultats : à l'intérieur, il débarrassa le commerce de nombreuses entraves, et un grand mou-

vement industriel et commercial fut la conséquence de
ces réformes. Mais ce tarif allait porter à notre agriculture un coup funeste, en soumettant la sortie des
grains à un droit de 20 livres par muid, soit 5 fr. 35 par
hectolitre[1].

L'ambassadeur vénitien Giustiniani donne sur cette
période du ministère de Colbert d'intéressants détails;
on lit dans sa relation[2] :

Le but de Colbert est de rendre le pays entier supérieur en
opulence à tout autre, abondant en marchandises, riche en
arts et fécond en biens de toute sorte, n'ayant besoin de rien et
dispensateur de toutes choses aux autres États. En conséquence, il ne néglige rien pour acclimater en France les
meilleures industries de chaque pays, et il empêche par diverses mesures les autres États d'introduire leurs produits
dans ceux du Roi. Ce qui se fabrique de particulier en Angleterre, ce que la nature y produit de rare, il s'est étudié à
l'importer dans le royaume. Pour la confection de certains
produits, les bas, on est allé jusqu'à affecter aux ouvriers
amenés d'Angleterre la demeure royale de Madrid[3], trans-
formant ainsi un palais en atelier. Il essaye de faire tanner
à l'anglaise les peaux de bœuf provenant du royaume, afin
qu'elles servent aux mêmes usages que les cuirs anglais et
les remplacent.

A la Hollande on a emprunté sa manière de fabriquer les
draps, comme aussi les fromages, les beurres et autres
spécialités. A l'Allemagne on a pris la manufacture des chapeaux et du fer-blanc, et beaucoup d'autres travaux industriels;

1. 20 livres = 100 francs. Le muid = 18 hect., 7319.
2. *Lettres, instructions et mémoires*, VII, CLXXIII.
3. Le château de Madrid, dans le bois de Boulogne.

à notre pays les points à jour[1], les miroirs. Cinq ou six mille femmes répandues dans la plupart des provinces y travaillent[2], et beaucoup de maîtresses de Venise y sont allées. Quant aux miroirs, le progrès en a été fort arrêté[3], mais on n'en pense pas moins à le remettre en bon chemin.

On s'efforce de prendre la fleur de ce que produit le monde entier. On a appris de la Perse le travail des tapis, et il s'en fait à Paris de plus beaux et de plus élégants : on importe et on vend les raretés les plus belles des Indes, et pareillement on a pris à l'Afrique plusieurs de ses procédés de fabrication.

Ce qu'il y a de mieux dans toutes les parties du monde se fabrique à présent en France; et telle est la vogue de ses produits, que de toutes parts affluent les commandes pour s'en fournir. Cela occasionne une telle demande, que l'argent haussant de prix fait éprouver une grande perte dans les remises, de sorte que, pour éviter un changement onéreux, il faut envoyer du numéraire dans ce royaume, au dommage évident des autres places (de commerce) et à l'entière satisfaction de Colbert, qui ne cherche qu'à en dépouiller les autres États pour en enrichir la France.

Autant il est charmé de voir passer l'or des autres dans le royaume, autant il est jaloux et soigneux de l'empêcher d'en sortir, et, à cet effet, les ordres les plus sévères sont donnés partout[4]....

Son Excellence ne néglige aucune occasion, si minime qu'elle soit, dès qu'il y a bénéfice. Elle prête l'oreille à tous ceux qui lui proposent quelque avantage, fait mettre par

1. *Punt-in-aria*. Les dentelles.

2. Actuellement il y a plus de 200,000 dentellières en France.

3. La fabrique de Paris ne réussit pas; celle de Saint-Gobain la remplaça aussitôt, et elle est devenue la plus belle manufacture de glaces qui existe.

4. Colbert croit que plus le pays sera riche en numéraire, plus les impôts seront payés facilement, et qu'on pourra même les augmenter. Il revient à plus d'une reprise sur ce point.

écrit leurs inventions, puis les examinant bien et les
trouvant bonnes, il les porte au Roi comme étant siennes.
Cela lui a longtemps servi à se faire passer auprès du Roi
comme un homme unique en fait d'inventions ; mais les
gens, ayant découvert ce procédé, ne lui portent plus leurs
idées.

Son Excellence s'est appliquée à développer le grand
commerce maritime, celui des Indes principalement et du
Levant ; il y a à Paris une réunion de délégués spéciaux, où,
chaque semaine, on examine et étudie ces matières.

Encouragé par ses premiers succès, Colbert crut
devoir aller plus loin et fit le tarif de 1667 : tous les
droits d'entrée furent doublés ou triplés. L'Angleterre
et la Hollande, cette dernière surtout, répondirent au
tarif français par une élévation de droits sur nos vins et
nos produits manufacturés. De longues négociations,
de plus en plus acerbes, commencèrent à ce moment ;
mais à la guerre de tarifs allait bientôt succéder la
guerre à coups de canon.

L'acte de navigation avait amené la guerre entre
l'Angleterre et la Hollande ; le tarif de 1667 allait amener la guerre de 1672. Les Hollandais avaient des prétentions intolérables. Colbert voulait que la France eût
une marine marchande et devînt une grande puissance
maritime ; la Hollande en était irritée et prétendait
être la seule à être toute puissante sur mer. Sur
20,000 bâtiments faisant le commerce du monde, selon
Colbert, les Hollandais en avaient 15 à 16,000, et les
Français 5 ou 600. Le Roi et le ministre voulurent, avec
raison, changer cet état de choses, si nuisible aux intérêts de la France.

Le droit de 50 sols (7 fr. 50 c.) par tonneau, imposé aux navires étrangers qui entraient dans nos ports ou qui en sortaient, dans le but de favoriser nos bâtiments de commerce, atteignait surtout les navires hollandais : on leur accorda de ne payer le droit qu'une fois, à la sortie. Rien ne satisfit les exigences hollandaises. Quand Louis XIV croyait s'emparer des Pays-Bas espagnols pendant la guerre de Dévolution, la Hollande montra tout son mauvais vouloir contre la France en formant la Triple-Alliance avec la Suède et l'Angleterre, mécontentes, comme elle, des tarifs de Colbert; elle força Louis XIV à signer la paix d'Aix-la-Chapelle (1668) et à renoncer à presque toutes ses conquêtes.

Louis XIV et Colbert, indignés de la conduite de la Hollande et de son ingratitude[1], se préparèrent à la guerre afin d'être les maîtres chez eux. En attendant, les deux pays se battaient à coups de tarifs : aux surtaxes imposées en France sur l'importation des harengs et des épiceries provenant de Hollande, celle-ci répondit par la prohibition des vins et des eaux-de-vie de France, et de divers produits manufacturés.

La guerre éclata en 1672 : la Hollande envahie se soumettait, et les propositions qu'elle faisait pour avoir la paix étaient parfaitement acceptables. Les brutales exigences de Louvois, ses insolences envers les ambassadeurs hollandais, la demande que la Hollande abolit chez elle, sans réciprocité, toutes les prohibitions et

1. Henri IV et Louis XIII avaient soutenu la Hollande contre l'Espagne, et, grâce à nos rois, son indépendance avait été reconnue par le traité de Westphalie.

droits établis sur les marchandises françaises depuis 1662, amenèrent un soulèvement patriotique, le massacre des frères de Witt, l'avènement au pouvoir de Guillaume d'Orange, l'inondation de la Hollande, la retraite de l'armée française, puis, bientôt après, une coalition contre Louis XIV, et enfin l'invasion de la France. Dans tout cela ce n'est pas Colbert qui a eu tort, c'est Louvois : et si j'approuve la guerre contre la Hollande, je blâme les fautes inouïes, les folies de Louvois, qui ont transformé la lutte contre la Hollande en une lutte contre l'Europe.

Louis XIV résista six ans, mais la France fut épuisée; le Roi fit la paix, en 1678, aux dépens de l'Espagne et garda la Franche-Comté. A ne regarder que le traité conclu avec l'Espagne, Louis XIV est victorieux : il acquiert une grande province; mais il a signé à Nimègue autant de traités qu'il y avait de puissances dans la coalition, et, si on veut connaître la vérité, il faut lire le traité avec la Hollande, traité de commerce et de navigation. Or ce traité est tout à l'avantage des Hollandais; la guerre de tarifs se terminait à leur profit.

L'article 7 dit formellement que le tarif de 1667 sera abrogé et que les droits de douane seront plus modérés. Le droit de 50 sols par tonneau est conservé, mais la Hollande le fera abolir au traité de Ryswyck (1697). — L'article 13 oblige Louis XIV à reconnaître le droit des neutres, réclamé dès 1608 par la Hollande[1], et à admettre que le pavillon couvrait la marchandise.

1. Dans le livre de Grotius, *Mare liberum* (la mer libre).

Le grand mouvement industriel et commercial créé par Colbert, ainsi que la prospérité financière des premières années, s'arrêta dès 1674, l'année où Guillaume d'Orange souleva la coalition contre Louis XIV; cette prospérité commerciale et financière ne se releva jamais à la hauteur qu'elle avait avant la guerre de Hollande. Tels étaient les résultats de l'intervention de Louvois dans la politique.

En même temps que Colbert créait en France une industrie qu'il protégeait énergiquement, abusant de sa force, il voulut empêcher le pape Alexandre VII et son successeur Clément IX de créer et de protéger une industrie nationale dans leurs États. Ces deux souverains pontifes avaient interdit l'entrée des marchandises françaises dans leurs domaines; mais, dès 1669, une lutte s'engagea, et la papauté, sans armée et sans flotte, fut contrainte de se soumettre aux volontés de Colbert[1].

Malgré les complications que le tarif de 1667 avait amenées et la guerre qui s'ensuivit, Colbert poursuivait sans relâche le développement de l'industrie française. Il faisait recruter, par ses ambassadeurs et ses consuls, les plus habiles ouvriers des pays étrangers; il empêchait, par la violence même, nos ouvriers de sortir de France pour aller exercer leur métier à l'étranger[2].

---

auquel l'anglais Selden répondit par le *Mare clausum* (la mer fermée), ouvrage dans lequel il expose les prétentions de l'Angleterre à la domination des mers.

1. *Lettres, instructions et mémoires*, II, 1re partie, CXXXVII.

2. Le sénat vénitien allait jusqu'à faire assassiner les ouvriers vénitiens en pareil cas.

Colbert trouvait partout, surtout dans les classes populaires, ignorantes, paresseuses et misérables, une résistance quelquefois insurmontable : il comprenait bien, lui, si laborieux et appartenant à une famille commerçante, que le travail seul pouvait les délivrer de la misère ; mais elles refusaient de suivre son impulsion. Partout on préférait l'ancienne façon de travailler aux procédés nouveaux. Colbert écrivait, en 1667, au maire et aux échevins d'Auxerre, où il voulait établir la fabrication de la dentelle, malgré le mauvais vouloir des gens du pays qui ne voulaient pas travailler : « Que l'abondance procède toujours du travail et la misère de l'oisiveté » ; et, quelques années après, en 1673, il écrivait à son frère l'évêque d'Auxerre :

Les maire et échevins (d'Auxerre) ne savent ce qu'ils font... les villes dont les magistrats ont de l'esprit et savent de quelle conséquence il est d'y attirer de l'argent par toutes sortes de moyens cultivent les manufactures avec un soin incroyable. Mais comme la ville d'Auxerre veut retourner dans la fainéantise et l'anéantissement dans lesquels elle a été, et qu'elle ne veut pas profiter des moyens que je lui ai donnés pour sortir de ce méchant état, les autres affaires dont je suis chargé et ma santé qui n'est pas telle que je puisse autant travailler que j'ai fait autrefois, m'obligent à l'abandonner à sa mauvaise conduite.

Colbert veut rendre les paysans plus riches, et il a raison ; mais en même temps il dit, et il a tort, que :

« La misère des peuples ne consiste pas aux impositions qu'ils payent au Roi, mais seulement dans la différence qu'il y a du travail d'une province à l'autre, parce qu'ils sont à l'aise dès qu'ils veulent travailler[1] ».

Sur d'autres points, Colbert réussit à implanter la fabrication des points de France : en 1692, les dentellières du Havre et des environs étaient au nombre de 22,000.

Souvent Colbert se montre ennemi des privilèges. Il ne veut accorder de privilège qu'à une industrie absolument nouvelle et qu'il y a intérêt à introduire dans le royaume, « parce que, disait-il, les privilèges des manufactures publiques établies dans le royaume contraignent toujours le commun et la liberté publique[2] ». Il ne craint pas la concurrence la plus entière à l'intérieur du royaume, entre les provinces ; il la veut, il la maintient malgré les réclamations des provinces, chacune voulant se défendre, se protéger contre les provinces voisines. Colbert ne veut protéger que la France, à ses frontières, contre les produits étrangers : s'il avait écouté ses contemporains, on aurait protégé les provinces et même les villes.

Colbert a l'honneur d'avoir compris le premier quelles relations il y a entre le développement simultané de l'agriculture, de l'industrie, du commerce et de la prospérité financière. Une agriculture florissante et le travail industriel à la maison dans les campagnes rendent le paysan riche, aisé tout au moins ; il peut acheter les produits des manufactures et payer l'impôt.

1. Lettre à l'intendant de Poitiers. le 28 novembre 1680.
2. *Lettres, instructions et mémoires.* II, 1re partie, CXLIV (1682).

L'industrie trouve d'abord sur le sol national un marché pour ses produits, qui n'ont de limite que les besoins des consommateurs et leurs ressources, et elle
vend l'excédent de sa production aux peuples étrangers : en même temps, elle achète et consomme les
produits agricoles. Le commerce résulte de ces divers
échanges, et est plus ou moins considérable s'il est facilité par de bonnes voies de communication, par la
paix, la sécurité et la liberté de ses allures.

Ce sont là des vérités banales aujourd'hui ; mais à
l'époque de Colbert elles étaient ou nouvelles ou bien
peu connues, et il a eu le mérite réel, malgré certaines
fautes, d'avoir compris et admis ces idées, et de les
avoir appliquées autant qu'il l'a pu. Un intendant avait
exprimé la crainte que l'agriculture ne souffrit de l'établissement d'une manufacture de bas : « Au contraire,
lui répond Colbert, n'y ayant rien qui serve tant à
augmenter les peuples que les différents moyens de
gagner leur vie ».

« Il disait une autre fois[1] que rien n'était plus favorable à une ville que le grand nombre des établissements industriels, tout le monde n'ayant pas les mêmes
intérêts, et d'ailleurs le tricot convenant à de pauvres
gens, les serges, les toiles et les points de France à
d'autres ; outre que, par suite de la concurrence, les
maîtres ne feraient plus la loi aux ouvriers. En même
temps, il s'étudiait également à répandre la culture du
lin, afin d'augmenter le nombre des manufactures de

____

1. Lettre du 17 octobre 1674

toiles, favorisant du même coup l'agriculture et l'industrie [1]. »

Il voulait bien encourager, soutenir même à l'origine, une manufacture naissante, afin de l'aider à se fonder ; mais il n'entendait pas la subventionner à perpétuité pour la dispenser de toute amélioration et lui permettre de vivre sans initiative et sans efforts. Il veut faire les affaires du royaume et non pas celles de quelques manufacturiers. Une fabrique de draps établie à Carcassonne se plaignait de ne plus vendre ses produits dans le Levant ; Colbert écrivit à l'intendant de Montpellier [2] :

Il est impossible d'éviter que ces sortes d'établissements ne reçoivent différents changements de temps en temps ; et si ceux qui les soutiennent n'ont pas l'industrie, lorsqu'une consommation leur manque, d'en trouver d'autres, il n'y a point d'autorité et d'assistance qui puisse suppléer à ce défaut. La suspension du commerce du Levant ne peut pas durer longtemps, et il suffit pour le surplus que le royaume consomme une grande quantité de ces étoffes, en sorte que, pourvu qu'on les fasse bonnes, ils en trouveront facilement le débit. Mais il n'y a point d'autres expédients en ces sortes de matières, et vous devez observer que les marchands ne s'appliquent jamais à surmonter par leur propre industrie les difficultés qu'ils rencontrent dans leur commerce, tant qu'ils espèrent de trouver des moyens plus faciles par l'autorité du Roi : c'est pour cela qu'ils ont recours à vous, pour tirer quelque avantage de toute manière, en faisant craindre le dépérissement entier de leur manufacture.

1. *Lettres, instructions et mémoires*, II, 1re partie, CXLV.
2. Lettre du 2 octobre 1671.

Il est impossible de mieux dire, et, étant admis le principe de la protection, de le mieux mettre en pratique.

Tout cependant n'est pas à louer dans l'œuvre de ce grand ministre : les règlements qu'il imposa à l'industrie, par exemple. Craignant, non sans raison, les fraudes que pouvaient commettre les fabricants, les tromperies de toute sorte (dont nous sommes aujourd'hui les victimes et qui justifient en partie les mesures extrêmes de Colbert), il voulut forcer les manufacturiers à ne produire que des marchandises bonnes et bien faites. Il organisa toute l'industrie et tout le commerce en corporations et maîtrises, et leur donna des règlements dont elles ne devaient jamais se départir, sous quelque prétexte que ce fût.

Les États généraux de 1614 avaient demandé que « l'exercice des métiers » fût laissé libre, au lieu d'être un privilège accordé par la royauté : leur requête n'avait eu aucun résultat. Colbert, pas plus que ses prédécesseurs, ne fit droit à cette demande ; au contraire, il organisa, comme nous venons de le dire, en corporations et en maîtrises toutes les industries qui étaient encore libres, et tira de bonnes sommes de toutes ces maîtrises qu'il vendait à beaux deniers comptants.

Qu'il y ait eu dans ces anciennes corporations et maîtrises certaines parties qu'on aurait eu raison de conserver, c'est possible ; mais l'Assemblée constituante n'en a pas moins bien fait de les abolir, de rendre à chacun le droit de travailler, et de proclamer la liberté du travail et le droit de gagner sa vie ou de faire fortune en travaillant.

Les corporations et les maîtrises mettaient entièrement l'industrie entre les mains d'un certain nombre de familles bourgeoises; une sorte de féodalité industrielle était établie; le travail, l'industrie et le commerce étaient devenus un privilège pour les propriétaires des maîtrises, qui les transmettaient à leurs enfants ou les vendaient à un successeur.

Mais le fabricant privilégié n'était pas libre de fabriquer à sa guise, selon les besoins ou le goût de ses acheteurs français ou étrangers. Des règlements très détaillés lui imposaient l'obligation de fabriquer d'après des longueurs, des largeurs, des qualités, des couleurs, des teintures déterminées et immuables. L'ensemble de ces règlements est considérable; chaque fabrication a le sien, et chacun a de nombreux articles : chaque violation de l'un d'eux est punie avec rigueur, par des amendes, par la confiscation, par le carcan.

Une opposition générale éclata quand ces règlements furent imposés aux fabricants : il fallut que Colbert luttât contre ces résistances, et ce ne fut qu'à force de sévérité qu'il parvint à imposer sa volonté.

L'œuvre industrielle de Colbert ne lui survécut pas : quelques années après sa mort, l'industrie était considérablement réduite. Parmi les causes de cette décadence si rapide, il faut mettre en première ligne la révocation de l'édit de Nantes et la sortie de France de tant de milliers de familles protestantes. Exclue de toutes sortes de professions, la bourgeoisie protestante s'était livrée à l'industrie, et Colbert avait trouvé en elle l'auxiliaire le plus utile. Les protestants émigrèrent avec leur argent et se retirèrent à Londres, en Hollande, à Berlin, où ils fondèrent de nouvelles manufactures. Quelques détails suffiront pour faire connaître ce qui se passa alors et les déplorables résultats de la politique de Louis XIV et de Louvois.

Les manufactures de papier de l'Angoumois furent réduites de 60 à 16 moulins travaillant. Des 400 tanneries qui enrichissaient naguère la Touraine, il n'en restait plus que 54 en 1698 ; ses 8,000 métiers d'étoffes de soie étaient réduits à 1,200 ; ses 40,000 ouvriers, employés autrefois à dévider la soie, l'apprêter et la fabriquer, à 4,000 ; de ses 3,000 métiers à rubans, il n'en restait pas 60[1]. Partout, à la fin du siècle, l'industrie était dans le même état.

Le commerce et l'industrie ont de tels liens qu'ils sont sans cesse mêlés l'un à l'autre : il faut cependant, pour exposer nettement les faits, les séparer, quitte à se répéter au besoin, bien que les redites ne soient pas très littéraires ; mais, avant tout, ces matières exigent ordre et clarté.

Nous avons déjà vu, aux colonies, que Colbert avait établi plusieurs grandes compagnies pour exploiter le commerce des Indes orientales et de l'Amérique ; il en créa aussi pour le Levant, le Nord et le Sénégal[2]. Il expose le but de ces compagnies dans le mémoire présenté à Louis XIV en 1670.

1. Ces chiffres sont donnés par M. Miromesnil, intendant de la généralité de Tours.

2. Cette compagnie avait surtout pour but de fournir des esclaves nègres aux colonies.

Pour empêcher que les Hollandais ne profitent du commerce des îles de l'Amérique, duquel ils s'étaient emparés et en avaient exclu les Français, ce qui leur valait au moins un million d'or tous les ans, V. M. a formé et établi la compagnie des Indes occidentales, dans laquelle elle a mis jusqu'à présent près de 4 millions de livres ; mais aussi a-t-elle eu cette satisfaction qu'elle a ôté aux Hollandais ce million d'or qui servait à nourrir et à entretenir plus de 4,000 de leurs sujets qui naviguaient continuellement dans les îles avec plus de 200 vaisseaux.

Pour empêcher que les mêmes Hollandais ne tirent plus de 10 millions du royaume par le moyen de toutes les marchandises qu'ils apportent des Indes orientales et du Levant, V. M. a formé des compagnies pour les mêmes pays, dans lesquelles elle a déjà mis plus de 5 millions de livres de fonds. Et pour diminuer les fonds considérables d'argent comptant qu'il faut envoyer dans les Indes pour le commerce, elle a établi dans le Dauphiné, Lyonnais, Languedoc, Picardie et Normandie, la manufacture de draperies grossières qui a un très grand débit en ce pays-là ; et en même temps, elle a fait les règlements et statuts pour la perfection desdites manufactures et de leurs teintures, afin de donner la préférence des étoffes françaises à celles des étrangers, qui sont à présent fort défectueuses.

Et ensuite pour augmenter le commerce et la navigation, qui est la source de toute l'abondance, V. M. a formé la compagnie du Nord, qui est destinée pour porter dans tous les pays du Nord toutes nos denrées et marchandises, et en apporter toutes celles qui servent à la construction des vaisseaux pour les sujets de V. M., d'autant qu'avant qu'elle ait dans son royaume tout ce qui est nécessaire pour cela[1]... Néanmoins, par tous les moyens qu'elle met en pratique, il y a lieu d'espérer que le commerce et la navigation de ses

---

1. La fin de la phrase manque dans la minute autographe.

sujets augmenteront encore vingt ou trente années autant, à proportion, qu'ils ont augmenté depuis sept ou huit ans. Toute l'abondance de ces sortes de marchandises qui croissent dans le Nord passera de la Hollande, où elles ont toujours demeuré, dans le royaume, ce qui peut seul attirer l'abondance et l'argent, et par conséquent augmenter les revenus de V. M. et la misère de ses voisins.

Nous savions déjà que le but constant de la politique commerciale de Colbert était de lutter contre la Hollande, de l'appauvrir, de faire la misère chez elle en lui enlevant le monopole du commerce et des transports maritimes; maintenant il nous le dit lui-même et avec netteté.

Les grands articles d'exportation du commerce français étaient alors les vins de Bordeaux[1], les eaux-de-vie, le blé, le sel pour les pêcheries de Norvège, les soieries de Tours, les sucres raffinés. Les Hollandais venaient chercher ces marchandises dans nos ports et les vendaient aux peuples étrangers, gagnant le prix du transport et le bénéfice de l'intermédiaire. Colbert voulut que la France vendît elle-même ses produits et eût les bénéfices de ce commerce. Pour cela, il lui fallait une marine marchande : il la créa et la développa autant que possible. L'ordonnance de 1629, par laquelle Louis XIII et Richelieu accordaient aux gentilshommes le droit de faire le commerce de mer sans déroger, fut renouvelée en 1664. Des primes furent accordées aux

---

1. Les vins de Bourgogne et de Champagne ne se vendaient pas encore aux étrangers.

constructeurs de bâtiments ; on leur vendit des bois à
bon marché, et aux armateurs qui achetaient des navires à l'étranger on donna 4 ou 5 livres (20 ou 25 fr.)
par tonneau.

A entendre les partisans à outrance des tarifs protecteurs et de la prohibition, c'est Colbert qui est l'auteur de ce régime. Rien n'est plus faux ; il crée l'industrie, il veut donner du travail à toutes ces populations
pauvres qui croupissaient dans la misère, il veut enrichir la France et protéger le travail national contre la
Hollande, il fait les tarifs de 1664 et de 1667, mais il
ne décrète pas une seule prohibition. Ce n'est que plus
tard qu'on a transformé une protection alors nécessaire en une prohibition générale des produits étrangers, au détriment du consommateur, et même de
l'industrie, dès lors affranchie de la nécessité de se
perfectionner : le tout en se couvrant du nom de
Colbert, qui ne peut être responsable de pareils faits,
auxquels sa haute intelligence et son patriotisme se
seraient opposés.

Le point de départ de Colbert est tout autre : il veut,
et il a raison, il veut mettre fin à l'exploitation de la
France par la Hollande, et permettre à son pays de
s'enrichir par le commerce et l'industrie : on lit dans
le mémoire adressé à Louis XIV en 1670.

Comme il n'y a que le commerce seul et tout ce qui en
dépend qui puisse produire ce grand effet, et qu'il fallait
l'introduire dans un royaume où ni le général[1], ni même les

1. La généralité, le plus grand nombre.

particuliers ne s'y sont jamais appliqués, et qui même en quelque sorte est contraire au génie de la nation, peut-être qu'il n'y avait rien qui pût être entrepris de plus difficile ni de plus avantageux pour le règne de V. M., puisque à cette augmentation de puissance en argent étaient attachées toutes les grandes choses qu'elle a déjà faites et qu'elle pourra encore faire pendant toute sa vie.

Les contemporains ne comprirent pas grand'chose à ce que Colbert voulait et faisait : l'abbé de Choisy a dit dans ses Mémoires :

Il crut que le royaume de France se pourrait suffire à lui-même ; oubliant sans doute que le Créateur de toutes choses n'a placé les différents biens dans les différentes parties de l'univers qu'afin de lier une société commune, et d'obliger les hommes par leurs intérêts à se communiquer réciproquement les trésors qui se trouveront dans chaque pays[1].

Louis XIV lui-même comprit-il bien le génie et l'œuvre de Colbert? N'avait-il pas un secret mépris pour le commerce, l'industrie et toutes ces questions d'argent? Ne mettait-il pas Louvois au-dessus de Colbert? Est-ce que Louvois, sa sotte jactance, ses basses flatteries, l'armée et la guerre qui ruinaient la France, n'étaient pas pour le grand Roi bien au-dessus de Colbert, de son économie, de sa sagesse, du commerce et de l'industrie qui enrichissaient son royaume? Mais

1. Colbert n'est pas contraire à cette idée fort juste : seulement il ne veut pas que les Hollandais seuls aillent aux Indes, en Amérique et ailleurs chercher « les différents biens »; il veut que les Français y aillent aussi et prennent leur part du commerce des « trésors qui se trouvent dans chaque pays ».

Louvois travaillait à la gloire du Roi, et Colbert n'était qu'un habile régisseur chargé de fournir de l'argent. Après lui, en effet, on détruisit de gaieté de cœur une partie de son œuvre, et on laissa le reste se détruire peu à peu : la partie militaire seule, la marine, fut conservée.

Colbert sait aussi bien que nous quelle est la valeur de la liberté en matière de commerce. Il écrit, le 24 juin 1664 :

Je suis un peu contrarié de tout ce qui peut gêner le commerce, qui doit être extrêmement libre ;

Et le 1er septembre 1671 :

Il y a dix ans entiers que S. M. travaille à établir dans son royaume une liberté entière de commerce et ouvrir ses ports à toutes les nations pour l'augmenter.... Le commerce, universellement, consiste en la liberté à toutes personnes d'acheter et vendre, et en la multiplicité des acheteurs. Tout ce qui tend à restreindre la liberté et le nombre des marchands ne peut rien valoir.

Il veut la liberté à l'intérieur de la France ; il n'en veut pas aux frontières, parce qu'elle profite exclusivement aux Hollandais. Il supprima autant qu'il le put les entraves que les douanes intérieures apportaient aux transactions entre les provinces de la France. On payait, à ces douanes, des droits nombreux et confus : Colbert les remplaça par un droit unique, à l'entrée et à la sortie[1]. Il accorda aux ports de Marseille (1669) et

1. Les provinces dites des cinq grosses fermes qui avaient accepté le tarif de 1664 formaient un bloc composant la partie

de Dunkerque, la franchise complète. Les idées opposées à la liberté étaient alors si générales et si ancrées dans les esprits, que la mesure qui déclarait Marseille port franc, et qui allait lui donner de si grands développements, souleva à Marseille même une vive opposition.

Colbert voulait qu'on enseignât les langues vivantes, le hollandais, l'anglais. « L'Université n'admettait pas cet enseignement, et les négociants étaient obligés d'envoyer leurs enfants en Angleterre et en Hollande pour y apprendre la langue de ces pays. Afin de combler cette lacune, Seignelay, réalisant sans doute une idée de son père, fit enseigner ces deux langues dans les ports de mer[1] ».

Colbert aurait voulu établir l'uniformité des poids et mesures : il dut renoncer à ce projet, mais il l'imposa dans tous les arsenaux de la marine.

A chaque pas il se heurtait contre toute sorte d'obstacles et de résistances : la paresse, l'ignorance,

septentrionale de la France (Picardie, Boulonnais, Normandie, Perche, Maine, Anjou, Poitou, Touraine, Berry, Bourbonnais, Bourgogne, Beaujolais, Bresse, Bugey, Dombes, Ile-de-France, Orléanais, Champagne) ; — les provinces réputées comme étrangères comprenaient le midi de la France (Saintonge, Bordelais, Périgord, Angoumois, Limousin, Auvergne, Lyonnais et Forez, Dauphiné, Provence, Languedoc, Roussillon, Guyenne. Gascogne, Béarn, Navarre), plus la Bretagne, — Flandre et Artois, — Franche-Comté. — Il y a aussi les « provinces à l'instar de l'étranger effectif » (Alsace. Lorraine, Dunkerque, pays de Gex, Marseille, Bayonne). Des douanes existent entre chacun de ces groupes ; il en existe aussi entre presque toutes les provinces réputées étrangères du midi de la France.

1. BAUDRY, *Introduction aux mémoires de Foucault,* cxv.

la routine, les préjugés, les abus, les privilèges, la mauvaise foi, l'improbité.

Colbert agissait d'après les principes qui dirigeaient le commerce hollandais; mais les Hollandais étaient laborieux, actifs, entreprenants, patients, tenaces, intelligents, riches surtout, et réussissaient là où Colbert s'épuisait souvent en efforts infructueux : leur compagnie des Indes rapportait à ses actionnaires 30 et 40 pour 100, quand la nôtre se ruinait. Il est vrai que la compagnie française avait de piètres agents et que sa charte de fondation lui imposait les plus étranges conditions, par exemple : l'obligation faite à ses tribunaux de rendre la justice d'après les lois françaises, principalement d'après la Coutume de Paris. Les Hollandais ne commettaient pas de pareilles fautes; ils laissaient leurs colonies se gouverner et rendre la justice d'après des lois appropriées à leur état social. Mais pouvons-nous bien reprocher à Colbert la manie de centralisation absolue et d'unité sans exceptions, quand, malgré l'expérience et l'évidence, nous en sommes encore plus férus qu'on ne l'était de son temps ?

Agriculture, forêts, haras.

L'agriculture était parvenue, pendant le règne de Henri IV et le ministère de Sully, à un état assez florissant, bien que le paysan en fût encore aux vieux procédés gaulois ou romains, au système des jachères, et qu'il n'eût que des instruments primitifs ; mais enfin, il cultivait, récoltait et vendait ses produits. Sully lui

avait accordé la liberté de vendre son blé à l'étranger,
et cette liberté était le meilleur encouragement qu'on
pût donner aux cultivateurs. Richelieu avait conservé
cet état de choses : Fouquet et le Parlement[1] le modi-
fièrent et prohibèrent la sortie des blés. Colbert adopta
ce système, entraîné à son tour par les terribles disettes
de 1662 et 1663, qui exercèrent toujours une grande
influence sur son esprit, et il crut pouvoir régler par
lui-même l'importation et l'exportation des blés, non
seulement entre la France et l'étranger, mais entre les
provinces françaises elles-mêmes. Ce que l'échelle mo-
bile faisait de 1815 à 1860, Colbert essaya de le faire,
avec bien moins de facilités. Quelquefois il permettait
la sortie des blés, et bientôt la défendait : si l'état ou
la promesse de la récolte lui paraissaient satisfaisants,
il autorisait l'exportation ; mais le désir de nourrir les
armées à bon marché ou une apparence de mauvaise
récolte le décidait à défendre la sortie. Cette incertitude
continuelle sur ce que l'on ferait des grains récoltés produisit une diminution considérable des terres cultivées ;
on ne cultiva plus que les fonds les plus fertiles, on
abandonna toutes les terres médiocres qui restèrent en
friche ; la production diminua, et dans les années de
médiocre récolte il y eut disette. Dès l'année 1686,
l'ère des disettes régulières commença ; elle devait durer près d'un siècle : pendant tout ce temps, sur trois
années, il y eut une année de disette, quelquefois de
famine. Pendant ce temps aussi, le prix du blé fut tou-

1. Arrêt du 19 août 1661.

jours très peu élevé, et le paysan tomba dans une misère qui alla sans cesse en augmentant.

Déjà l'ambassadeur Contarini[1] écrivait au Sénat de Venise :

La noblesse est épuisée par les dépenses les plus exorbitantes, le menu peuple pareillement est courbé sous le poids écrasant et croissant de nombreuses impositions, par lesquelles tout l'argent afflue dans les caisses royales. Il est vrai qu'à Paris on ne peut reconnaître l'état nécessiteux du peuple de France, cette ville ne réunissant que les plus riches et les plus aisés ; c'est dans les provinces qu'on voit la misère et la détresse des peuples, accablés par des charges sans nombre et par les logements des gens de guerre, auxquels ils sont obligés de faire face, quoique réduits à la mendicité. Une taxe une fois imposée dure toujours, et la cause qui, par l'urgence du besoin, a forcé le gouvernement de frapper les contribuables, a beau disparaître, la taxe reste. Les impôts de guerre continuent à se lever en temps de paix. Il est de fait que, dernièrement, on a publié la remise de 6 millions d'arriéré depuis la paix de Nimègue ; mais il est de fait aussi que la majeure partie était irrecouvrable à cause de l'indigence des contribuables, et c'est pourquoi on préféra en faire l'abandon. Ce qui serait du dernier préjudice pour tout autre prince tourne à l'avantage et au profit de cet heureux monarque, car les hommes, contraints par la pauvreté de chercher leur vie quelque part, se décident à s'enrôler sous les drapeaux du Roi, et plus misérable est le pays, plus se trouvent nombreuses les armées royales. Ainsi, l'indigence des nobles et la misère des peuples tourne toujours au plus grand avantage du pouvoir absolu du Roi, qui dompte cette nation fière et inconstante avec le frein de l'extrême nécessité.

1. Ambassadeur en France, de 1673 à 1678. — VII, CLXXX.

Cette misère, résultat de la politique de Louis XIV
et de Louvois, bien plus encore que des mauvaises mesures de Colbert, alla sans cesse en s'aggravant, avons-
nous dit ; nous en avons la preuve dans ce passage de
la *Dîme royale* de Vauban :

Il est certain, dit l'illustre maréchal, que la misère est
poussée à l'excès, et que, si l'on n'y remédie, le menu peuple tombera dans une extrémité dont il ne se relèvera jamais, les grands chemins de la campagne et les rues des
villes étant pleins de mendiants, que la faim et la nudité
chassent de chez eux.

A cette époque Fénelon écrivait à Louis XIV :

La sédition s'allume peu à peu de toutes parts. Ils croient
que vous n'avez aucune pitié de leurs maux, que vous n'ai-
mez que votre autorité et votre gloire. Si le Roi, dit-on,
avait un cœur de père pour son peuple, ne mettrait-il pas
plutôt sa gloire à leur donner du pain, et à les faire respirer
après tant de maux, qu'à garder quelques places de la frontière qui causent la guerre... Les émotions populaires qui
étaient inconnues depuis si longtemps deviennent fréquentes.
Paris même, si près de vous, n'en est pas exempt...

Les tarifs de 1664 et 1667 avaient eu de mauvais résultats pour l'agriculture. Le blé et la vigne étaient les deux
grandes cultures de cette époque. Les Hollandais, par
représailles, n'achetèrent plus nos blés et nos vins. Le
commerce des blés à l'intérieur était fort gêné par les
douanes qui séparaient les provinces, et la liberté de
vendre d'une province à l'autre n'existait pas plus en
permanence que la liberté de vendre à l'étranger.

Jamais cependant Colbert n'empêcha les blés étrangers d'entrer en France : cette prohibition était réservée
aux protectionnistes modernes.

La liberté complète du commerce des grains a été
établie par Napoléon III. On y renonce de nos jours :
l'invasion de la France par les blés des États-Unis, de
l'Inde et de la Plata exige, paraît-il, que l'on frappe
les blés étrangers de droits d'entrée. Ce qui défendrait
aussi nos blés nationaux, ce serait que l'agriculture,
sortant enfin de la routine et de l'ignorance, fît comme
a fait l'Allemagne, avec ses terres sablonneuses et médiocres ; qu'elle obligeât, par la science, la terre à produire le double de ce qu'en tire l'ignorance.

Si Colbert a fait du mal à l'agriculture, il lui a cependant fait quelque bien : il a diminué la taille
autant que les dépenses de Louis XIV permettaient
de la diminuer ; il a empêché le plus possible la
saisie du bétail quand le paysan ne pouvait pas
payer l'impôt ; il a essayé de multiplier le bétail, les
fumiers étant indispensables à la culture ; il a essayé
d'améliorer nos races ovines indigènes avec des béliers
anglais et des béliers mérinos de Ségovie ; il a développé la culture du chanvre et établi celle du lin.

Son œuvre est plus grande et plus utile quand il
s'agit des forêts et des haras.

Nous avons déjà parlé, à propos de la marine, des
soins apportés par Colbert à la conservation et à l'exploitation des forêts. Elles étaient, avant lui, défrichées,
gaspillées, incendiées ou dévastées par le pâturage.
Malgré les édits de plusieurs rois, la mauvaise admi-

nistration des grands maîtres des Eaux et Forêts et de
leurs agents laissait commettre de nombreux dommages souvent irréparables. Dès 1662, sur les conseils
de Colbert, Louis XIV commença à mettre un terme à
ces désordres.

Je m'appliquai aussi cette année, dit le Roi dans ses Mémoires, à un règlement pour les forêts de mon royaume, où
le désordre était extrême et me déplaisait d'autant plus que
j'avais formé de longue main de grands desseins pour la
marine... La guerre et les inventions des partisans pour faire
de l'argent avaient produit[1] une infinité d'officiers des Eaux
et Forêts comme de toutes les autres sortes ; la guerre et les
mêmes inventions leur ôtaient ou leur retranchaient leurs
gages, dont on ne leur avait fait qu'une vaine montre, en
établissant leurs offices. Ils s'en vengeaient et s'en payaient,
mais avec usure, aux dépens des forêts qui leur étaient
commises. Il n'y avait sortes d'artifices dont ces officiers
ne se fussent avisés, jusqu'à brûler exprès une partie des
bois sur pied, pour avoir lieu de prendre le reste, comme
brûlé par accident... J'avais seulement empêché, l'année
précédente, le mal de s'augmenter, en défendant qu'il se
fit aucune vente jusqu'à ce que j'en eusse autrement ordonné. Cette année, j'y apportai deux remèdes principaux :
l'un fut la réduction des officiers à un petit nombre qu'on
pût payer de leurs gages sans peine et sur lesquels il fût
plus aisé d'avoir les yeux ; l'autre fut la recherche des malversations passées, qui ne servait pas seulement d'exemple
pour l'avenir, mais qui, par les restitutions considérables
auxquelles ils furent condamnés, fournissait en partie au
remboursement des officiers supprimés.

En 1669 parut l'ordonnance des Eaux et Forêts qui

1. En vendant de nouvelles charges.

mit un ordre complet dans cette partie de l'administration. Le Parlement lui fit une opposition telle, que
le Roi fut obligé de tenir un lit de justice pour faire
enregistrer l'ordonnance. Partout, dans le royaume,
elle souleva une opposition non moins vive : de tout
temps les abus ont été tenaces. Grâce à cette ordonnance, nos forêts, désormais bien aménagées, ont été
conservées.

En 1682, les forêts de l'État avaient une superficie
de 434, 611 hectares¹ ; en 1683 elles rapportaient
1,028, 766 livres (5 millions et demi de francs), tandis
qu'en 1661 leur produit n'était que de 850,000 francs.

Avant Colbert la production chevaline était assez
peu considérable en France, et on était obligé d'acheter
en grand nombre les chevaux, surtout les chevaux de
guerre, en Allemagne, en Angleterre, dans la Frise,
l'Italie, l'Andalousie, en Danemark, dans le Maroc et
la Turquie.

Dès 1663, Colbert écrivait aux intendants :

S. M., ayant estimé que le rétablissement des haras dans
les provinces de son royaume est fort important à son service et fort avantageux à ses sujets, tant pour avoir en temps
de guerre le nombre de chevaux nécessaire pour monter sa
cavalerie, que pour n'être pas nécessité de transporter tous
les ans des sommes considérables dans les pays étrangers
pour en acheter, a résolu d'y appliquer une partie des soins
qu'elle donne à la conduite de son État et à tout ce qui peut
le rendre florissant.

----

1. 1,303,834 arpents.

En 1665, Louis XIV rétablissait les haras et les remplissait d'étalons achetés dans la Frise et la Hollande, en Danemark et dans le Maroc ; il les distribuait gratuitement aux propriétaires de haras, gentilshommes, bourgeois ou paysans, qui étaient en mesure de favoriser ses projets, c'est-à-dire qui s'engageaient à ne jamais s'en servir comme monture et à ne les employer qu'à améliorer nos races indigènes. Le Roi et Colbert voulaient que ces beaux étalons fissent disparaître des haras les chevaux de petite taille et de race médiocre. Colbert recommandait aussi à l'intendant du Limousin d'acheter dans les foires de beaux poulains pour s'en servir plus tard comme étalons et améliorer la race du pays ; c'est la méthode de la sélection, qui paraît être la meilleure, que Colbert patronnait, et il est à remarquer que déjà le Limousin ne produisait plus les beaux chevaux d'autrefois.

Colbert et M. de Garsault[1], qui fut son collaborateur dans cette œuvre difficile, réussirent, après de longs efforts, à relever la production chevaline en France. Les chevaux amenés et vendus dans les foires étaient nombreux et bons. A la foire de Guibray, en 1682, Louis XIV en avait acheté douze pour sa personne.

Colbert avait établi, à Saint-Léger, près de Rambouillet, un haras royal et un autre à Versailles même.

Mais après lui, les haras, comme tant d'autres parties des services qu'il avait dirigés, retombèrent bientôt dans le misérable état d'où il les avait tirés. C'est toujours la

---

1. L'un des écuyers du Roi.

même chose en France : il y a quelques grands hommes
çà et là, qui créent, organisent et font marcher telle ou
telle chose; après eux la routine, l'ignorance et quelques
intrigants désorganisent ou détruisent.

Routes et canaux.

Il est superflu, je pense, d'exposer longuement l'utilité
ou la nécessité pour un pays d'avoir un réseau de bonnes
routes et de voies navigables : il n'y a rien de possible sans
chemins en bon état. Henri IV avait créé, en 1599, la
charge de grand voyer de France en faveur de Sully,
qui, en 1608, disposait pour les travaux des routes d'un
budget d'environ 20 millions de francs[1]. Après Henri IV,
travaux et projets furent abandonnés, et le budget des
chemins était à peine de 100,000 livres (500,000 francs)
à l'arrivée de Colbert aux affaires. Les voies romaines,
si solides, avaient disparu faute d'entretien; les routes
nouvelles étaient détestables et étroites, parce que les
riverains s'étaient approprié une partie de leur surface;
leur parcours avait même été modifié suivant le caprice
ou l'intérêt de quelques personnages ; de très nombreux
péages, qui remontaient aux temps féodaux ou à l'époque
romaine, étaient perçus sur les chemins royaux, sur les
ponts et sur les rivières. Le commerce, l'industrie,

---

1. 3,594,527 livres. — On peut voir dans l'atlas de Sanson la
carte des routes de France et juger ainsi de l'œuvre de Sully.
Tous ces grands chemins étaient bordés d'ormes, dont quelques-
uns existaient encore en 1830, sur la route de Paris à Lyon, et
étaient appelés des Rosny.

l'agriculture, les armées ne pouvaient s'accommoder d'un pareil état de choses, qu'il fallait absolument changer.

Colbert supprima, après mille difficultés et les résistances les plus opiniâtres, la plus grande partie des péages et employa toutes les ressources disponibles au rétablissement et à l'augmentation des chemins ainsi qu'à l'amélioration des cours d'eau.

Certes Colbert n'est pas seul pour accomplir la prodigieuse besogne dont nous exposons seulement les traits principaux; mais c'est encore faire son éloge que de dire qu'il a su choisir, diriger et forcer à agir, sans jamais se relâcher, les intendants des généralités et de la marine, qui ont été ses plus précieux auxiliaires.

On fit faire les travaux par des entrepreneurs, après adjudication au rabais; on surveilla avec soin leur besogne, qui devait être non seulement bonne, mais éternelle si c'était possible.

Le plan général du réseau de Sully fut conservé : réunir les provinces à Paris, capitale du royaume et « centre de toute la consommation », ouvrir des routes qui conduiraient aux villes maritimes, « lieux d'un grand transport et d'une grande consommation », enfin, construire et bien entretenir les routes militaires de Champagne, Lorraine et Alsace, qui conduisent aux frontières. On commença aussi une route militaire dans les Alpes, qui est, je crois, la première qui ait été ouverte. On lit dans le *Mercure galant* de 1680[1] :

1. Septembre, p. 183.

MM. de Poligny et de Visancourt, ingénieurs, et M. Cheuvrier de Briançon ont tracé un fort beau chemin pour le carosse, de Grenoble à Pignerol par le Bourgdeisan, et ils en tracent présentement un autre par Corps et Lesdiguières. Ils en sont déjà à Chorgas et iront jusqu'à Briançon regagner le chemin de Bourgdeisan à Pignerol. Deux chariots pour l'artillerie passeront de front presque partout sur ce chemin, et les paysans auront soin, pendant l'hiver, de le tenir dégagé des neiges.

Le manque d'argent empêcha l'achèvement de ce beau travail.

Colbert faisait procéder aux travaux avec méthode; il écrivait aux intendants en 1680 :

La maxime du Roi est d'entreprendre un grand chemin et de le rendre parfait, auparavant que d'en entreprendre un autre, parce que Sa Majesté a souvent remarqué que lorsqu'on entreprend beaucoup d'ouvrages en différents chemins, les fonds se trouvent consommés sans beaucoup d'utilité [1].

Colbert consacra aux travaux des routes, en 1671, 623,000 livres (3,115,000 francs) ; ordinairement il dépensait la moitié, avec 60,000 livres pour l'entretien (300,000 francs). Ajoutons que les pays d'États fournissaient eux-mêmes les sommes nécessaires aux travaux exécutés dans la province ; que les octrois, les corvées et diverses impositions spéciales levées sur quelques villes ajoutaient d'importantes ressources aux fonds alloués par le Roi.

En même temps Colbert réprimait sévèrement les

1. *Lettres, instructions et mémoires*, IV, CVI.

abus. Un propriétaire de Saintonge, qui avait fait réparer arbitrairement ses chemins par les corvéables, fut envoyé aux galères perpétuelles[1].

Les belles routes de Colbert, larges[2] et bien entretenues, ont été continuées par les ingénieurs du XVIIIe siècle dirigés par l'habile M. de Trudaine, ce qui faisait dire à Young que, si les Français n'avaient pas d'agriculture, ils avaient de belles routes.

Colbert s'occupa aussi de l'amélioration de nos rivières[3] afin de les rendre navigables.

Le canal de Briare, commencé sous Henri IV, n'avait été achevé qu'en 1641 ; les premiers bateaux venus de la Loire à Paris arrivèrent le 27 mars. Le corps de Ville et une grande foule allèrent recevoir avec applaudissement cette flotte de 10 bateaux[4]. Colbert continua l'œuvre commencée. Ce fut pendant son administration que l'on fit les études et les projets de plusieurs canaux qui ne furent exécutés qu'après lui : canal d'Orléans (de la Loire au Loing), canal Crozat (de la Somme à l'Oise), canal du Centre (entre Loire et Saône), canal de Bourgogne (entre l'Yonne et la Saône). On fit aussi les études pour joindre la Meuse à l'Aisne, et l'Escaut à l'Oise. Mais de tous les travaux de ce genre, le plus important est le canal du Languedoc, admirable entreprise destinée à réunir l'Océan à la Méditerranée, en

1. *Lettres, instructions et mémoires,* IV, CVIII.

2. 12 mètres.

3. Garonne, Lot, Tarn, Agoût, Drôme, Baïse, Seine, Aube, Marne, Somme, Allier, etc.

4. *Gazette de France,* 1641, p. 176.

joignant la Garonne et l'Aude. Ce fut Riquet de Bon-
repos, intéressé dans la ferme des Gabelles de la province, et géomètre par instinct, qui conçut le projet dès
1662 et le proposa à Colbert.

Colbert accepta la proposition; mais l'ingénieur
chargé d'examiner le projet, au lieu de se prononcer,
comme le voulait Riquet, pour un canal à grandes dimensions et pouvant recevoir les bâtiments de guerre,
auxquels il aurait évité le passage du détroit de Gi-
braltar, réduisit le projet de Riquet à un canal destiné
à la batellerie : le lit de la Garonne eût été insuffisant,
et le canal maritime eût coûté trop cher. Tel qu'on le
construisit, les dépenses s'élevèrent à 17 millions de
livres (85 millions de fr. [1]). Après divers essais on commença les travaux en 1666 et ceux du port de Cette,
et l'inauguration du canal « de transnavigation » eut
lieu le 19 mai 1681.

Les ponts et chaussées ont aussi à s'occuper des
inondations et des moyens de mettre les riverains à
l'abri du fléau. La Loire, avec ses terribles et fréquents
débordements, a toujours été le fleuve le plus redoutable, soit par les inondations, soit par la débâcle des
glaces.

En 1608, la vallée de la Loire avait été dévastée à tel
point que Sully écrivait à Henri IV : « Les peuples
sont devenus si appauvris par cet accident que, s'il ne
plaît à V. M. les secourir en les déchargeant des tailles

---

1. Le canal fut exécuté aux frais de Riquet, qui en devint propriétaire.

et les assistant d'une bonne et grande somme pour les
réparations plus pressées et nécessaires, il faudra qu'ils
abandonnent tout, et laissent leurs maisons désertes et
leurs terres en friche ». Henri IV s'empressa de répondre : « Mon ami, pour ce qui touche la ruine des eaux,
Dieu m'a baillé mes sujets pour les conserver comme
mes enfants; que mon Conseil les traite avec charité;
les aumônes sont très agréables devant Dieu, particulièrement en cet accident. J'en sentirais ma conscience
chargée ; que l'on les secoure de tout ce que l'on jugera que je le pourrai faire. Je finirai, vous assurant
que je vous aime bien ».

Je cite avec plaisir ces deux belles lettres, car si le
règne de Louis XIV et le ministère de Colbert sont
pleins de choses grandes et utiles, tout y est sec et
froid, et il est vraiment bon de se réchauffer un moment
à la chaleur de ces cœurs généreux.

L'entretien, l'exhaussement et l'élargissement des
levées, digues et turcies qui bordent la Loire, la construction de ponts offrant à l'écoulement des eaux de
larges débouchés, la création d'ingénieurs chargés de
ces divers travaux, la lutte contre les riverains qui ne
pensent qu'à l'intérêt local et s'opposent à tout travail
entrepris dans l'intérêt général, occupent sans cesse
Colbert; mais il ne lui fut pas donné, pas plus qu'à ses
successeurs, de résoudre le problème et de vaincre le
fleuve.

Mines.

Colbert avait aussi les mines dans son département.
Il continua l'œuvre de Sully qui, en 1601, avait fixé la

législation sur les mines : les mines appartiennent à l'État, qui les concède à des compagnies ou à des particuliers pour les exploiter. L'exploitation des mines était alors chez nous dans l'enfance ; les Suédois seuls y étaient habiles. Colbert fit venir quelques ouvriers de ce pays et un ingénieur, et il organisa quelques compagnies, qui échouèrent complètement. On en resta à l'extraction du plomb et du minerai de fer.

VI. *Fortifications. — Administration provinciale. Justice. — Législation. — Police.*

Fortifications.

Par une bizarrerie dont la cause est inconnue, le service des fortifications fut partagé en 1661, date de la chute de Fouquet, entre les ministres de la guerre et de la marine, et cette séparation dura jusqu'en 1691, année de la mort de Seignelay : alors les fortifications rentrèrent toutes dans le département de Louvois.

Colbert était chargé non seulement du service des fortifications maritimes, mais encore des places fortes de la Picardie, de la Champagne, des Trois-Évêchés, de la Bourgogne, du Dauphiné, de la Provence et du Languedoc. Ce fut Colbert qui signala au Roi « la capacité et l'activité de Vauban », dès 1663, et le mit en évidence.

Les places construites ou améliorées par Vauban et ses élèves, sous la direction de Colbert, sont nombreuses : Ham, Saint-Quentin, la Capelle, la Fère, le Catelet, Doullens, Péronne, Corbie, Ardres, Metz, Toul, Verdun, Langres, Chalon, Auxonne, — Dunkerque, le Havre, Brest, Belle-Isle, Blaye, Oleron, Ré, Bayonne et Toulon, dont l'arsenal et les fortifications furent reconstruits sur les plans de Vauban. On construisit aussi à Marseille les forts Saint-Jean et Saint-Nicolas pour tenir la ville en bride : de même à Bordeaux, le Château-Trompette. Colbert fit raser un assez bon nombre de petites places devenues inutiles.

Peu disposé à employer les corvées pour les routes, les exigences militaires l'obligèrent à s'en servir pour les travaux des fortifications : Colbert préférait cependant employer des soldats auxquels on donnait un supplément de solde. Les soldats touchaient 7 sols et demi par jour (1 fr. 87 c.); le corvéable ne touchait que le pain de munition réglementaire pendant la durée de son travail; mais il travaillait peu. Les ouvriers volontaires, que Colbert employait de préférence, touchaient 10 et 12 sols par jour (2 fr. 50 c. ou 3 francs).

Quant aux propriétés, maisons ou terrains, qu'il fallait acquérir pour élever les nouvelles fortifications, on les prenait d'abord; on rasait les maisons, on abandonnait les matériaux aux propriétaires, et on les indemnisait ensuite, suivant l'estimation de l'intendant de la province, auquel il était recommandé de ne pas faire d'estimation « avec trop d'indulgence ».

Dans ce service, comme dans tous les autres, Colbert exigea l'économie; il exerça et imposa à tous ses agents une surveillance rigoureuse des entrepreneurs, de la solidité de leurs travaux, de la rapidité de leur exécution. Il veut aussi, mais sans pouvoir l'obtenir, que les intendants répriment les violences des gens de guerre chez l'habitant; mais les traditions sont telles qu'il est impossible à Louis XIV, à Colbert et à Louvois, trois des plus fortes volontés cependant que l'on connaisse, de mettre un terme à ces excès. Colbert écrivait, le 6 avril 1674, à l'intendant d'Amiens :

Comme j'entends tous les jours le Roi, non seulement se plaindre de la conduite des gens de guerre, mais même blâmer les intendants qui ne les répriment pas avec assez de sévérité, je crois que votre fermeté naturelle soutenue de la volonté de S. M. vous portera facilement à faire des punitions telles, que les peuples en recevront du soulagement et que les troupes mêmes en seront meilleures, parce qu'il n'y a rien qui leur nuise davantage que le désordre et la licence.

Administration provinciale.

Il n'existe rien, à cette époque, qui ressemble à notre ministère de l'intérieur. L'administration des provinces ou des généralités était alors partagée entre les différents ministres : chacun avait dans son « département » un certain nombre d'entre elles. A la tête de chaque généralité était placé un intendant de justice, police et finances, nommé par le Roi et investi d'une autorité presque illimitée sur toutes choses[1].

Les gouverneurs de provinces, personnages de haute noblesse, n'avaient plus alors qu'une partie de l'autorité militaire et certaines prérogatives; leur pouvoir, si

1. Les intendants ont été créés par Richelieu.

considérable avant Richelieu, était alors presque nul.
L'intendant, fonctionnaire bourgeois, avait remplacé le
gouverneur, personnage de haute noblesse et aux
allures indépendantes.

Les intendants, fidèles agents du pouvoir royal,
étaient chargés de toute l'administration : justice,
police, répression des violences de toutes sortes
commises par les nobles dans les provinces éloignées
de la Cour, établissement de la taille et répression des
abus, dispenses ou surcharges, rendus plus faciles par
la mauvaise répartition de cet impôt. Ils devaient obliger les Parlements à obéir au Roi ; ils étaient chargés
de négocier avec les pays d'États pour le don gratuit
qu'ils payaient au Roi ; de liquider les dettes des communes, qui déjà étaient énormes ; de régler les octrois et
d'en affecter les revenus aux travaux utiles à la ville qui
les payait ; de faire exécuter les travaux d'agrandisse-
ment et d'embellissement des villes, qui dès lors com-
mençaient à vouloir modifier leur ancien état ; de faire
cesser l'abus des colombiers ; d'améliorer l'état des
prisons ; de pourchasser sans pitié les vagabonds et
les Bohémiens ; enfin de faire exécuter les ordres du
Roi dans tous les services.

A peine arrivé aux affaires, Colbert chargea, en 1663,
un certain nombre de maîtres des requêtes de faire,
dans les provinces du royaume, une enquête sur toutes
les parties de l'administration et d'en rédiger un
rapport exact. D'après l'instruction de Colbert [1], ces

---

1. *Lettres, instructions et mémoires*, IV, 23.

Missi dominici devaient renseigner le Roi sur les
évêques, les abbayes et autres maisons religieuses; sur
les gouverneurs de provinces et les lieutenants généraux; sur les parlements, les bailliages, et les abus qui
se peuvent commettre dans l'administration de la justice; sur les finances et les cours des aides; sur les faux
nobles; sur les revenus du Roi, gabelles, taille, octrois,
abus et vexations; sur les domaines du Roi et les
usurpations des particuliers sur ledit domaine; sur les
dettes des villes et communes rurales; sur le commerce
et les manufactures; sur la marine; sur les canaux,
cours d'eau, routes et chemins; sur les ponts; sur les
haras, etc.

Les maîtres des requêtes devaient rechercher avec
soin les cartes des provinces. N'oublions pas que la
carte de Cassini n'existait pas encore, et que Colbert
n'avait pas à sa disposition une seule carte de France à
grande échelle et bien faite.

Il est nécessaire, dit-il dans son instruction, que lesdits
sieurs (maîtres des requêtes, commissaires départis dans les
provinces) recherchent les cartes qui ont été faites de chacune province ou généralité, en vérifiant avec soin si elles
sont bonnes; et, au cas qu'elles ne soient pas exactement
faites ou même qu'elles ne soient pas assez amples, s'ils
trouvent quelque personne habile et intelligente, capable
de les réformer, dans la même province ou dans les circon-
voisines, S. M. veut qu'ils les emploient à y travailler incessamment et sans discontinuation; et, au cas qu'ils ne trouvent aucune personne capable de ce travail, ils feront faire
des mémoires fort exacts sur les anciens (travaux), tant
pour les réformer que pour les rendre plus amples, lesquels

S. M. fera mettre ès mains du sieur Sanson, son géographe
ordinaire pour le fait des cartes : et, sur ces mémoires, lesdits sieurs observeront que la division des quatre gouvernements ecclésiastique, militaire, de justice et de finances,
soit clairement faite, non seulement en général, mais même
dans le détail et les subdivisions de chacun [1]...

On a les mémoires de quelques-uns de ces envoyés
royaux [2] et l'on reste stupéfait en lisant certains détails,
et en apprenant, par ces documents irrécusables, ce
qu'était la France d'alors et ce qui se passait impunément dans cette société provinciale où les violences
féodales subsistaient encore. Il existait de graves désordres partout : la répartition et la levée des impôts abondent en abus, en violences et en exactions de toute
sorte; une multitude de prétendus nobles ne payent
pas d'impôts, et quelques années après, dans le Poitou seulement, 300 faux nobles furent replacés dans
la classe des taillables et condamnés à payer 500,000 livres d'amendes. Des filles riches étaient enlevées à
leur famille et mariées de force aux partisans de ces
faux nobles. Des gentilshommes exercent le brigan-
dage en bandes, et ne reculent pas devant l'assassinat.
Presque tout le personnel judiciaire abuse de ses
charges et de son pouvoir; des magistrats se font
vendre des terres à leur convenance. Les prisons sont
mal closes, pestilentielles. Les meurtres, assassinats,
violences, rapts, vols de grands chemins sont très

---

1. *Lettres, instructions et mémoires*, IV, 28.
2. Surtout celui de Colbert de Croissy, frère du ministre,
chargé de visiter l'Anjou, la Touraine et le Poitou.

nombreux. Un bourreau facilite, pour de l'argent, l'é-
vasion d'un condamné ; pour de l'argent aussi, il en-
gourdit les membres des accusés et les rend insensibles
aux douleurs de la question. On pille partout les domaines du Roi. Les prévôts des maréchaux (officiers de
gendarmerie) reçoivent des pensions annuelles des voleurs de grands chemins et leur laissent toute liberté
d'action.

Colbert, impitoyable réformateur et briseur d'abus
inexorable, instruit de ce qui se passe, va essayer de
rétablir l'ordre, en instituant une police sévère dans
cette société si mal administrée et abandonnée aux caprices des plus forts et des plus audacieux.

Justice. — Législation. — Police.
Les Grands-Jours d'Auvergne. — Les codes.

L'enquête faite, Colbert, avons-nous dit, résolut de
mettre un terme aux désordres et aux scandales qu'elle
avait révélés, et de faire disparaître les petits tyrans de
province, derniers restes du régime féodal. Le 31 août
1665, une déclaration royale ordonna la tenue, à Cler-
mont, d'assises extraordinaires, appelées Grands-Jours[1],
pour l'Auvergne, le Bourbonnais, le Nivernais, le
Forez, le Beaujolais, le Lyonnais, le Combrailles, la
Marche et le Berry. Le préambule de la déclaration
disait :

La licence des guerres étrangères et civiles, qui, depuis

1. *Mémoires de Fléchier sur les Grands-Jours d'Auvergne, en* 1665,
annotés par M. Chéruel, 1862, 1 vol. in-12.

trente ans, désolaient notre royaume, ayant non seulement affaibli la force des lois, mais encore introduit un grand nombre d'abus, tant en l'administration de nos finances qu'en l'administration de la justice, le premier et principal objet que nous nous sommes proposé, et celui auquel, après l'affermissement de nos conquêtes, après la réparation de nos finances et le rétablissement du commerce, nous avons destiné tous nos soins, a été de faire régner la justice, et régner par elle dans notre État...: mais, comme nous sommes averti que le mal est plus grand dans les provinces éloignées de notre cour de Parlement, que les lois y sont méprisées, les peuples exposés à toutes sortes de violences et d'oppressions, que les personnes faibles et misérables ne trouvent aucun secours dans l'autorité de la justice, que les gentilshommes abusent souvent de leur crédit pour commettre des actions indignes de leur naissance, et que d'ailleurs la faiblesse des officiers subalternes est si grande que, ne pouvant résister à leurs vexations (des gentilshommes), les crimes demeurent impunis... Pour remédier à tous ces désordres, nous avons, etc.

La Cour était composée d'un président au parlement de Paris (M. de Novion), d'un maître des requêtes, de 16 conseillers, d'un avocat général et d'un substitut du procureur général : ses pouvoirs étaient absolus, elle jugeait sans appel. Elle avait le droit de mettre garnison chez les contumaces, de raser les châteaux où l'on ferait la moindre résistance à la justice et de frapper de mort ceux qui recevraient ou assisteraient les contumaces. Sa mission était de rétablir l'ordre dans l'administration de la justice et de punir tous les coupables qui jusqu'alors avaient échappé à son action.

Le menu peuple et les paysans accueillirent avec

transport les juges du Roi. Colbert n'avait-il pas annoncé que le but des Grands-Jours était de châtier les coupables et les mauvais juges, de rendre la vigueur aux bons et de rétablir l'autorité des lois. Les paysans prirent ces paroles au pied de la lettre, et traitèrent leurs tyrans de la veille avec un mépris et une audace inouïs. M. de Novion écrivait :

Nous avons quantité de prisonniers ; tous les prévôts en campagne jettent dans les esprits la dernière épouvante. Les Auvergnats n'ont jamais si bien connu qu'ils ont un roi. Un gentilhomme me vient de faire plainte qu'un paysan lui ayant dit des insolences, il lui a jeté son chapeau par terre sans le frapper, et que le paysan lui a répondu hardiment qu'il eût à lui relever son chapeau ou qu'il le mènerait incontinent devant des gens qui lui en feraient nettoyer l'ordure. Jamais il n'y eut tant de consternation de la part des grands, et tant de joie entre les faibles.

Un noël du temps fait bien connaître l'oppression que les seigneurs exerçaient sur Jacques Bonhomme :

> L'homme du château
> A l'homme de la grange arrache
> Ce qui le soutient :
> Le cochon.
> Il prend aussi l'oison,
> Le cabri, l'agneau et la vache :
> Encore, s'il se fâche,
> Prend la charrue et le bœuf,
> Et puis lui donne par la face,
> Et les coups sont siens.

> Le noble qui doit
> Tout ce que sa race

        A mangé de bœuf,
    Tout le vin qu'il a bu,
    Et son habit neuf,
        Ni payer
    Ne veut ni plaider ;
    Mais chasse de chez lui le marchand ;
    Pour tout paiement le menace
        De coups de bâton.

        A parler français,
    Chaque gentilhomme,
    Du matin au soir,
    Fait croître ses cens[1]
    Et d'un liard en a six ;
        Vit sans foi,
    Prend le pré, le foin,
    Les champs et les choux du bonhomme,
    Bat qui lui déplaît,
    Et comme un roi dans son royaume,
        Dit que cela lui plaît.

Les juges se mirent à l'œuvre, mais presque tous les coupables avaient déjà pris la fuite : 273 contumaces furent condamnés au gibet et exécutés en effigie ; 44 furent condamnés à avoir la tête coupée, 32 à la roue, 28 aux galères. Un certain nombre, dont quelques-uns appartenaient à la grande noblesse d'Auvergne, furent exécutés ou envoyés aux galères ; d'autres eurent leurs biens confisqués ou virent leurs châteaux démolis.

Après avoir siégé trois mois (octobre 1665-janvier 1666), la cour des Grands-Jours termina ses opérations.

1. Ses droits féodaux.

La mémoire de son œuvre si utile fut consacrée par une médaille représentant la Justice, tenant le glaive et la balance d'une main, et, de l'autre, relevant une femme éplorée, avec cette légende : « Les provinces délivrées de l'oppression des Grands ». L'action des Grands-Jours s'étendit au loin : l'intendant du Poitou écrivait à Colbert : « L'épouvante est si grande, que tous les garnements ont quitté leurs maisons et battent la campagne, ce pendant que les peuples respirent et donnent au Roi mille bénédictions ».

En 1666 une autre cour de Grands-Jours alla tenir ses assises au Puy, pour le Velay, le Vivarais et les Cévennes. L'intendant du Limousin recevait les pouvoirs les plus étendus pour faire, dans sa généralité, le procès à certains gentilshommes qui commettaient toutes sortes de violences et qui avaient à leurs gages des faussaires et des gens de sac et de corde. En 1688, il y eut encore des Grands-Jours à Poitiers.

L'ordre rétabli, Colbert et Louis XIV entreprirent la réforme des lois et de l'administration de la justice. Le projet de Colbert attribue tout l'honneur de cette réforme à Louis XIV, qui en effet y prit une part assez considérable, ce qui n'étonnera aucun de ceux qui savent combien le Roi était laborieux et accomplissait consciencieusement ses devoirs de souverain. Les deux points essentiels de la réforme étaient de « réduire en un seul corps d'ordonnances tout ce qui est nécessaire pour rendre la jurisprudence fixe et certaine, et réduire le nombre des juges, comme le seul moyen qui n'a point encore été tenté d'abréger les procès ».

Colbert organisa un Conseil de justice (1665), qui fut chargé de la rédaction des nouveaux Codes, ou, comme l'on disait alors, des nouvelles ordonnances. Ce Conseil était composé du chancelier Séguier, du premier président du parlement de Paris M. de Lamoignon, de 7 présidents à mortier et de 22 conseillers au parlement de Paris, des avocats généraux Talon et Bignon, de 5 conseillers d'État, parmi lesquels Pussort, l'oncle de Colbert, qui joua un rôle prépondérant, et de 3 maîtres des requêtes. Le Roi assista à quelques-unes des conférences, qui se tenaient au Louvre, et, en plusieurs circonstances, il termina les discussions en imposant sa volonté et le bon sens.

Le premier résultat des travaux du Conseil de justice, préparés par six avocats émérites, fut l'ordonnance civile (1667) ou Code Louis. Cette ordonnance réunissait pour la première fois toutes les règles de la procédure civile dans un ordre méthodique, et traçait à tous les tribunaux du royaume une marche uniforme dans la conduite des procès. « Elle a été le premier pas fait dans la voie de notre codification moderne », et a duré jusqu'au Code civil.

L'une des meilleures réformes de Colbert en matière de droit civil a été l'établissement de la publicité des hypothèques, constituée par l'édit de 1673; mais cette excellente mesure souleva la noblesse, indignée que les prêteurs pussent connaître le secret des fortunes, et Louis XIV fut obligé de révoquer l'édit en 1674. D'autres édits, compléments nécessaires du Code Louis, furent promulgués cette même année 1673. Il fallut en

abroger un devant le soulèvement général des procureurs (avoués) et huissiers, auxquels on avait voulu imposer des formules uniformes pour tout le royaume. On
comprend difficilement l'omnipotence de Louis XIV
vaincue par une émeute d'huissiers et de procureurs.

En 1670 parut l'ordonnance criminelle, ou plutôt de
procédure criminelle. En 1673, on promulgua l'ordonnance de commerce, qui a été conservée presque tout
entière dans le Code de commerce de 1807, dont elle est
la base presque unique. En 1681, ce fut le tour de l'ordonnance de la marine, ou Code maritime, qui fut
aussitôt imité par toutes les nations. Le Code noir, destiné à régler la condition des esclaves des colonies, ne
parut qu'en 1685 après la mort de Colbert; mais il
avait été préparé de son vivant. Si ce Code révolte
quelquefois par les iniquités qu'il consacre, souvent
aussi il prescrit diverses mesures d'humanité et de moralité entièrement favorables aux esclaves. Ces mesures, toutes nouvelles, sont entièrement à l'honneur de
la France, et il suffit pour s'en convaincre de comparer
le Code noir aux législations étrangères si complètement brutales et inhumaines.

Pour terminer ce qui regarde le droit, il faut dire
que l'enseignement du droit civil et du droit romain
fut établi à Paris, et que l'on commença à enseigner le
droit français, d'abord à Bourges (1665) et successivement dans toutes les autres universités.

La vénalité des charges civiles et militaires était un
fléau qui rendait impossible le fonctionnement régulier
de tous les services. Un pareil vice social, dont les fu-

nestes résultats étaient évidents, ne pouvait échapper
à l'esprit réformateur de Colbert. Il fit faire une enquête, et il apprit que le nombre des seuls officiers
de justice et de finance s'élevait à 45,780, et que le
prix de leurs charges était de 459,630,842 livres
(2,298,000,000 fr.), dont les titulaires étaient censés ne
toucher pour leurs gages qu'un revenu de 8,546,847 livres (42,700,000 fr.), soit environ 2 p. 100, mais qu'ils
augmentaient ce revenu par tous les moyens, aux
dépens de l'État et du public. En présence de ces
46,000 familles, qui ne songeaient qu'à exploiter leurs
charges le plus fructueusement possible, en vue de leur
intérêt seul, presque toujours contraire à l'intérêt général, Colbert chercha, non pas à supprimer la vénalité des offices et à rembourser les titulaires, ce qui
était impossible, mais à diminuer le nombre des charges en remboursant les titulaires, à fixer le prix des
offices de justice, en un mot à réduire le mal autant
que faire se pouvait.

Paris était dans le département de Colbert. Déjà sa
population était de 500,000 habitants. C'était alors un
coupe-gorge, que Boileau décrivait ainsi en 1660 :

> Le bois le plus obscur et le moins fréquenté
> Est, au prix de Paris, un lieu de sûreté.

La ville était pleine de vagabonds, de gueux, de malandrins, qui mendiaient, volaient et tuaient. Le guet,
trop peu nombreux et mal payé, ne rendait aucun service. Les pages et les laquais, innombrables, se battaient en duel à chaque moment et commettaient mille

désordres. Les rues mal pavées étaient d'infects cloaques, où la peste se déclarait volontiers ; l'éclairage nul, le balayage et le nettoiement inconnus. Tout était à faire. Colbert se mit résolument à l'œuvre, supprima toutes les anciennes autorités, créa la charge de lieutenant de police et la donna à M. de la Reinie (1667), qui transforma Paris et y établit l'ordre et la sécurité. Ce n'était pas chose facile, car, pour se débarrasser des malandrins de la cour des miracles, le lieutenant de police dut payer de sa personne et diriger lui-même l'expédition qu'il envoyait contre eux. On enferma les gueux, mendiants et vagabonds à l'hôpital général[1]. L'organisation et l'approvisionnement de Paris furent complètement réglés par l'ordonnance de 1672 et par celle de 1674 qui supprima toutes les justices seigneuriales dans Paris, afin d'y établir l'unité de la justice[2].

Qu'on ne croie pas que par ces temps de monarchie absolue, pendant lesquels la liberté de la presse n'existait pas, le gouvernement et la personne même du Roi fussent à l'abri des critiques et des attaques de toutes sortes : les libelles, gazettes, lardons, nouvelles à la main, imprimés ou manuscrits, en vers ou en prose,

1. Les gueux pullulaient de telle façon qu'ils envahirent plus tard le château de Versailles et que, pour les en faire sortir, une compagnie des Gardes mit deux jours à les chasser des salles, corridors et cours du palais.

2. Il y avait alors 30 juridictions dans Paris : 8 royales : le Parlement, le Châtelet, la Cour des Aides, la Connétablie ; — 6 particulières : le prévôt des marchands, le grand maître de l'artillerie ; — 16 féodales : archevêché de Paris au Fort-l'Évêque, l'officialité, 4 chapitres, 11 abbayes. Ces 22 juridictions furent abolies.

imprimés en France, à Bruxelles ou en Hollande, paraissaient quand même ; on les distribuait et on les lisait partout, à la Cour même. Colbert et La Reinie prirent les mesures les plus sévères pour punir les libellistes ; on enleva aux libraires, au commerce des livres, toute liberté ; les auteurs et les marchands de libelles furent pendus ou envoyés aux galères, nobles ou non. Rien n'y fit : on vendit les libelles plus cher.

En 1679 Louis XIV publia l'édit sur les duels, dont Colbert rédigea le préambule.

Nous trouvons encore, en remontant à l'année 1666, deux ordonnances ayant chacune le même but, l'augmentation de la population du royaume. L'une cherche à diminuer le nombre des couvents et des religieux ou religieuses. L'autre ordonnance dispense de payer les impôts, ou donne des pensions à tous ceux, nobles ou non, qui se marient avant l'âge de vingt ans, ou qui ont dix enfants vivants, non religieux, ou qui en ont eu douze. Les enfants morts au service comptent comme s'ils étaient vivants.

VII. — *Colbert surintendant des bâtiments. — Vue d'ensemble. — Bâtiments et beaux-arts. — Les Gobelins. — Académies. — Lettres et Sciences.*

Vue d'ensemble.

Comprenant à merveille, dit Jean Reynaud, que l'opulence ne suffit pas pour constituer la vraie richesse des nations, Colbert appliqua tous ses soins à vivifier en France la

culture des lettres, des sciences et des beaux-arts. Richelieu avait aperçu bien avant lui la secrète puissance de
notre langue, et devinant l'ascendant que la nation française pourrait prendre par là sur les autres, il avait créé
l'Académie avec mission d'améliorer ce bel idiome, destiné
dans sa politique à devenir l'idiome souverain du monde ci-
vilisé : marchant sur les traces de ce hardi génie, Colbert,
bien que peu lettré, ne traita pas l'Académie avec moins
d'estime et d'attention, et l'on sait à quel haut degré d'activité et de splendeur ses encouragements surent l'élever.

Non content de ce seul foyer de lumières, il y adjoignit
l'Académie des inscriptions et belles-lettres et l'Académie
des sciences. Certes, l'impulsion donnée par Richelieu ne
pouvait pas être plus sagement continuée, et l'on serait
embarrassé de décider laquelle de ces trois nobles compagnies, chargées, l'une du perfectionnement de la langue,
l'autre de l'étude de l'histoire et du perfectionnement du
style, la troisième de l'observation de la nature et de la découverte de ses lois, mérite d'être placée la première.
Même à un point de vue purement économique, les deux
fondations de Colbert ont encore leur importance : l'utilité
des sciences physiques et chimiques, voire de l'astronomie,
pour le développement de l'industrie et du commerce, est
une chose que tout le monde connaît et qu'il serait superflu
de démontrer : et quant à l'élégance du style et à la vue
claire des siècles qui nous ont précédés, leur influence sur
la physionomie particulière des productions des arts n'est
peut-être pas moins considérable que celle des sciences sur
leur qualité et leur bas prix.

« Peut-être, dit M. Necker, dont nous aimons à trouver
encore ici l'autorité, que ce ministre, ayant réfléchi sur le
goût, qui n'est qu'un sentiment parfait des convenances,
avait aperçu dans les chefs-d'œuvre de Racine et de Molière, et dans leurs représentations journalières, une instruction dont l'industrie française profiterait sans y penser ;
il avait présumé que l'habitude de distinguer de bonne

heure ces fils imperceptibles qui séparent la grâce de l'affectation, la simplicité de la négligence, la grandeur de l'exa-
gération, influerait de proche en proche sur l'esprit national
et perfectionnerait ce goût qui fait aujourd'hui triompher
les Français dans tous leurs ouvrages d'industrie, et leur
permet de vendre bien cher aux étrangers une sorte de
convenance spirituelle et fugitive qui ne tient ni au travail,
ni au nombre des hommes, et qui devient pour la France
le plus adroit de tous les commerces[1] ».

L'Observatoire, le Jardin des Plantes, l'Académie de peinture, celle d'architecture, l'École de France à Rome, sont
également des institutions de Colbert. Tout ce qui était capable d'augmenter la puissance de l'esprit humain lui semblait propre à augmenter aussi celle de l'État, et les
hommes de mérite dans tous les genres étaient ce qu'il avait
le plus à cœur de découvrir. Les encouragements, les honneurs, les récompenses, allaient partout chercher les gens
de lettres et les savants, et non seulement en France dans
le fond des provinces, mais jusque dans les pays étrangers.
Il avait senti que, le génie ne connaissant pas de frontières
dans la dispersion du fruit de ses travaux, la reconnaissance
du genre humain à son égard ne devait pas en connaître
non plus. Mais ce fut une initiative bien glorieuse pour la
France que d'aller ainsi chercher de tous côtés les hommes
éminents pour se les attacher, quelque lointaine patrie que
la nature leur eût donnée, et les rallier autour d'elle comme
lui appartenant par droit de consanguinité spirituelle : les
uns, mis seulement en correspondance avec nos Académies,
demeurèrent chez eux ; d'autres furent invités à venir s'éta-

1. Cette idée, si vraie, de l'influence de la littérature sur le
goût dans les arts et leur application à l'industrie, allait recevoir
de sérieuses confirmations : on ne peut manquer de reconnaître
les rapports évidents entre la littérature de la Révolution et de
l'Empire et l'école de David ; — entre la littérature et l'école
romantiques ; — entre la littérature actuelle et les arts de notre
époque.

blir chez nous : le nom de Louis XIV, et par conséquent celui de la France, dont celui-ci n'était que le représentant
couronné, devint plus grand par l'éclat des bienfaits et des
opérations pacifiques qu'il ne le fut jamais par celui des
victoires. Paris fut embelli et rendu digne de servir de capitale à la France et de lieu commun de rendez-vous à
l'Europe devenue vassale de la France, grâce à cette nouvelle et toute-puissante méthode de conquête. Les quais, les
boulevards, les plus belles places, le Louvre, les Tuileries,
les principaux monuments d'utilité publique ou de plaisir,
furent construits ou achevés sous l'administration de
Colbert.

Bâtiments et beaux-arts.

Le 1ᵉʳ janvier 1664, Colbert devenait surintendant
des bâtiments, en remplacement de M. de Ratabon, et,
comme tel, il avait la direction des beaux-arts, des
académies, de la bibliothèque royale, des palais, jardins et manufactures du Roi, la haute main sur les
lettres et les sciences. Reynaud vient de nous dire quel
parti le nouveau surintendant sut tirer de sa charge.

Les premiers soins de Colbert se portèrent sur le
Louvre ; il voulait achever ce palais et en faire une résidence digne du roi de France. Le Vau, premier architecte du Roi, dirigeait alors les travaux ; mais ses
projets déplaisaient à Colbert, qui demanda au cavalier
Bernin de vouloir bien faire les plans et projets pour
l'achèvement du Louvre : Cet Italien, à la fois architecte, peintre et sculpteur, était célèbre dans le monde
des arts, et on s'attendait à le voir faire un chef-d'œuvre. L'étonnement fut grand quand, à l'arrivée des
projets du cavalier, on les trouva fort différents de ce

que sa réputation promettait, et ne tenant aucun
compte ni du climat de Paris, ni des besoins de la famille royale. On lui fit des observations qui le scanda-
lisèrent ; on l'apaisa à grand'peine et on le décida à
venir à Paris (mai 1665). Pendant son voyage en
France, il reçut des honneurs extraordinaires, et on
eut soin surtout que ce grand homme ne manquât jamais de la glace dont il pouvait avoir besoin. On
adopta enfin ses plans et on posa la première pierre du
nouveau Louvre. Mais, sur de nouvelles observations,
il se dépita et partit avec un brevet de 12,000 livres
(60,000 fr.) de pension. Colbert le remplaça par Claude
Perrault[1], qui éleva la colonnade du Louvre, œuvre
médiocre, en pleine contradiction avec le style de l'édifice, et qui jetait l'architecture française dans une voie
d'imitation exagérée de l'architecture grecque[2].

Pendant ce temps, Lebrun décorait la galerie d'A-
pollon ou galerie du Louvre. Cette galerie, commencée
par Charles IX et achevée par Henri IV, avait été dé-
truite par un incendie le 12 février 1661, et Louis XIV
avait ordonné de la rétablir. Lebrun[3] fut chargé de la
décorer et y fit un chef-d'œuvre[4].

1. Frère de Charles Perrault, premier commis de Colbert à la
surintendance des bâtiments.

2. La colonnade fut achevée en 1676.

3. Les sculpteurs qui travaillèrent sous les ordres de Lebrun
sont les deux Marsy, Girardon et Regnaudin.

4. La galerie ne fut pas cependant complètement terminée
sous Louis XIV. Elle était déjà fort dégradée sous Napoléon Ier,
et elle a été restaurée, de 1849 à 1851, par M. Duban, qui a fait
revivre dans tout son éclat l'œuvre de Lebrun, complété par le
splendide tableau d'Eugène Delacroix, la *Victoire d'Apollon*.

Pendant qu'on travaillait au Louvre, Louis XIV formait le projet de se bâtir, à Versailles, un grand palais sur l'emplacement du joli château que Louis XIII avait fait élever par Lemercier. Cette nouvelle résidence lui permettrait de quitter en même temps Paris et Saint-Germain, séjours habituels de son père et de son grand-père. Colbert était absolument opposé à ce projet : il voulait achever le Louvre et empêcher le Roi de dépenser l'argent aux travaux de Versailles ; il eut de véritables démêlés avec Louis XIV à ce sujet, et il lui écrivit avec une fermeté qui atteste combien grand était son crédit auprès du maître. Dans une lettre, du 28 septembre 1665, il lui dit :

V. M. retourne de Versailles. Je la supplie de me permettre de lui dire sur ce sujet deux mots de réflexion que je fais souvent et qu'elle pardonnera, s'il lui plaît, à mon zèle.

Cette maison regarde bien davantage le plaisir et le divertissement de V. M. que sa gloire... Cependant si V. M. veut bien chercher dans Versailles où sont plus de 500,000 écus qui y ont été dépensés depuis deux ans, elle aura assurément peine à les trouver... Pendant ce temps qu'elle a dépensé de si grandes sommes en cette maison, elle a négligé le Louvre, qui est assurément le plus superbe palais qu'il y ait au monde et le plus digne de la grandeur de V. M. Et Dieu veuille que tant d'occasions qui la peuvent nécessiter d'entrer dans quelque grande guerre, en lui ôtant les moyens d'achever ce superbe bâtiment, ne lui donnent pas longtemps le déplaisir d'en avoir perdu le temps et l'occasion... O quelle pitié, que le plus grand roi et le plus vertueux, de la véritable vertu qui fait les plus grands princes, fût mesuré à l'aune de Versailles ! Et toutefois, il y a lieu de craindre ce malheur.

Louis XIV persista, et il fallut que Colbert se soumît. Versailles ne fut d'abord pour Louis XIV qu'une maison pour chasser et se divertir. Mais sa pensée se modifia, et le nouveau château allait devenir un caravansérail, où le monarque logerait et tiendrait sous son regard la haute noblesse, jusqu'alors si turbulente, la ruinerait par le jeu et le luxe, et l'obligerait à vivre du produit des charges de Cour et des pensions qu'il lui donnerait. Bientôt, en effet, le château et ses dépendances renfermèrent une population de plus de 10,000 personnes, maîtres et valets.

Dès 1669, les travaux de Versailles, jusqu'alors consacrés à l'embellissement du parc sous la direction de Le Nôtre, furent dirigés dans le but d'agrandir le petit château de Louis XIII, qui finit par disparaître presque complètement au milieu des nouvelles constructions de Le Vau. Mort en 1671, Le Vau fut remplacé par Mansart, qui acheva, agrandit encore le château, y ajouta les deux ailes, les bâtiments de la cour d'honneur et toutes les dépendances : la Ménagerie, Trianon, le château de Clagny pour Madame de Montespan, les Écuries, le Grand-Commun, la Vénerie, le Chenil. Plus tard il ajoutera enfin Marly à cet ensemble, qui coûtera de 5 à 600 millions de francs.

Condamné à bâtir Versailles malgré lui, Colbert se résigna et apporta à la direction et à la surveillance des nouvelles constructions le même zèle et la même énergie qu'il mettait à tout ce qui se faisait dans les divers services de son immense administration. Toutes les semaines, il envoyait au Roi une note sur l'état des travaux; il voyait tout par lui-même et avait des sous-ordres excellents. Le premier fut un sieur Petit, contrôleur général des bâtiments, jardins, tapisseries et manufactures du Roi; il était chargé « d'avoir l'œil » sur tous les ouvrages qui se faisaient à Versailles et d'en hâter l'exécution. Petit fut remplacé, en 1672, par Lefebvre, qui, d'après Colbert, avait « plus d'action ».

On a de Colbert à Lefebvre une instruction[1] qui montre bien ce qu'était le surintendant des bâtiments et comment il remplissait sa charge. Colbert ordonne au contrôleur général de visiter tous les jours les travaux, et de faire exécuter ponctuellement les ordres et mémoires qu'il reçoit; de commencer la visite tous les jours dès cinq heures du matin[2]; de contrôler le nombre des 36,000 ouvriers de toutes sortes qui travaillaient alors à Versailles, et de se mettre en état de répondre à tout ce qu'il lui demandera quand il viendra à Versailles. Aucun détail n'échappe à l'attention de Colbert; il recommande à Lefebvre d'avoir soin que le petit parc soit toujours propre et en bon état, ce qui ne devait pas être facile à obtenir, étant donnés les travaux de toute espèce qui s'accomplissaient partout et à la fois.

Les comptes étaient vérifiés avec soin par « les greffiers de l'écritoire » : l'un d'eux, en 1683, employa 46 journées à la vérification des comptes et reçut 600 livres (3,000 francs) pour sa peine.

Versailles est le type de l'art du règne de Louis XIV,

1. *Lettres, instructions et mémoires,* V, 337.
2. On était alors au 30 septembre 1672.

et Versailles, c'est Lebrun. Premier peintre du Roi, après avoir été le premier peintre de Fouquet, Lebrun était directeur de l'Académie royale de peinture et de sculpture ; il était aussi directeur de la manufacture royale des Gobelins ; il venait d'exécuter la décoration de la galerie d'Apollon. Son talent et ses diverses fonctions en faisaient un personnage tout puissant. Si Lebrun est un peintre de grande valeur, il est bien plus encore un décorateur de premier ordre, car son génie d'invention est prodigieux, et son goût toujours distingué. Il a fait exécuter sur ses dessins et par les artistes les plus habiles, soumis à son autorité, la sculpture décorative, les statues, la grande orfévrerie, les meubles, les tapisseries, en un mot l'entière décoration et l'ameublement du palais, et il a imprimé à toutes ses parties un caractère d'unité et de grandeur, qui s'adaptait merveilleusement au faste de la Cour du Roi-Soleil. Lebrun, Mansart et Le Nôtre, forment l'état-major de cette armée d'artistes qui a créé Versailles.

Ces grands travaux coûtaient cher, et Colbert faisait souvent appel à la sagesse du Roi sur l'énormité de toutes ces dépenses, si peu d'accord avec les embarras du Trésor. Dans les dernières années, ces remontrances fatiguaient Louis XIV, qui aurait dit un jour à son premier architecte : « Mansart, je ne veux plus bâtir, on me donne trop de dégoûts ».

Il faut au moins mentionner que Colbert avait encore à diriger les travaux d'entretien et d'embellissement des châteaux de Saint-Germain, de Chambord et de Fontainebleau, et les travaux de Paris.

A Paris, Colbert fit achever le Val-de-Grâce, élever
les portes Saint-Denis, Saint-Martin et Saint-Antoine.
Il fit percer de nouvelles rues, mais trop étroites; il fit
faire des quais, des promenades, des boulevards; il
créa des quartiers nouveaux, et si, par ces divers travaux, le Paris du Moyen-Age commençait à disparaître,
le Paris moderne, en revanche, devenait plus salubre et
plus habitable.

Le règne de Louis XIV vit naître une forte et féconde
organisation de l'administration des beaux-arts; Colbert
en créa les diverses parties en vue du service du Roi.
L'Académie d'architecture compléta l'Académie de peinture et de sculpture; l'Académie de Rome fut destinée
à perfectionner les jeunes artistes formés par les Académies de Paris; un enseignement fort et raisonné fut
établi dans toutes. Tout un personnel d'officiers fut ins-
titué pour « les bâtiments et logements des maisons
royales ». En tête est le surintendant des bâtiments du
Roi, dirigeant les Académies, les travaux et les manufactures; et, au-dessous de lui, des intendants, des contrôleurs, le premier architecte, le premier peintre, etc.;
et quel monde d'artistes de valeur sont aux ordres de
cette heureuse administration !

Nous avons pour connaître quel ordre parfait Colbert
avait établi dans son administration des beaux-arts, et
ce qu'il y a fait, une précieuse collection : ce sont les
Comptes des bâtiments du Roi[1], de 1664 à 1683. Colbert

---

1. Publiés par M. Jules Guiffrey, dans les *Documents inédits
sur l'histoire de France :* le 1er volume a paru en 1881.

fit faire aussi par M. Gédéon du Metz, intendant et contrôleur général des meubles de la Couronne, un inventaire desdits meubles, cabinets, orfévrerie, vaisselle d'or et d'argent, filigranes, vases en matières précieuses, miroirs, objets en cristal de roche, tapisseries, tapis, étoffes d'or et d'argent, brocarts, armes et armures, tableaux, porcelaines, bronzes, etc. M. du Metz employa plusieurs années à faire l'inventaire de toutes ces richesses, inventaire destiné à en assurer la conservation et à « empêcher, dit le Roi, la dissipation prodigieuse de tout ce qu'il y avait de plus beau et de plus rare dans nos garde-meubles », qui en avait été faite au siècle précédent [1].

Le *Mercure galant*, dans la relation qu'il a publiée sur le séjour des ambassadeurs de Siam en France [2], a donné une description des merveilles du Garde-meuble, qui doit trouver sa place ici, car elle offre un tableau curieux et assez complet de l'art industriel de cette époque, dont Colbert et Lebrun sont les directeurs.

Ils allèrent au garde-meuble de la Couronne, proche le Louvre... Ils virent d'abord les couvertures des mulets du Roi : il y en a 28 dont le fond est de velours bleu ; les armes de France et de Navarre sont dans le milieu et d'une broderie fort relevée, ainsi que les ornements qui sont aux quatre coins. Ils virent ensuite 60 lits [3] très magnifiques, car on ne voulut pas leur montrer ceux qui sont moins beaux,

1. Cet inventaire a été publié par M. Jules Guiffrey ; le 1er volume a paru en 1885.
2. Septembre 1686, p. 297.
3. *Lit*, tour de lit, étoffe qui couvre le lit.

quoiqu'ils soient fort riches. Les premiers qu'on leur fit voir sont de Perse, de Turquie, de la Chine, de Portugal et de plusieurs autres nations où l'on travaille le mieux. Il y a le lit du Sacre, à deux envers de broderie, estimé 600,000 livres (3 millions de francs) ; le lit de l'Histoire de Proserpine et le lit appelé de la reine Marguerite : il y en a de petit point, que ceux qui les voient de quatre pas prennent pour de la peinture ; d'autres sur des fonds d'argent, et d'autres brodés sur des velours de toutes sortes de couleurs. On leur montra l'équipage d'un vaisseau du Roi qui est à Toulon, nommé le *Royal-Louis*. Il contient, en 150 pièces, 6,000 aunes de damas passé d'or, avec les cordages qui sont or, argent et soie. On leur fit voir aussi une pièce de chaque tenture de tapisserie. Ces tentures sont : Scipion, Constantin, Coriolan, les Actes des Apôtres, Alexandre, *Fructus belli*, les Éléments, les Maisons royales, les Chasses, les Grotesques, les Douze-Mois, le Triomphe de l'Amour, les Sept-Ages, l'Histoire du Roi, son Sacre, l'Alliance des Suisses, les Prises de villes.

Ils virent aussi un tapis fait au lieu appelé *la Savonnerie*; il est de 7 aunes et demie de long : il y en a 93 de même, qui, tous ensemble, ne font qu'un tapis. Cet ouvrage a été fait pour la grande galerie du Louvre. Il y en a 12 autres pour la galerie d'Apollon, qui est à côté de la grande galerie.

Quoiqu'il y eût beaucoup d'argenterie, je n'en fais point de détail, parce que la plus belle est à Versailles : mais il y a un service avec le buffet de vermeil doré à côtes, qui est très curieux. On l'appelle *Service de Médailles*, parce qu'il est tout rempli de petites médailles qui représentent les empereurs romains et d'autres têtes antiques. Ce qu'il y a de surprenant dans ce service, c'est que les médailles ne sont point dorées, quoique tout le reste le soit.

Ils s'attachèrent fort à regarder un cabinet assez grand et tout d'acier, qui est un présent qu'on a fait au Roi.

Outre tous ces meubles, S. M. en a encore une infinité

d'autres dans toutes les maisons royales, afin qu'on ne soit pas obligé d'y en transporter lorsqu'elle y va faire quelque séjour. Il y en a grand nombre de beaux à Vincennes, et ceux qui sont dans le garde-meuble de Versailles sont si magnifiques qu'on peut dire qu'ils surpassent ceux de Paris.

Non seulement le Roi en fait faire tous les jours de nouveaux, mais S. M. fait travailler à des étoffes extraordinaires pour en faire[1]; et l'on montra aux ambassadeurs près de 100 pièces de brocarts d'or et d'argent, faites sur des dessins nouveaux, et auxquels on a rien vu encore de pareil. Il y en a surtout d'une telle hauteur qu'ils passent tous ceux qu'on a faits jusqu'à présent en quelque lieu du monde que ce soit, et même ceux du Levant. Ils sont de la manufacture que le Roi a fait établir à Saint-Maur par M. Charlier.

Il y avait aussi des rideaux de damas blanc pour les fenêtres de Versailles[2], avec des couronnes, des chiffres et des lyres d'or, mais seulement d'espace en espace, parce qu'on ne doit pas trop charger d'or un rideau qui doit être aisé à manier. Je ne vous parle de ces rideaux que parce qu'ils sont tout d'une pièce, quoiqu'ils soient d'environ sept aunes et demie de haut et de quatre et demie de large. Le premier ambassadeur en fut si surpris qu'il mesura lui-même ce rideau.

Quant aux brocarts, il y en a d'assez larges pour faire des pièces de tenture de tapisserie de cabinet, tout d'un morceau. Le Roi s'en sert pour faire des meubles d'été: il y en a dont on peut aussi faire des meubles d'hiver. Ils sont tout remplis de fleurs d'or frisé.

Non content de ce qui se faisait en France, Colbert

---

1. Pour faire de nouveaux meubles.
2. A la galerie des glaces.

faisait acheter à l'étranger, pour la décoration des palais royaux, des tableaux et des statues de grands maîtres, que nous retrouvons aujourd'hui dans les galeries du Louvre. Les ambassadeurs en Italie, le directeur de l'Académie de France, étaient chargés de ces acquisitions. En 1670, Colbert voulait avoir un superbe Titien : il s'arrêta cependant devant le prix de 12,000 écus (180,000 fr.) que le propriétaire en demandait.

Les Gobelins.

Le service du surintendant des Bâtiments du Roi comprenait les manufactures royales des Gobelins et de la Savonnerie. En 1662, Colbert avait transformé l'ancienne manufacture de tapisseries des Gobelins en une manufacture royale des meubles de la Couronne et en avait nommé Lebrun directeur. Les Gobelins fabriquèrent, sur les dessins de leur directeur, les tapisseries, meubles, cabinets, fermetures des portes et des fenêtres, serrures, verroux en cuivre ciselé et doré, mosaïque genre Florence, grands ouvrages d'argenterie ciselés, broderies sur gros de Tours, gros de Naples, moire et toile d'argent, dont le Roi avait besoin. Lebrun ne fut pas un directeur oisif. Le Louvre possède de ce grand artiste plus de 2,400 dessins qui ont servi de modèles aux artistes placés sous ses ordres : Van der Meulen, de Sève, Baptiste, Blain de Fontenay, Boëls, peintre d'animaux, Anguier et Francart, peintres d'ornements, Dominique Cucci, Caffieri, Temporiti, Tuby, sculpteurs, les ébénistes Boulle, Oppenord et

Poitou, les graveurs Rousselet, Leclerc, Audran, les mosaïstes Ferdinand et Philippe, les orfèvres Loir et de Villiers, le sculpteur-fondeur Le Nerve, les brodeurs Fayette et Balan, les tapissiers Jans, Pierre et Jean Lefebvre, Girard Laurent, etc.

La Savonnerie[1] faisait d'admirables tapis. On doit citer le célèbre tapis de pied, façon de Turquie, fait par Lourdet pour la galerie d'Apollon, lequel fut ensuite destiné à la grande galerie du Louvre et qui devait avoir 227 toises de long (442 m.). Commencé avant 1666, ce tapis n'était pas achevé en 1684. Germain Brice vit ce chef-d'œuvre, en 1713, au garde-meuble du Roi, où il était conservé avec 24,000 aunes[2] de tapisseries de différents siècles.

Académies.

Richelieu avait créé l'Académie française ; Colbert lui accorda toute sa faveur, et il créa à son tour quatre nouvelles académies : l'Académie des inscriptions et belles-lettres, l'Académie des sciences, l'Académie d'architecture et l'Académie de France à Rome.

L'Académie des inscriptions et belles-lettres (1663) fut chargée de composer les inscriptions et devises pour les bâtiments et les médailles, de faire l'histoire en médailles du règne de Louis XIV, de donner les sujets des dessins de tapisseries et des ornements des appartements et des fontaines de Versailles, etc. Parmi ses

---

1. Cette manufacture était établie au Cours-de-la-Reine.
2. L'aune = 1^m. 188.

premiers membres, on remarque Chapelain, l'abbé de Bourzéis, François Charpentier, Charles Perrault, Quinault, Félibien, Racine, Boileau.

L'Académie des sciences fut fondée en 1666 ; les principaux membres étaient alors Huyghens, l'abbé Picard, Auzout, Mariotte, Claude Perrault, médecin et architecte, qui construisit (1667-1673) l'Observatoire de Paris.

L'Académie d'architecture (1671) vint compléter l'Académie de peinture et de sculpture créée en 1648, mais réorganisée par Colbert sur un plan très libéral et qui permit à tous les talents d'en faire partie[1]. L'Académie d'architecture eut pour membres fondateurs : Blondel, Le Vau, Libéral Bruand, Gittard, Antoine Le Pautre, Pierre Mignard, d'Orbay, André Félibien, qui s'adjoignirent ensuite Mansart et Le Nôtre.

L'Académie de France à Rome (1666) fut établie, sur les conseils de Lebrun, pour recevoir les jeunes artistes désignés par l'Académie de peinture et de sculpture ; ils devaient y compléter leurs études et faire des copies pour le Roi. Le premier directeur fut Errard.

Ce fut en 1673 que les membres de l'Académie de peinture et de sculpture firent la première exposition de leurs œuvres, qui seules furent admises à ce premier salon. Les batailles d'Alexandre par Lebrun y figuraient avec honneur[2].

L'Académie française, avons-nous dit, fut l'objet de

1. Nous avons déjà dit que Lebrun en fut nommé Directeur.
2. L'exposition eut lieu dans la cour de l'hôtel Brion, au Palais-Royal.

toutes les faveurs de Colbert. Elle avait eu jusqu'alors pour protecteurs le cardinal de Richelieu et le chancelier Séguier ; à la mort de ce dernier (1672), Colbert donna à l'Académie le Roi pour protecteur et ne prit pour lui que le titre de vice-protecteur ; il la plaça parmi les grands corps de l'État en lui faisant donner le droit de venir, comme eux, haranguer S. M. aux occasions solennelles. Louis XIV lui accorda aussi une des salles du Louvre pour y tenir ses séances.

Colbert avait été admis dans la compagnie en 1666 et reçu en 1667 : il fit son discours comme le voulait le règlement. On lit dans la *Gazette* du 30 avril 1667 :

> Le 21 du courant, le duc de Saint-Aignan ayant été prendre le sieur Colbert en son logis, le conduisit en l'Académie française, établie chez le chancelier de France, laquelle l'avait depuis longtemps invité à lui faire l'honneur d'être un de ses membres ; et après y avoir été reçu avec les cérémonies ordinaires, il fit un discours à la louange du Roi avec tant de grâce et de succès qu'il en fut admiré de toute cette savante compagnie.

Toujours ennemi de toute lenteur et pressé d'arriver au but, Colbert aurait voulu voir l'achèvement du *Dictionnaire;* mais il ne fut terminé et publié qu'en 1694.

Finissons ce chapitre en disant que Colbert paraît avoir eu, en 1666, l'idée d'une Académie universelle, qui fut réalisée depuis par la création de l'Institut. Fontenelle raconte en effet que le projet de Colbert était de fondre dans un corps unique les littérateurs, les historiens, les poètes, les philosophes, les savants les plus illustres. Divisés en trois sections, ils se seraient réunis deux fois par semaine à la bibliothèque du Roi. « Et afin, dit-il, qu'il y eût quelque chose de commun qui liât ces différentes compagnies, on avait résolu d'en faire, tous les premiers du mois, une assemblée générale où les secrétaires auraient rapporté les jugements et les décisions de leurs assemblées particulières[1] ».

Lettres et Sciences.

L'abbé d'Olivet[2] raconte que, Louis XIV voulant récompenser les savants les plus illustres, Français ou étrangers, Colbert fit dresser en 1664 une liste de soixante personnes, dont le quart se composait d'étrangers. Ce fut Chapelain qui fit cette liste. Chapelain était fort instruit et un homme de bon sens et de bon conseil, qui n'a eu qu'un tort en sa vie, le jour où il publia son poème de *la Pucelle*. « Chapelain, a dit Voltaire, avait une littérature immense, et ce qui peut surprendre, c'est qu'il avait du goût et qu'il était l'un des critiques les plus éclairés », et sa correspondance, qu'on vient de publier, justifie entièrement l'opinion de Voltaire. Le Roi fit des pensions de 600 à 4,000 livres aux illustrations littéraires et scientifiques de l'époque.

Plusieurs souverains s'inquiétèrent de ces largesses du roi de France, qui faisaient connaître partout sa puissance et qui disposaient tous les écrivains étrangers à célébrer sa gloire. Aussi les panégyriques les plus exagérés de Louis XIV et de ses ministres se lisaient-ils

1. FLOURENS, *Fontenelle*, p. 36.
2. *Histoire de l'Académie française.*

alors dans tous les livres nouveaux publiés en Allemagne et en Italie. En France, les pensions eurent pour résultat de rendre les gens de lettres, jusqu'alors « domestiques » des Grands, serviteurs du Roi, qui fit venir à sa Cour les plus illustres d'entre eux. Racine avait à Versailles un si beau logement, qu'à sa mort il fut donné à un prince du sang.

Dès 1673 les dépenses de la guerre obligèrent Colbert à supprimer les pensions des étrangers ; mais les pensions des Français durèrent jusqu'en 1690. En vingt-six ans Louis XIV avait distribué 1,707,148 livres (8 millions et demi de francs) aux savants et aux hommes de lettres.

Colbert recevait à sa maison de Sceaux les membres de l'Académie française ; il avait de fréquentes relations avec les principaux érudits du temps, et l'on sait qu'il fit jouer chez lui en 1663 l'*École des femmes* par Molière et sa troupe, auxquels il donna 220 livres (1,100 francs), et que, dans les querelles suscitées par le *Tartufe*, Colbert se prononça, comme le Roi du reste, pour Molière[1].

En 1670, afin d'avoir les drogmans nécessaires au commerce du Levant, un édit ordonna que Marseille enverrait tous les ans six jeunes gens aux Pères Capucins de Constantinople et de Smyrne, qui leur apprendraient les langues du Levant. Telle est l'origine de l'institution des Jeunes de langues, auxquels Marseille devait faire une pension de 300 livres (1,500 francs).

---

1. *Lettres, instructions et mémoires*, V, XCIX.

Colbert s'intéresse à tout : le savant d'Herbelot, auteur de la *Bibliothèque orientale*[1], était fixé en Italie : Colbert le fit revenir en France. Il eut aussi une part importante dans les grands voyages scientifiques, commerciaux et politiques du chevalier d'Arvieux dans le Levant, de Chardin en Perse et aux Indes, de Tavernier dans la Turquie, la Perse et les Indes, de Thévenot au Levant et aux Indes, de Bernier dans les États du Mogol.

Colbert ne voulait pas que Paris absorbât toutes les intelligences et que le reste de la France fût une terre morte. Devançant ce qui a été fait de nos jours avec les Comités historiques du Ministère de l'Instruction publique, centres des sociétés savantes de province, il écrivait aux intendants, en 1683, que le Roi serait charmé qu'il y eût sur les divers points du royaume des hommes adonnés aux lettres, aux sciences, à l'histoire, et qu'ils obtiendraient des gratifications proportionnées à leur valeur[2]. Ce fut à l'instigation de Colbert que La Thomassière entreprit son excellente histoire du Berry.

En juin 1675, la *Gazette*[3] mentionne un fait qui se rattache évidemment à cette décentralisation intellectuelle. « Le 27 mai, dit-elle, les députés de l'Académie royale établie depuis peu à Soissons, et dont le cardinal d'Estrées est le protecteur, complimentèrent la nôtre, en présence du sieur Colbert, secrétaire d'État,

1. Qui ne parut qu'en 1697.
2. *Lettres, instructions et mémoires*, V. LXXXVII.
3. *Gazette de France*, 1675, p. 407.

pour la remercier de son alliance. Le sieur Guérin,
avocat du Roi et présidial de cette ville, porta la parole
avec beaucoup de succès, et le sieur de Segrais, directeur de notre Académie, y répondit avec toute la politesse digne de la réputation de cette illustre Compagnie ».

En 1664 Colbert avait accordé à Mézerai un privilège
pour fonder un journal littéraire général, qui ne parut
pas. En 1665, un conseiller au Parlement, Denis de
Sallo, créa le *Journal des savants*, destiné à informer le
public de ce qui se passait dans la République des
Lettres. Mal rédigé et mal accueilli du public, le journal
cessa bientôt de paraître, mais Colbert le rétablit et en
confia la rédaction à l'abbé Gallois, à la fois mathéma-
ticien, astronome, physicien, jurisconsulte et linguiste.
Cette utile publication, qui renferme tant d'excellents
travaux, dure encore.

Colbert, étant encore chez Mazarin, avait fait nommer
un de ses frères[1] garde de la bibliothèque du Roi, ou,
comme on disait alors, de « la Librairie ». Quand ce
frère devint évêque de Luçon en 1661, Colbert lui
succéda dans cette charge, qu'il transmit, en 1663, au
savant Carcavi. La Librairie était alors placée dans une
maison de la rue de la Harpe et ne comptait que
16,476 volumes manuscrits ou imprimés. Devenu surintendant des Bâtiments, Colbert, qui aimait les livres,
installa la Librairie dans deux maisons de la rue
Vivienne, contiguës à son hôtel ; il les avait achetées à
la mort de M. de Bautru (1666).

---

1. Nicolas Colbert, depuis évêque de Luçon.

Dès lors Colbert s'occupa d'augmenter la bibliothèque du Roi et d'en faire une collection digne de son nom ; il y ajouta la collection Béthune[1], les manuscrits de Brienne, les ornements du tombeau de Childéric, la bibliothèque de Carcavi, 1,300 volumes achetés à la vente de la bibliothèque de Fouquet, de nombreux manuscrits grecs ou orientaux acquis dans le Levant par les soins de divers voyageurs, de nos ambassadeurs et de nos consuls. Les livres ayant besoin d'être reliés, Colbert faisait aussi acheter à nos agents dans le Levant les plus belles peaux de maroquin.

C'est Colbert qui a créé et annexé à la bibliothèque du Roi le cabinet des médailles et le cabinet des estampes.

Le cabinet des estampes fut créé en 1666 avec la collection de l'abbé de Marolles, composée de 274 portefeuilles et achetée par Louis XIV. En 1670, le Roi ajouta à son cabinet les cuivres dont les estampes forment les 23 volumes du recueil de gravures appelé *le Cabinet du Roi*. Ce sont ces 956 planches qui, transportées au Louvre en 1812, ont formé le premier noyau de la chalcographie du Louvre.

Colbert transporta à la bibliothèque du Roi la collection de médailles qui était au Louvre (1667). Il augmenta le nouveau cabinet avec les médailles de Gaston duc d'Orléans[2], et avec celles qu'il fit acheter dans le Levant par Vaillant.

---

1. 1923 volumes de pièces et lettres manuscrites.
2. Mort en 1660.

L'Académie des sciences tenait ses séances à la
bibliothèque du Roi. L'imprimerie des estampes y était
aussi établie.

En 1671 Louis XIV visita sa bibliothèque et put se
rendre compte de la transformation que Colbert lui
avait fait subir.

Le Jardin du Roi, ou Jardin des Plantes, avait été créé
en 1625 par Héroard, premier médecin de Louis XIII.
Colbert le réorganisa en 1671. On raconte qu'un jour
il s'était transporté au jardin et avait constaté que le
terrain consacré aux cultures botaniques avait été
planté de vignes à l'usage des administrateurs de l'é-
tablissement. Saisi de colère, il ordonna d'arracher
immédiatement ces vignes et se mit lui-même à la
besogne. Il créa au jardin du Roi des chaires de bota-
nique, de médecine, de chirurgie et de pharmacie. Les
démonstrateurs ou professeurs étaient nommés par le
Roi ; leur enseignement, indépendant de l'Université,
était gratuit. On doit signaler parmi les professeurs de
cette époque le célèbre botaniste Tournefort et le
savant Fagon, premier médecin de Louis XIV.

On peut juger par cette étude sommaire du ministère
de Colbert quelle a été l'étendue de sa tâche. Le P. Ra-
pin, qui l'a connu et fréquenté, a dit que Colbert avait
été le « ministre qui avait remué le plus de choses, et
que, rien ne lui ayant échappé dans ce vaste projet de
réforme universelle, il donna en quelque sorte une
autre face à l'État ».

Comment s'étonner qu'investi de tant de fonctions,
accablé de tant de travaux, Colbert ait voulu avoir un

second pour la surintendance des Bàtiments, comme il
en avait un déjà pour la marine. En 1680, il fit donner
par le Roi la survivance de sa charge à son fils M. d'Ormoy ; mais ce fils était très jeune, paresseux, négligent,
dissipé, et ne servit qu'à une chose, mécontenter
Louis XIV et attirer de méchantes affaires à Colbert.
Nous reparlerons plus loin de ce M. d'Ormoy.

CHAPITRE IV

Colbert s'était marié le 13 décembre 1648, à Saint-Eustache, à Marie Charron, fille de Jacques Charron, seigneur de Ménars, qui avait donné 100,000 livres (500,000 francs) de dot à sa fille : de son côté, Colbert avait promesse de ses parents pour 60,000 livres (300,000 francs). Colbert eut de Marie Charron dix enfants :

Jean-Baptiste Colbert, marquis de Seignelay, né en 1651, mort en 1690 ; — Jacques-Nicolas Colbert, archevêque de Rouen, né en 1655 ; — un enfant né en 1658 et mort jeune[1] ; — Antoine-Martin Colbert, commandeur de Boncourt, né en 1659, tué à Valcourt en 1689 ; — Jules-Armand Colbert, marquis d'Ormoy et de Blainville, né en 1663, blessé mortellement à Hochstett, en 1704 ; — Louis Colbert, comte de Linières ; — Charles-Édouard Colbert, comte de Sceaux, blessé mortellement à Fleurus en 1690 ; — Jeanne-Marie-Thérèse Colbert, mariée en 1667 au duc de Chevreuse ; — Henriette Colbert, mariée en 1671 au duc de Beauvilliers ; — Marie-Anne Colbert, mariée en 1679 au duc de Mortemart.

---

1. Jal, *Dict. de Biographie et d'Histoire*, 397.

Colbert ministre fit ce que nous lui avons vu faire quand il était intendant de Mazarin ; il ne cessa de demander et d'obtenir pour ses enfants, ses frères, ses oncles et cousins, de continuelles faveurs. Le Roi et le Pape lui prodiguèrent les charges, grâces, grades, régiments, évêchés, coadjutorerie, dispenses, portefeuilles, dots, etc.

On obtenait du Roi ce qu'on voulait en sachant s'y prendre, et Colbert savait parfaitement s'y prendre. Son frère, le marquis de Croissy, ambassadeur à Londres, s'ennuyait sous ce ciel brumeux ; sa santé était compromise, et les dépenses qu'il était obligé de faire le ruinaient ; il désirait revenir en France. Colbert l'engagea à prendre patience, à ne rien brusquer, à écrire au Roi, et lui donna le plan de la lettre. « Il devait exprimer sa reconnaissance des grâces reçues, sans lesquelles il n'aurait pu soutenir les grandes dépenses qu'il s'était cru obligé de faire pour représenter dignement *le plus grand et le plus glorieux roi du monde ;* que nonobstant ces grands secours, il ne laissait pas de s'incommoder notablement en consommant tous les ans une partie du patrimoine de ses enfants ; qu'il priait par conséquent le Roi de lui donner un successeur que le soin de sa santé ne retînt pas chez lui, comme cela lui arrivait souvent, au détriment de son service ; mais qu'après tout il était prêt à obéir, comme c'était son devoir, à tout ce qu'il plairait à S. M. d'ordonner, et à sacrifier son bien et sa vie pour lui être agréable[1] ».

1. P. CLÉMENT, VII, XXII.

Croissy sut attendre, et quand le marquis de Pomponne fut renvoyé du ministère des affaires étrangères, Colbert fit donner sa charge à M. de Croissy (1679).

Tout puissant au Conseil, Colbert destina son fils aîné, le marquis de Seignelay, à être son successeur à la marine, et obtint du Roi la survivance de sa charge pour son fils.

Louis XIV était très laborieux et s'occupait sérieusement des affaires de l'État; il se croyait parfaitement capable de former lui-même ses ministres; aussi accorda-t-il volontiers la survivance de leur père aux fils de Le Tellier, de Colbert, de Louvois et de M. de Croissy. Il était persuadé qu'il avait formé Louvois, et plus d'une fois il prit pour ministres des hommes non pas incapables, mais insuffisants, avec la ferme conviction qu'il les mettrait en état de remplir leurs fonctions.

Colbert sut profiter de cette disposition de Louis XIV et obtint non seulement la marine pour Seignelay, mais la survivance de la surintendance des bâtiments pour le marquis d'Ormoy. Seulement, il se chargea de former lui-même le marquis de Seignelay.

Ce jeune homme était bien doué, intelligent, énergique, mais vaniteux, léger et adonné aux plaisirs: aussi mourut-il à trente-neuf ans, usé par le travail et les divertissements de toute espèce auxquels il s'était livré. Dès 1670, Colbert commença à le préparer aux fonctions difficiles qu'il devait remplir. On peut voir dans les nombreux et remarquables mémoires et instructions rédigés par Colbert pour son fils la sévère direction que le ministre donna à son futur successeur, qu'il voulait mettre en état de remplir dignement sa charge. En même temps ces instructions montrent combien Colbert possédait à fond toutes les connaissances nécessaires à un ministre de la marine. Colbert impose à son fils un travail énorme ; il l'accable d'instructions, de recueils de maximes, de lettres, de semonces continuelles ; il lui reproche sans cesse d'être inexact, négligent ; de n'avoir pas d'ordre dans ses lettres ; d'écrire mal, comme une femme ; de ne soigner pas son style ; de ne réfléchir pas assez ; de travailler trop vite ; de se fier trop à sa facilité ; de trop aimer à s'amuser. Ainsi conduit par la main de fer de son père, Seignelay mit six ans à se former, et à la mort de Colbert, il devint un grand ministre. Louvois était alors tout puissant, et la famille de Colbert reléguée au second rang. L'énergie, l'intelligence et les services de Seignelay furent assez grands pour contre-balancer la funeste faveur du ministre de la guerre, affaiblir son omnipotence et rétablir la faveur des Colbert.

Colbert commença l'instruction de son fils en le faisant voyager ; il l'envoya à Rochefort et en Provence (1670), en Italie, en Hollande et en Angleterre (1671), étudier la marine, les arsenaux et les beaux-arts.

Il faut lire les excellentes instructions que Colbert adresse à son fils pour lui tracer la voie, et les lettres qu'il écrit à Colbert de Terron, son cousin, l'habile intendant de marine à Rochefort, auquel il avait confié la charge de diriger Seignelay : Colbert s'y peint tout entier. Voici le premier Mémoire qu'il adressa à son fils.

MÉMOIRE POUR MON FILS

*Sur ce qu'il doit observer pendant le voyage qu'il va
faire à Rochefort*

11 juillet 1670.

Étant persuadé, comme je le suis, qu'il a pris une bonne
et ferme résolution de se rendre autant honnête homme
qu'il a besoin de l'être pour soutenir dignement, avec
estime et réputation, mes emplois, il est surtout nécessaire
qu'il fasse toujours réflexion et s'applique avec soin au règlement de ses mœurs, et qu'il considère que la principale et seule
partie d'un honnête homme est de faire toujours bien son
devoir à l'égard de Dieu, d'autant que ce premier devoir
tire nécessairement tous les autres après soi, et qu'il est
impossible qu'il s'acquitte de tous les autres s'il manque à
ce premier. Je crois lui avoir assez parlé sur ce sujet en
diverses occasions, pour croire qu'il n'est pas nécessaire
que je m'y étende davantage : il doit seulement faire
réflexion que je lui ai ci-devant bien fait connaître que ce
premier devoir envers Dieu se pouvait accommoder fort bien
avec les plaisirs et les divertissements d'un honnête homme
en sa jeunesse.

Après ce premier devoir, je désire qu'il fasse souvent
réflexion à ses obligations envers moi, non seulement pour
sa naissance, qui m'est commune avec tous les pères et qui
est le plus sensible bien de la société humaine, mais même
pour l'élévation dans laquelle je l'ai mis, et pour la peine et
le travail que j'ai pris et que je prends tous les jours pour
son éducation, et qu'il pense que le seul moyen de s'acquitter
de ce qu'il me doit est de m'aider à parvenir à la fin que je
souhaite : c'est-à-dire, qu'il devienne autant et plus honnête
homme[1] que moi, s'il est possible, et que, en y travaillant

1. Homme distingué, bien élevé.

comme je le souhaite, il satisfasse en même temps à tous ses devoirs envers Dieu, envers moi et envers tout le monde, et se donne les moyens sûrs et infaillibles de passer une vie douce et commode, ce qui ne se peut jamais qu'avec estime, réputation et règlement de mœurs.

Après ces deux premiers points, et pour descendre aux détails de ce qu'il doit faire pendant son voyage, Colbert recommande à son fils de lire le *Recueil des ordonnances de marine* de Fontanon et les *Us et Coutumes de la mer* de Clairac, — de visiter l'arsenal et de l'étudier avec soin dans toutes ses parties, acquérant d'abord, excellente méthode, les connaissances générales pour descendre ensuite aux détails, — de visiter les magasins et contrôler avec les inventaires les marchandises et munitions qui y sont contenues pour vérifier si elles s'y trouvent avec la qualité et la quantité voulues, — de s'assurer si les garde-magasins font exactement leur devoir, — de visiter tous les ateliers et se rendre compte de ce qui s'y fait, — d'étudier en détail les diverses pièces qui servent à construire les vaisseaux et leur usage particulier, — d'étudier aussi en détail la construction d'un vaisseau, la manœuvre d'un vaisseau et les fonctions de chaque officier, — d'apprendre l'hydrographie et le pilotage.

Seignelay devait faire cette étude sous la direction de Colbert de Terron, son cousin, intendant de Rochefort, et devait consacrer, chaque matin, trois heures à travailler dans son cabinet.

Après avoir dit, ajoute-t-il, tout ce que je crois nécessaire qu'il fasse pour son instruction, je finirai par deux points :

Le premier est que toutes les peines que je me donne sont inutiles si la volonté de mon fils n'est échauffée et ne se porte d'elle-même à prendre plaisir à faire son devoir ; c'est ce qui le rendra lui-même capable de faire ses instructions, parce que c'est la volonté qui donne le plaisir à tout ce que l'on doit faire, et c'est le plaisir qui donne l'application. Il sait que c'est ce que je cherche depuis si longtemps. J'espère qu'à la fin je le trouverai, et qu'il me le donnera, ou, pour mieux dire, qu'il se le donnera à lui-même, pour se donner du plaisir et de la satisfaction toute sa vie, et me payer avec usure de toute l'amitié que j'ai pour lui et dont je lui donne tant de marques.

L'autre point est qu'il s'applique, sur toutes choses, à se faire aimer dans tous les lieux où il se trouvera et par toutes les personnes avec lesquelles il agira, supérieures, égales ou inférieures : qu'il agisse avec beaucoup de civilité et de douceur avec tout le monde, et qu'il fasse en sorte que ce voyage lui concilie l'estime et l'amitié de tout ce qu'il y a de gens de mer ; en sorte que, pendant toute sa vie, ils se souviennent avec plaisir du voyage qu'il aura fait et exécutent avec amour et respect les ordres qu'il leur donnera dans toutes les fonctions de sa charge.

D'après les papiers de Colbert et de Seignelay, si parfaitement étudiés par M. P. Clément, on voit que Seignelay travailla sérieusement à Rochefort ; et, dans l'une de ses réponses, il assura son père qu'il ne perdrait pas d'occasion, dans ce voyage, de lui montrer qu'il avait toute la volonté de s'appliquer à toutes les choses qui seraient de son devoir.

Le 25 juillet, Colbert écrivait à M. de Terron, qui était venu chercher Seignelay à Paris pour le conduire à Rochefort ;

Vous me ferez grand plaisir de me faire savoir véritablement quelle a été la conduite de mon fils pendant tout le
voyage, et même pendant tout le temps qu'il demeurera. Je
vous prie de ne rien celer, et soyez assuré que je tiendrai
secret ce qu'il faudra, que je ne vous commettrai point, et me
servirai seulement des avis que vous me donnerez pour lui
donner les miens.

Le 4 août, nouvelle lettre à M. de Terron :

J'ai vu le mémoire de mon fils, que j'ai trouvé assez bien,
mais un peu superficiel, et sur lequel je suis persuadé qu'il
n'a pas fait assez de réflexion. Son plus grand défaut, tant
qu'il a été auprès de moi, a été d'attendre à l'extrémité[1] à
faire ce qu'il avait à faire, se fiant à son esprit, travaillant
vite, à l'extrémité. Mais comme cette précipitation ne permet
pas que l'on fasse réflexion sur ce que l'on fait, il est
impossible qu'il devienne jamais habile homme s'il ne
change cette manière. C'est à quoi je vous prie de tenir la
main ; surtout ne le flattez point du tout, particulièrement
sur la facilité qu'il a de comprendre, parce que je suis extraordinairement en garde et ne crains rien tant que cette
facilité, parce qu'elle le porte à avoir bonne opinion de
lui et à se contenter de cette première connaissance des
choses que son esprit lui donne, laquelle n'étant que super-
ficielle ne fit jamais un habile homme. Je consens volontiers qu'il soit loué par ce qui le rend louable : mais il faut
bien lui faire connaître qu'il n'y a que la grande application
à la pénétration des choses qui puisse le rendre habile.

Je vous prie de voir les mémoires qu'il m'enverra et de
faire en sorte qu'il les fasse propres et réguliers, afin que je
puisse les faire voir au Roi. Voyez aussi tout ce que je lui
écris, afin que vous puissiez prendre mon esprit et le suivre.

1. Au dernier moment.

Nous n'avons besoin que de lui donner de l'application et de
faire en sorte qu'il prenne plaisir à ce qu'il fait ; mais je ne
serai pas persuadé qu'il y prend plaisir jusqu'à ce que je
voie des mémoires bien faits, et sur lesquels je verrai qu'il
aura fait réflexion.

Le 21 août, Colbert, assez satisfait, écrit à M. de
Terron :

Je suis bien aise du témoignage que vous me rendez de
mon fils ; j'espère qu'il deviendra tel que vous me le dites,
pourvu que je puisse parvenir à lui donner du goût et du
plaisir pour un aussi beau métier que celui de ma charge.

Il a toutes les autres qualités qui lui sont nécessaires pour
le bien faire ; mais il faut une fois parvenir à ce point. Je ne
lui demande pas une application aussi grande et aussi
continuelle que la mienne ; je sais bien que ce serait trop
pour son âge. Aussi ne lui demandé-je pas qu'il se mette en
état de satisfaire promptement à toutes mes fonctions, mais
seulement qu'il se mette en état de pouvoir faire ma charge ;
à quoi il peut parvenir en peu de temps, pourvu qu'il s'applique suffisamment.

Vous connaissez bien que ce voyage n'est pas destiné pour
son divertissement et qu'il faut qu'il serve pour lui donner
une connaissance solide de la marine. S'il pouvait prendre
cette connaissance sous vous, en un mois ou six semaines
de temps, ce serait un très grand avantage, et ma pensée
serait de l'envoyer pour autant de temps à Marseille et à
Toulon, et ensuite de le faire passer en Italie. Mais comme il
faut, avant toutes choses, qu'il sorte savant d'auprès de
vous, je vous prie de mettre en pratique tous les moyens que
vous croirez y pouvoir contribuer.

Faites-lui faire exactement le désarmement des vaisseaux
de M. le vice-amiral et l'armement des frégates légères qui
le doivent suivre. Observez bien surtout comment il emploie

son temps ; et, quoique je ne veuille pas lui retrancher toutes sortes de divertissements, il faut néanmoins lui faire connaître que, dans le temps des affaires pressées, comme aux armements et aux désarmements, il faut que le plaisir et le divertissement cèdent aux affaires.

Dans le compte qu'il me rend de l'emploi de son temps, il me dit qu'il se lève à six heures du matin, qu'il travaille le matin tout entier dans sa chambre, qu'il joue après le dîner, qu'il se promène sur le port à voir les constructions le soir, et qu'il joue après le souper. Cela joint avec ce que vous avez écrit à ma femme, qu'il ne dormait que quatre ou cinq heures, me fait craindre que le jeu du soir ne consomme une bonne partie de la nuit, et il me semble que, dans cette description qu'il me fait, il emploie trop de temps au jeu. C'est ce que je vous prie de bien examiner sans lui en rien dire ; et peut-être que, si vous trouviez effectivement que cela fût, vous pourriez trouver quelque prétexte plausible pour faire demeurer à la Rochelle mes cousines, votre femme et vos filles, pour quinze jours ou trois semaines, afin que, en lui ôtant ce divertissement continuel qu'il peut prendre avec elles, il fût plus appliqué et se mît plus tôt en état de sortir de Rochefort et s'en aller ailleurs.

Je sais bien que cela ne se peut guère faire sans vous incommoder : mais je sais bien aussi que vous souffrirez volontiers cette incommodité pour un aussi grand bien que celui qu'il m'en peut arriver. Je ne vous propose pas cela comme un moyen absolument nécessaire : mais je vous laisse à examiner si vous estimeriez à propos de le faire. Vous avouerez seulement que jouer toutes les après-dînées et tous les soirs est bien contraire à ce que je désire : et il me semble que je vois dans ce peu de mots les causes du trop long séjour à la Rochelle et du peu de satisfaction que j'ai eu des premiers mémoires. Il faut surtout que ceci soit entre nous deux, et qu'il n'en pénètre rien.

Outre l'armement et le désarmement dont je vous ai parlé, vous pourriez encore lui faire faire un projet d'ins-

truction pour le capitaine qui commandera *le Breton* et
les deux ancres[1] qui doivent partir pour les Indes, et un
autre projet de tous les ordres, instructions et mémoires de
tout ce qui est à faire pour mettre en mer l'escadre du mois
d'avril prochain.

Renvoyez-moi toutes les lettres écrites de ma main,
d'autant que je n'en garde point de minutes[2].

A la fin du mois d'août, la chaleur et le travail rendirent Seignelay malade ; mais dès le 8 septembre il
était rétabli et s'était remis au rude labeur que lui
imposait son père.

En octobre, Colbert l'envoya à Marseille et pria le
comte de Vivonne, général des galères, de mettre son
fils au courant de cette partie de la marine. En décembre, Seignelay alla à Toulon, où l'intendant, M. Ma-
tharel, lui fit étudier l'arsenal, et fut ravi de l'intelligence,
de la pénétration et de l'activité du fils de Colbert[3].
Seignelay fut envoyé en Italie, en février 1671 : il devait
étudier le gouvernement des divers États, prendre connaissance de leurs ressources, examiner attentivement
leurs forces maritimes, l'arsenal de Venise surtout, et
profiter de l'occasion pour s'occuper des beaux-arts[4].

Au retour d'Italie, en juillet 1671, Colbert envoya
son fils en Angleterre et en Hollande ; il devait y

1. Bâtiment de transport, à fond plat.

2. Ce n'était pas exact, car M. P. Clément a publié cette lettre
sur la minute originale.

3. *Lettres, instructions et mémoires.* III, 2e partie, 27.

4. M. P. Clément a publié la relation de ce voyage, rédigée
par Seignelay.

étudier avec le plus grand soin toutes les questions relatives à l'artillerie et à la manœuvre des pièces.

Il faut travailler à s'instruire, lui écrit Colbert[1], en sorte que mon fils puisse établir l'exercice du canon, comme celui du mousquet et de la pique ; qu'il considère que, comme la marine est nouvelle en France, nous cédons assurément à l'Angleterre et à la Hollande sur ce point, qui est le plus essentiel et le plus important, et qu'il faut qu'il se mette fortement dans l'esprit d'établir des écoles de canonniers dans tous les ports et principaux arsenaux de marine. Et quand il connaîtra, par la visite qu'il fait des marines de Hollande et d'Angleterre, la quantité de canonniers qu'il faut pour mettre en mer 120 vaisseaux de guerre, 30 frégates légères et les autres bâtiments que le Roi peut mettre à présent en mer, et le peu de canonniers qu'il y a dans le royaume, et l'importance et la nécessité de cette profession dans les combats de mer, toutes ces connaissances l'exciteront fortement à donner son application, et à mettre sa gloire et sa satisfaction à en augmenter le nombre et à les perfectionner.

Il sait pour cela que les intendants de marine ont été toujours sollicités et pressés d'établir des écoles de canonniers dans tous les ports, à quoi ils n'ont point encore satisfait, à cause des grands travaux auxquels ils ont été appliqués pour mettre les établissements de marine en l'état qu'ils sont à présent. Ce travail est réservé à mon fils, et il faut qu'il se fasse une affaire d'honneur et se pique d'y réussir.

Il est nécessaire qu'il sache de plus les noms et l'usage de toutes les parties des canons, des affûts, et de tous les instruments qui servent à les mettre en batterie et à les exécuter ;

Qu'il sache même les différences qui se pratiquent par ces

---

1. *Instruction pour mon fils dans son voyage d'Angleterre et de Hollande*, III, 2e partie, 37.

deux nations, pour prendre toujours ce qu'elles ont de bon et de meilleur que nous ;

Qu'il s'informe, avec le même soin et la même application, de toutes les munitions qui se mettent dans la sainte-barbe des vaisseaux de chaque rang, lorsqu'ils sont mis en mer, afin qu'il connaisse la différence des quantités de chaque munition et marchandise de ces deux nations à nous :

Qu'il observe de même tout ce qui se pratique pour mettre un vaisseau brûlot à la mer, quelle quantité d'artifices et de quelle qualité ;

Le nombre des grenades qui se mettent dans une sainte-barbe et leur usage ;

Qu'il sache de même toutes manières de charger les canons, savoir : à boulets, à cartouches, à boulets d'une livre dans les canons de gros calibre, pour faire plus d'effet, à boulets à pointes, boulets à chaînes, boulets à tranchants, boulets à deux têtes, et généralement tout ce qui se peut pratiquer pour désagréer un vaisseau ennemi.

Si mon fils s'acquitte bien du contenu en ce mémoire et qu'il y supplée même ce qui y pourra manquer, étant impossible à la pénétration d'un homme, quelque grande qu'elle soit, d'épuiser une matière, j'espère qu'il se rendra capable de bien servir le Roi dans un point qui est assurément le plus important de toute la marine.

Colbert se révèle tout entier dans les diverses instructions qu'il rédige pour son fils ; elles attestent, en effet, des connaissances spéciales qui étonnent, car elles mettent en évidence que, s'il connaît à fond le détail des finances, des bâtiments, des haras, des forêts, du commerce, etc., il est aussi instruit dans les choses de la marine, et qu'il est, autant et plus que beaucoup de ses successeurs, au courant de tout ce qui peut inté-

resser les forces navales de la France et leur continuel
perfectionnement.

A son retour d'Angleterre, Seignelay trouva un
mémoire de son père lui faisant connaître les volontés
du Roi pour la marine[1].

Le Roi veut avoir toujours en mer, ou dans ses ports
et arsenaux[2], 120 vaisseaux, 30 frégates légères, 20 brûlots, 24 flûtes ou bâtiments de charge (transports) ; —
le Roi veut avoir toujours de puissantes escadres de
vaisseaux en mer ; — S. M. veut que les arsenaux de
marine soient toujours bien fournis de toutes les marchandises nécessaires pour les armements et équipe-
ments de ses vaisseaux ; — S. M. veut que les achats
de toutes les armes, marchandises et munitions se
fassent avec grande économie, et qu'il soit continuellement travaillé à perfectionner et maintenir tous les
établissements de manufactures qu'elle a faits dans son
royaume ; — le Roi veut avoir de bons officiers de
marine ; — le Roi veut qu'il soit établi des écoles de
pilotage et de canonniers dans tous les ports ; — le Roi
veut achever l'enrôlement général de tous les matelots
de son royaume ; — le Roi veut que toute la marine
soit réglée par ordonnances et règlements ; — le Roi
veut que toutes les mers soient nettoyées de pirates, et
que tous les (bâtiments) marchands soient escortés,
favorisés et protégés dans leur commerce ; — le Roi
veut qu'il soit fait une description exacte de toutes les

1. T. III, 2e partie, 39. — 24 septembre 1671.
2. Toulon, Rochefort, Brest, le Havre et Dunkerque.

côtes de son royaume, et qu'il soit toujours travaillé dans ses ports à dresser des cartes marines sur les rapports et les journaux de ses vaisseaux de guerre.

A chacun de ces titres du mémoire correspond tout le détail de ce qu'il y a à faire pour accomplir la volonté de S. M., et Colbert termine ce mémoire en disant à Seignelay : « Si mon fils s'applique avec plaisir à l'exécution de tout ce qui est contenu en ce mémoire, je puis l'assurer que, assisté de l'expérience que l'âge et son application lui donneront, il parviendra avec le temps à acquérir toutes les qualités nécessaires pour bien servir le Roi, et deviendra le plus habile homme en fait de marine qu'il y ait eu peut-être jamais dans le royaume ».

On ne pouvait voir plus juste et mieux prédire l'avenir.

Enfin, Colbert écrivit pour son fils une célèbre instruction dont nous reproduisons les parties les plus intéressantes.

INSTRUCTION POUR MON FILS

pour bien faire la première commission de ma charge

1671.

Comme il n'y a que le plaisir que les hommes prennent à ce qu'ils font ou à ce qu'ils doivent faire qui leur donne de l'application, et qu'il n'y a que l'application qui leur acquière du mérite, d'où vient l'estime et la réputation qui est la seule chose nécessaire à un homme qui a de l'honneur, il est nécessaire que mon fils cherche en lui-même et au dehors tout ce qui lui peut donner du plaisir dans les fonctions de ma charge.

Pour cet effet, il doit bien penser et faire souvent réflexion sur ce que sa naissance l'aurait fait être, si Dieu n'avait pas béni mon travail, et si ce travail n'avait pas été extrême[1]. Il est donc nécessaire, pour se préparer une vie pleine de satisfaction, qu'il ait toujours dans l'esprit et devant les yeux ces deux obligations si essentielles et si considérables, l'une envers Dieu, et l'autre envers moi, afin que, y satisfaisant par les marques d'une véritable reconnaissance, il puisse se préparer une satisfaction solide et essentielle pour toute sa vie ; et ces deux devoirs peuvent servir de fondement et de base à tout le plaisir qu'il se peut donner par son travail et son application.

Pour augmenter encore ce même plaisir, il doit bien considérer qu'il sert le plus grand roi du monde, et qu'il est destiné pour le servir dans une charge la plus belle de toutes celles qu'un homme de ma condition puisse avoir, et qui l'approche le plus près de sa personne ; et ainsi il est certain que, s'il a du mérite et de l'application, il peut avoir le plus bel établissement qu'il puisse désirer, et par conséquent je l'ai mis en état de n'avoir plus rien à souhaiter pendant toute sa vie.

Mais, encore que je sois persuadé qu'il ne soit pas nécessaire d'autre raison pour le porter à bien faire, il est pourtant bon qu'il considère bien particulièrement cette prodigieuse application que le Roi donne à ses affaires, n'y ayant point de jour qu'il ne soit enfermé cinq à six heures pour y travailler ; qu'il considère bien la prodigieuse prospérité que ce travail lui attire, la vénération et le respect que tous les étrangers ont pour lui ; et qu'il connaisse, par comparaison, que, s'il veut se donner de l'estime et de la réputation dans sa condition, il faut qu'il imite et suive ce grand exemple qu'il a toujours devant lui.

1. Cette phrase, dit M. P. Clément, d'abord écrite par Seignelay, dans la copie de sa main qui existe à la bibliothèque nationale, a été ensuite biffée.

Il peut et doit encore tirer une conséquence bien certaine, qu'il est impossible de s'avancer dans les bonnes grâces d'un prince laborieux et appliqué, si l'on n'est soi-même laborieux et appliqué ; et que, comme le but et la fin qu'il doit se proposer à présent est de se mettre en état d'obtenir de la bonté du Roi de faire ma charge, il est impossible qu'il puisse y parvenir qu'en faisant connaître à S. M. qu'il est capable de la faire par son application et par son assiduité, qui seront les seules mesures ou du retardement ou de la proximité de cette grâce.

Sur toutes ces raisons, je ne saurais presque douter qu'il ne prenne une bonne et forte résolution de s'appliquer tout de bon, et de faire connaître au Roi, par ce moyen, qu'il sera bientôt en état de le bien servir.

Pour lui bien faire connaître ce qu'il faut faire pour cela, il doit savoir par cœur en quoi consiste le département de ma charge, savoir :

La Maison du Roi et tout ce qui en dépend :

Paris, l'Ile-de-France et le gouvernement d'Orléans ;

Les affaires générales du Clergé ;

La marine, partout où elle s'étend ;

Les galères ;

Le commerce, tant au dedans qu'au dehors du royaume ;

Les consulats ;

Les compagnies des Indes orientales et occidentales, et les pays de leur concession ;

Le rétablissement des haras dans tout le royaume.

Pour bien s'acquitter de toutes ces fonctions, il faut s'appliquer à des choses générales et à des particulières.

Les générales sont...

Alors commence l'interminable série des choses que Seignelay doit connaître, étudier, vérifier, souvent apprendre par cœur, et dont la lecture, fatigante par sa longueur, peut seule donner la mesure exacte de ce que Colbert savait et de ce qu'il voulait que son fils apprît et sût parfaitement. Ainsi comprise, et avec des hommes tels que Colbert et Seignelay, la survivance des charges n'est pas une mauvaise institution ; mais ce ne peut être qu'une rare exception. On demeure réellement stupéfait en lisant cette admirable instruction, qui nous montre ce que son auteur a dû étudier et savoir pour devenir le grand ministre de la marine que nous connaissons ; et le travail énorme que Colbert a fait, il l'impose à Seignelay, qui l'accomplira à son tour ; car, si le père a créé la flotte, organisé toute l'administration de la marine, il faut que le fils conserve et perfectionne l'œuvre.

Quand Colbert a fini d'indiquer à son fils, dans le plus minutieux détail, tout ce qu'il doit savoir pour connaître son métier et devenir digne de le remplacer, c'est-à-dire : organisation des nombreux services de la Maison du Roi, — administration générale de Paris, administration de la justice dans Paris, droit et ordonnances[1], rentes de l'Hôtel-de-Ville, — affaires générales du clergé, assem-

---

i. « Il est nécessaire, dit Colbert, que mon fils repasse quelquefois sur l'étude du droit et des ordonnances qu'il a faite, et particulièrement ces dernières ; il faut que toute sa vie il les étudie en tous rencontres, et qu'il paraisse en toutes occasions qu'il les sache parfaitement ; qu'il revoie et relise avec soin tous les traités particuliers qui ont été faits pour lui par les plus habiles avocats du Parlement ». M. P. Clément cite les titres de ces nombreux traités, conservés à la Bibliothèque nationale, et traitant des assemblées du clergé, des décimes du clergé, des levées qui se peuvent faire sur le clergé, des rentes du clergé, des libertés de l'Église gallicane, des États-Généraux, du domaine, des coutumes, des universités, de la noblesse, du mariage, des ducs et comtes pairs de France, de l'ancienne langue gauloise, etc.

blées du clergé, — justice maritime, — construction, armement et manœuvres des vaisseaux, — administration et surveillance des arsenaux et magasins, — manufactures établies dans le royaume pour fournir à la marine tout ce dont elle a besoin, — marchés et adjudications, — levée des matelots, — surveillance continuelle des intendants, commissaires et officiers. — Quand Colbert a terminé la longue nomenclature des devoirs à remplir, il continue ainsi :

Avant que d'entamer les choses particulières que mon fils doit faire, c'est-à-dire ce qui peut regarder sa conduite journalière, je lui dirai que je sais bien et ne m'attends pas qu'il puisse entamer toutes ces matières générales et faire des études particulières de chacune pour consommer tout son temps et s'appliquer à un travail continu. Mon intention serait seulement, pour le rendre habile, qu'il lût une fois le mois cette instruction et qu'il travaillât à s'instruire, pendant ce mois, de quelques-uns des points y contenus : qu'il m'en parlât quelquefois, et que je lui expliquasse tout ce qui peut servir à son instruction sur chacun de ces points.

Pour ce qui concerne sa conduite journalière :

Il est nécessaire qu'il fasse état de tenir le cabinet[1], soit le matin, soit le soir, cinq ou six heures par jour, et, outre cela, donner un jour entier, chaque semaine, à expédier toutes les lettres et donner tous les ordres.

Baluze, Patru, Foucault, Bourzéis, Ragueneau, du Pré, Petit, Le Camus, Gomont en étaient les auteurs. — Il paraîtrait qu'une partie de ces manuscrits passa en Hollande, où ils furent mis en vente en 1762. Voir le catalogue imprimé à la Haye, chez Hondt. Que sont devenus ces manuscrits ? — *Droit public de la France*, ouvrage posthume de l'abbé Fleury, 1788, in-12, avertissement, IV-V.)

1. Recevoir chez lui, donner audience.

Pour ce qui concerne ma charge :

Il faut premièrement qu'il pense à bien régler sa conduite particulière ;

Qu'il tienne pour maxime certaine, indubitable, et qui ne doit jamais recevoir ni atteinte, ni changement, pour quelque cause et sous quelque prétexte que ce soit ou puisse être, de ne jamais rien expédier qu'il n'ait été ordonné par le Roi : c'est-à-dire, qu'il faut faire des mémoires de tout ce qui sera demandé, les mettre sur ma table et attendre que j'aie pris les ordres de S. M., et que j'en aie donné la résolution par écrit ; et lorsque, par son assiduité et par son travail, il pourra obtenir la grâce de prendre lui-même les ordres du Roi, il doit observer religieusement, pendant toute sa vie, cette maxime de ne jamais rien expédier qu'il n'en ait pris l'ordre de Sa Majesté.

Comme le souverain but qu'il doit avoir est de se rendre agréable au Roi, il doit travailler avec grande application pendant toute sa vie à bien connaître ce qui peut être agréable à S. M., s'en faire une étude particulière ; et, comme l'assiduité auprès de sa personne peut assurément beaucoup contribuer à ce dessein, il faut se captiver et faire en sorte de ne la jamais quitter, s'il est possible.

Pour tout le reste de la Cour, il faut toujours être civil, honnête et se rendre agréable à tout le monde autant qu'il sera possible : mais il faut en même temps se tenir toujours extrêmement sur ses gardes pour ne point tomber dans aucun des inconvénients de jeu extraordinaire, d'amourettes et d'autres fautes qui flétrissent un homme pour toute sa vie.

Il faut aimer surtout à faire plaisir quand l'occasion se trouve, sans préjudicier au service que l'on doit au Roi et en exécution de ses ordres. Le principal de ce point consiste à faire agréablement et promptement tout ce que le Roi ordonne pour les particuliers. Pour cet effet, il faut se faire à soi-même une loi inviolable de travailler tous les soirs à expédier tous les ordres qui auront été donnés pendant le jour, et à faire un extrait de tous les mémoires qui auront été donnés ; et, le lendemain matin, m'apporter de bonne heure toutes les expéditions résolues et les mémoires de ce qui est à résoudre, pour en parler au Roi et ensuite expédier.

Il ne faut non plus manquer à faire enregistrer toutes les ordonnances et expéditions, et n'en délivrer jamais aucune que mon fils n'en ait vu et coté l'enregistrement.

Toutes les expéditions qu'il fera doivent être examinées ; voir sur quelles ordonnances elles sont fondées ou elles ont rapport ; ce qui lui donnera une grande et profonde connaissance de tout ce qui passera jamais par ses mains.

Pour se rendre capable et bien faire toutes sortes d'expéditions, il faut qu'il lise avec soin toutes celles que j'ai fait recueillir dans mes registres, et en fasse même des tables en différentes manières ; et en cas qu'il trouve ce travail trop long, il pourra s'en faire soulager, donner ordre de les faire ; mais il faut qu'il dirige ce travail, qu'il le voie et le corrige.

Comme la marine est assurément la plus importante et la plus belle partie de mon département, il faut aussi donner plus de soins, plus de temps et plus d'application pour la bien conduire.

Pour cet effet, il faut que mon fils lise lui-même, avec soin et application, tous les ordres qui ont été expédiés pour la marine depuis trois ou quatre ans : qu'il en fasse lui-même des tables contenant la substance des ordres, afin qu'ils lui servent de principe et de fondement pour tous ceux qui seront donnés à l'avenir.

Il est nécessaire qu'il se fasse un travail réglé et ordinaire de la lecture de ces ordres et lettres enregistrées et desdites tables, d'une ou deux heures par jour, y ayant apparence qu'en un mois ou six semaines de temps il en pourra venir à bout.

Outre cette lecture, il faut faire état toutes les semaines

de tenir une correspondance de lettres réglée avec tous les officiers de marine [1]...

Le Roi m'ayant donné tous les vendredis, après le midi, pour lui rendre compte des affaires de la marine, et S. M. ayant déjà eu la bonté d'agréer que mon fils y fût présent, il faut observer avec soin cet ordre :

Aussitôt que j'aurai vu toutes les dépêches, à mesure qu'elles arriveront, je les enverrai à mon fils pour les voir, en faire promptement et exactement l'extrait, lequel sera mis de sa main sur le dos de la lettre et remis en même temps sur ma table ; je mettrai un mot de ma main sur chacun article de l'extrait, contenant la réponse qu'il faudra faire aussitôt ; il faudra que mon fils fasse les réponses de sa main, que je les voie ensuite et les corrige, et quand le tout sera disposé, le vendredi nous porterons au Roi toutes les lettres, nous lui en lirons les extraits et en même temps les réponses ; si S. M. y ordonne quelque changement, il sera fait ; sinon, les réponses seront mises au net, signées et envoyées. Et ainsi, en observant cet ordre régulier avec exactitude, sans s'en départir jamais, il est certain que mon fils se mettra en état de s'acquérir de l'estime dans l'esprit du Roi.

A l'égard des galères, il faut faire la même chose.

Pour finir, il faut que mon fils se mette fortement dans l'esprit qu'il doit faire en sorte que le Roi retire des avantages proportionnés à la dépense qu'il fait pour la marine. Pour cela, il faut avoir toute l'application nécessaire pour faire sortir les escadres des ports au jour précis que S. M. aura donné ; que les escadres demeurent en mer jusqu'au dernier jour de leurs vivres, ou le plus près qu'il se pourra ; donner par toutes sortes de moyens de l'émulation aux officiers pour faire quelque chose d'extraordinaire, les exciter

---

1. A Toulon, Arles, Rochefort, la Rochelle, Nantes, Brest, Saint-Malo, le Havre, Dunkerque, en Bourgogne, Dauphiné, Lyonnais, et Nivernais, pour les manufactures, les fers et les bois, et avec les ambassadeurs du Roi dans les pays maritimes.

par les exemples des Anglais et des Hollandais, et généralement mettre en pratique tous les moyens imaginables pour
donner de la réputation aux armes maritimes du Roi, et de
la satisfaction à Sa Majesté.

Je demande, sur toutes choses, à mon fils, qu'il prenne
plaisir, se donne de l'application et ait de l'exactitude, de la
ponctualité dans tout ce qu'il voudra et aura résolu de faire.
Comme il se peut faire que la longueur de ce mémoire l'é-
tonnera, je ne prétends pas le contraindre ni le gêner en
aucune façon ; qu'il voie dans tout ce mémoire ce qu'il croira
et voudra faire. Comme il se peut facilement diviser en autant de parcelles qu'il voudra, il peut examiner et choisir,
par exemple, dans toute la marine, il peut se réserver un
seul port ou arsenal, comme celui de Rochefort ou de Toulon, et ainsi du reste ; pourvu qu'il soit exact et ponctuel sur
ce qu'il aura résolu de faire, il suffit, et je me chargerai
facilement du surplus.

A son tour Seignelay envoya à Colbert, en réponse à
cette instruction, un mémoire de ce qu'il se proposait
de faire, toutes les semaines, afin d'exécuter les ordres
de son père et se rendre capable de le soulager. A
toutes les résolutions de son fils, Colbert mit en marge :
bon, et quelquefois il ajouta une réflexion. Je ne citerai
que celle-ci, éternellement vraie : « Il n'y a que le
travail du soir et du matin qui puisse avancer les
affaires ».

En 1672, Seignelay fut admis à suivre les affaires de
la marine et à signer les dépêches. Pendant quatre
années encore Colbert surveilla son travail et ne lui
ménagea ni les conseils ni les reproches.

En 1675[1], Colbert le maria à une riche héritière, ma-

1. Le 8 février.

demoiselle d'Aligre, à laquelle il était fiancé depuis plusieurs années. Ce brillant mariage était dû à l'intervention du Roi, qui l'avait despotiquement imposé à la famille[1]. Trois ans après, en 1678, la jeune marquise de Seignelay mourait : elle avait été, pendant le temps de son mariage, fort humiliée de la mésalliance qu'on lui avait imposée.

A la nouvelle de cette mort, Louis XIV, qui était au camp devant Ypres, écrivit aussitôt à Colbert :

J'ai appris avec douleur la perte que vous avez faite. Vous savez assez l'amitié que j'ai pour vous pour croire qu'elle m'a été sensible au dernier point; je voudrais pouvoir la soulager en quelque chose, mais je sais qu'il est difficile.

J'ai permis à votre fils de s'en aller comme vous le désirez, et j'ai ordonné à Saint-Aignan[2] de l'accompagner.

Croyez fermement que je prends grande part à tout ce qui vous touche, et qu'on ne peut pas avoir plus d'amitié que j'en ai pour vous.

Je suis très persuadé de la joie que vous avez eue de la prise de Gand; elle est considérable, pour le présent et pour les suites.

En 1676, la sévérité de Colbert était enfin vaincue par les succès de son élève : les éloges arrivent à Seignelay.

1. Voir la lettre de Louis XIV au marquis de Mortemart dans : P. CLÉMENT (*Lettres*, etc., T. VII, 354. — Le mariage de Seignelay, résolu dès 1668, ne se fit qu'en 1675. Le Roi avait agréé, à cette occasion, que Colbert se démît, en faveur de son fils, de la charge de trésorier de l'ordre du Saint-Esprit, et qu'il continuât cependant à en porter le cordon (*Gazette*. 1675. p. 108).

2. Beau-frère de Seignelay.

Colbert l'avait envoyé en Provence diriger quelques expéditions urgentes pour Messine. Des lettres rapides, animées, mais claires et précises[1], où tout s'enchaînait, lui rendaient compte du résultat de ce voyage. Satisfait de son fils, Colbert écrit à la marge de l'une de ces lettres : « Mon fils, je n'ai presque rien à vous dire sur toutes ces dépêches, qui sont d'un autre style et tout autrement bien que tout ce que vous avez fait jusqu'à présent; et, pour vous dire la vérité et vous répéter ce que je vous ai déjà dit : je commence à me reconnaître ».

Il ne reste plus à Seignelay qu'à mieux diviser ses dépêches et à les polir; sa signature est à soigner, car elle ressemble plus à celle d'un notaire de village qu'au seing d'un secrétaire d'État.

Seignelay promet de soigner son écriture, sa signature et de redoubler d'efforts pour soulager son père; mais, dit-il en terminant sa réponse : « J'ai peur d'avoir manqué, par cette lettre, à ce qui regarde l'écriture; mais excusez, s'il vous plaît, la fatigue et l'envie de dormir, ce qu'il y a deux jours que je n'ai fait ». Après la mort de Colbert (1683), Seignelay lui succéda à la marine.

Deux ans après, Seignelay bombardait Alger et Gênes, et faisait baisser pavillon à Louvois. Sa vigueur, son activité, son intelligence brillaient de tout leur éclat après les affaires d'Irlande et la grande victoire de Bévéziers. La faveur de Seignelay s'élevait peu à peu sur les ruines de celle de Louvois, qui avait trouvé

---

1. P. CLÉMENT, III, 2e partie, p. XII; VII, p. XXIV.

dans ce jeune homme un rival redoutable, qui n'entendait être inférieur à personne. Son esprit et son instruction sérieuse et variée lui permettaient de parler facilement sur toutes choses. C'était un joli causeur, disait Michel Le Tellier, peiné, sans nul doute, de l'infériorité de Louvois, qui ne s'exprimait que lourdement.

En 1688, Seignelay, veuf depuis dix ans, se remaria avec mademoiselle de Matignon, dont la grand'mère était de la maison d'Orléans-Longueville, fille d'un Bourbon. « Ainsi, dit mademoiselle de Montpensier, ils ont l'honneur d'être aussi proches parents du Roi que Monsieur le Prince, Marie de Bourbon étant cousine germaine du Roi mon grand-père[1]. Cela donne un grand air à M. de Seignelay, qui, naturellement, avait assez de vanité ». En 1689, Louis XIV le nomma ministre d'État.

Magnifique, ami des lettres et des arts, riche, comblé des faveurs de la fortune, Seignelay mourait à Versailles le 3 novembre 1690. « Quelle jeunesse ! quelle fortune ! quels établissements ! écrit madame de Sévigné en apprenant cette mort. Rien ne manquait à son bonheur ; il nous semble que c'est la splendeur qui est morte ».

Colbert avait formé un admirable élève, doué d'un génie plus vaste que le sien. Saint-Simon n'hésite pas à reconnaître qu'il avait toutes les parties d'un grand ministre d'État et désespérait M. de Louvois, « qu'il mettait souvent à n'avoir pas un mot à répondre devant

1. Henri IV.

le Roi ». Après lui, la marine, qu'il avait portée au plus haut point de grandeur, ne fit que décliner.

Le marquis de Seignelay eut cinq fils de sa seconde femme, Catherine-Thérèse de Matignon, marquise de Lonré : 1° Marie-Jean-Baptiste Colbert, marquis de Seignelay et de Lonré, colonel du régiment de Champagne, mort en 1712 ; — 2° Paul-Édouard Colbert, comte de Creuilly , colonel de Royal-Dragons ; — 3° Louis-Henri Colbert, chevalier de Malte, dit le chevalier de Seignelay ; — 4° Charles-Éléonore Colbert, comte de Seignelay ; — 5° Théodore-Alexandre Colbert, comte de Ligny.

Colbert avait réussi à faire de Seignelay un véritable ministre de la marine ; il essaya de dresser son quatrième fils, le marquis d'Ormoy et de Blainville, et d'en faire un surintendant des bâtiments du Roi. Il avait obtenu pour ce fils, en 1672, la survivance de sa charge de surintendant, bien que cet enfant n'eût que neuf ans [1]. Ses études achevées, en 1679, d'Ormoy, alors âgé de seize ans, commença à être employé aux travaux de Versailles. Il dut apprendre l'architecture avec François Blondel ; il dut surveiller les constructions et la décoration du château et du parc, et diriger l'armée d'artistes et d'ouvriers de toute espèce qui travaillaient à Versailles, à Clagny, à Trianon, à la Ménagerie ; il dut aussi s'occuper des bâtiments de Paris et

---

1. Les détails de cette biographie, jusqu'à présent si peu connue, sont dus à M. P. Margry. On les trouve dans le grand ouvrage de M. P. Clément, t. VII.

de Saint-Germain. C'était une rude tâche pour un
jeune homme de cet âge.

Le 20 octobre 1679, le surintendant en survivance
accompagnait le grand roi dans la visite que S. M. faisait dans les appartements du palais de Versailles et prenait ses ordres pour les travaux à exécuter. La visite
achevée, il en rendait compte à son père, qui lui écrivit :

Le compte que tu me rends est très bon. Songe bien
combien il est de conséquence pour toi de plaire au Roi et de
bien exécuter ses ordres.

Ce soir rends-toi à Saint-Germain.

Il faut faire exécuter tous ces ordres et faire en sorte que
le Roi s'aperçoive que ses ordres sont plus promptement
exécutés lorsqu'il te les donne que lorsqu'il les donne à
un autre.

Malheureusement M. d'Ormoy était non seulement
trop jeune pour remplir convenablement d'aussi difficiles fonctions, mais de plus il était inappliqué, insou-
ciant ; il écrivait mal, il aimait trop les plaisirs de Paris
et n'avait ni l'énergie ni l'intelligence de son frère
aîné. Ce fut en vain que Colbert lui donna les meilleurs
conseils et lui adressa les plus vertes semonces, il ne
parvint pas à en faire un surintendant.

Le 26 juillet 1680, Colbert écrivait à son fils :

Je suis étonné que tu sois parti de Sceaux hier matin sans
m'en avertir. Prends garde que cela ne t'arrive plus, parce
que tu as besoin que je te répète incessamment ce que tu as
à faire.

Observe bien que nous n'avons plus que le mois d'août
entier pour tous les ouvrages que nous avons à faire. Tu t'es

chargé des logements des secrétaires d'État[1] et de l'avant-
cour. Prends bien garde que rien ne manque, surtout dans
les quatre pavillons.

Examine aussi avec soin les deux écuries et tout le dedans du château, et rends-moi compte dès aujourd'hui de
l'état de tous les ouvrages, afin que je puisse faire demain
le mémoire pour envoyer au Roi et que tu en voies le style.

Il faut que tu observes avec soin, outre toutes les visites
que tu fais, de faire savoir à tous les ouvriers que tu leur
donneras toujours un jour, ou à Versailles ou ici, pour les
entendre tous, afin qu'ils puissent s'adresser à toi pour tous
leurs besoins. Il faut que tu te disposes à les entendre tous
avec beaucoup de patience, que tu fasses un mémoire de tout
ce qu'ils demanderont, afin que tu m'en rendes compte, et
que tu puisses te former le jugement sur ce qu'il faudra accorder ou refuser. Adieu. Regarde de bien faire et de me
contenter.

Le 10 août 1681, Colbert est absolument mécontent :
d'Ormoy ne fait rien de bon.

Tout ce que tu m'envoies, lui écrit-il, est si fort galopé,
et tu continues si peu à l'exécution ponctuelle et exacte de
tout ce que je t'ordonne, que je commence à désespérer de
pouvoir rien faire de toi.

Je t'ai dit que j'enverrais un courrier tous les vendredis au
soir pour me rapporter les mémoires de l'état des ouvrages,
et tous les mémoires et projets d'ordres pour les paiements
des ouvriers.

Au lieu de te tenir à Versailles ces jours-là et de travailler
avec assiduité et application à voir tous ces mémoires, à les
faire et à les refaire ainsi que je te l'avais expliqué, et employer le reste du temps à bien examiner les points conte-

1. Les ailes des ministres dans l'avant-cour du château de Versailles.

nus aux mémoires que je t'ai donnés, à voir les parties[1], prendre connaissance et t'instruire à fond du prix des ouvrages, et enfin, faire une infinité de choses qui pourraient t'occuper utilement pour t'instruire, tu t'en viens galoper à Paris, sans raison, sans dessein et pour n'y rien faire ; et au lieu de donner les mémoires à mon courrier, tu le laisses partir et tu m'envoies un laquais. Tu m'en enverras tant que tu voudras, mais il n'y en aura pas un seul de payé.

Je sais bien que ton malheureux esprit te fournira quarante mille raisons pour avoir raison. Mais, quoique tu aies raison, comme tu le penses, j'achèverai ce que je n'ai déjà que trop commencé, c'est-à-dire que je défendrai que l'on n'ait aucun égard à tout ce que tu diras et que qui que ce soit ne t'obéisse. Tu ne sers qu'à embarrasser les ordres que je donne.

Si tu veux bien faire, il faut exécuter ponctuellement tout ce qui est contenu au mémoire que je t'ai dicté.

Si tu peux obliger M. Blondel à demeurer douze ou quinze jours à Versailles, il faut le faire et prendre tous les jours des leçons d'architecture. Sinon, il faut venir à Paris les mercredis au soir, prendre une leçon ce jour-là, le lendemain travailler trois ou quatre heures le matin, visiter les ouvrages qui se font à Paris, et t'en retourner le soir à Versailles... Dieu te veuille donner plus de sagesse et d'application que tu n'en as !

Le lendemain, 12 août, nouvelle lettre encore plus sévère[2].

Le Roi a admiré le barbouillage du plan des bois de Verrières que tu m'as envoyé, et S. M. a dit que cette saleté sentait bien son écolier et ne sentait guère un surintendant

---

1. Mémoire ou compte, dans lequel sont énumérés les articles faits ou fournis.

2. *Lettres, instructions et mémoires,* VII, CL.

des bâtiments qui aurait de l'esprit et qui ne voudrait rien faire paraître à ses yeux qui ne fût propre et tel qu'il doit être.

Je te renvoie ce beau plan.

Il faut faire seulement les quatre petites routes auxquelles j'ai mis de ma main *bon*, et ne rien faire de toutes les autres.

Depuis ton départ, je vois que tu galopes fort les bâtiments et que mes courriers te trouvent toujours à Paris, c'est-à-dire que, pour tenir cabinet et pour travailler, tu es encore un peu pire que tu n'as jamais été. Si cela continue encore une semaine, j'y remédierai en t'ôtant ton carrosse.

Les esprits de rien ne trouvent rien à faire au milieu de beaucoup de travaux. C'est là ton caractère. Je vois bien que quand tu as bien galopé, tu crois n'avoir plus rien à faire. Je vois bien clairement que je ne suis pas à la fin des peines que tu me donneras; mais, ou tu changeras, ou tu souffriras beaucoup.

Les ordres les plus clairs, les réprimandes et les menaces ne servent à rien : Colbert n'a pas de prise sur ce jeune homme dissipé et paresseux, dont il a eu tort de vouloir faire un surintendant avant l'âge, et de lui donner une fonction au-dessus de ses forces.

D'Ormoy envoie à son père, le 13 mars 1682, une lettre commençant ainsi :

Chapelle : — l'échafaud est ôté. — J'ai envoyé ce matin à Paris, pour avoir la grille de séparation, etc.

Colbert ne peut que répondre :

Dis-moi, qui est-ce qui peut entendre ce que tu veux dire par ce terme *chapelle?* Il faut que ta paresse soit grande, puisque tu ne veux pas faire au moins ce que tu peux pour parler et écrire correctement et en sorte que l'on puisse te comprendre.

Le 25 mars 1682, Colbert envoie encore une lettre fort dure à son incorrigible coadjuteur, dont le Roi est fatigué :

Si tu ne t'accoutumes pas à me rendre compte tous les soirs de ce que tu fais pendant le jour, et que tu ne t'appliques à exécuter promptement et bien tous les articles contenus en tes mémoires et tous les ordres que le Roi te donne, je t'ai déjà dit que le Roi ne me donnait qu'un mois ou deux pour voir si tu changerais, en sorte que tu es perdu si tu ne t'appliques à exciter ta fainéantise, et ta paresse, et ton inapplication.

Si tu veux bien faire, il faut tous les jours te lever entre cinq et six heures du matin, aller visiter aussitôt tous les ateliers, voir si les maîtres des ouvrages y sont, compter le nombre de leurs ouvriers, visiter toujours leurs ouvrages et voir s'ils sont bons et bien travaillés, employer deux heures à cette visite, entendre tous les ouvriers, voir ce dont ils ont besoin, leur faire donner sur-le-champ, et ensuite aller dans ton cabinet travailler deux ou trois heures à revoir tous les mémoires de tout ce qu'il y a à faire, donner ordre à tout, voir, vérifier, régler les prix et arrêter des parties.

Après le dîner[1], il faut encore faire une autre visite, voir les ouvrages et compter de même les ouvriers.

Le soir, voir tous les plans, y faire travailler, revoir tes portefeuilles et les mettre en l'état que je t'ai dit.

Je t'avais dit avant-hier, à quatre heures, qu'il fallait faire monter les trophées et les vases dès hier matin, et que le Roi les vît. Hier, à quatre heures du soir, l'engin, qui est une chose de rien, n'était pas monté.

Il y a huit ou dix jours que le Roi te dit de faire mettre

---

1. On dînait alors vers midi.

une barrière sous les arcades de l'escalier de la **Reine** ; tu
dis que tu en avais donné l'ordre, quoique ce soit une sot-
tise, puisqu'il faut le faire faire. Mallet n'en avait point entendu parler. Il n'y a point de jour où cela n'arrive et où
le Roi ne le voie.

Je te dis que tu es un homme perdu si cela ne change
du blanc au noir, et je te dis encore que je te vois une si
prodigieuse inapplication et l'esprit si éloigné de penser et de
faire ce que tu dois, que c'est un miracle si tu en reviens.
Mais il faut que tu t'attendes que si le Roi m'oblige de me
défaire de cette charge, au lieu de 11,000 livres que je te
donne, je ne pourrai plus te donner que 1,000 livres, et ainsi
je congédierai tes chevaux, ton carrosse et tes valets, et tu
t'apercevras alors de la différence qu'il y a entre un homme
qui fait son devoir et un qui ne le fait point. Mais il sera
trop tard...

Quelques jours après, le 11 avril 1682, Colbert écrivait à d'Ormoy :

...Quand je pense qu'il y a deux mois entiers que le Roi
te demande une petite balustrade pour sa chambre, et que
tu dis tous les jours à S. M. qu'elle sera faite et posée dans
six et deux jours, que tu me dis la même chose, et que
j'appris hier qu'elle n'était pas chez le sculpteur, ni peut-
être même commencée, je ne vois que trop d'effets de l'horrible paresse que tu as de ne vouloir jamais faire de mémoires dans ta chambre, ni jamais penser à ce que tu as à
faire. Cela joint à l'envie que tu as de vouloir toujours répondre au Roi sans savoir jamais ce que tu dis, en sorte
qu'il faut que tu mentes continuellement, ne me fait que
trop connaître la vérité de mon pronostic que tu ne feras jamais rien.

Il nous paraît bien probable que M. d'Ormoy fut la
principale cause du mécontentement de Louis XIV

contre Colbert, mécontentement qui éclata à propos des travaux de Versailles et de leur cherté. Colbert mort (1683), d'Ormoy fut remplacé par Louvois. Louis XIV lui donna 500,000 livres en remboursement de sa charge de surintendant des bâtiments. Vingt ans auparavant Colbert l'avait achetée 250,000 livres.

Nous n'avons pas à suivre avec détail M. d'Ormoy dans le reste de son existence ; il nous suffira de dire que, sous le nouveau nom de marquis de Blainville, il prit l'épée et trompa le jugement de son père, qui l'avait déclaré incapable de rien faire de bon. M. de Blainville devint un officier fort distingué. A la bataille de Steinkerque, il commandait le régiment de Champagne, avec lequel il écrasa les gardes anglaises. En 1702, il fit une admirable défense à Kaiserswerth, où, un jour d'assaut, il repoussa l'ennemi en lui tuant 4,000 hommes. Le grade de lieutenant général fut la récompense des services de ce brave officier. En 1703, il alla commander l'infanterie de Villars et fit la campagne de 1703 en Bavière, et, à la seconde bataille de Hochstett (1704), il eut les deux jambes emportées par un boulet de canon, et alla mourir à Ulm le même jour. Saint-Simon a dit du marquis de Blainville qu'il avait toutes les parties du capitaine.

M. de Blainville ne laissa qu'une fille de sa femme Gabrielle de Rochechouart Tonnay-Charente. Colbert, en le mariant, lui avait donné 400,000 livres.

Les autres fils de Colbert sont : *Jacques-Nicolas Colbert*, archevêque de Rouen, docteur de Sorbonne, abbé du Bec, etc., mort en 1707. Il fut membre de l'Acadé-

mie française et de l'Académie des inscriptions et belles-
lettres ; — *Antoine-Martin Colbert*, bailli et grand-croix
de Malte, général des galères de l'ordre, commandeur
de Boncourt, colonel du régiment de Champagne et
brigadier des armées du Roi ; blessé mortellement à
Valcourt en 1689 ; — *Louis Colbert*, d'abord abbé de
Bonport, intendant et garde du Cabinet des livres, manuscrits et médailles de la bibliothèque du Roi, puis comte
de Linières, capitaine-lieutenant des gendarmes bour-
guignons, marié à Marie-Louise du Bouchet, fille du
marquis de Souches ; — *Charles-Édouard Colbert*,
comte de Sceaux, colonel du régiment de Champagne,
blessé mortellement à Fleurus en 1690.

Les filles de Colbert firent toutes, grâce à l'intervention du Roi, de brillants mariages et entrèrent dans les
plus grandes familles de France.

Jeanne-Marie-Thérèse Colbert épousa en 1667 Charles-
Honoré d'Albert, duc de Luynes, de Chevreuse et de
Chaulnes, appelé le duc de Chevreuse[1]. Quand Louis XIV
eut décidé ce mariage, il l'annonça au duc de Chaulnes[2]
par la lettre suivante :

Saint-Germain, 1er janvier 1667.

Mon cousin, j'ai conclu le mariage du sieur de Chevreuse
avec la fille aînée du sieur Colbert, et comme j'attache par
ce moyen le chef et le seul héritier mâle de votre maison à
celle d'un homme qui me sert dans mes plus importantes

---

1. La future avait reçu une dot de 384,000 livres (1,900,000 fr.)
comptant et 15,000 livres (75,000 fr.) en pierreries.

2. Ambassadeur à Rome. Le duc de Chaulnes était fils de l'un
des frères du connétable de Luynes.

affaires avec le zèle et le succès que fait ledit sieur Colbert,
j'ai bien voulu vous donner avis moi-même de cette alliance,
m'assurant que vous prendrez part à la satisfaction que les
deux familles en témoignent[1].

En même temps, Colbert écrivait au duc de
Chaulnes :

Saint-Germain, 1er janvier 1667.

Le Roi, qui est bien plus le père de mes enfants que moi-
même, a bien voulu penser au mariage de ma fille aînée
avec M. de Chevreuse. Et, comme depuis assez longtemps
madame la duchesse de Chevreuse[2] et M le duc de Luynes[3]
m'ont témoigné le désirer, il ne reste plus, Monsieur, que
votre agrément pour accomplir ce mariage.

Nous l'attendons par le retour de ce courrier, que M. le
duc de Luyne vous dépêche exprès, et je profite de cette occasion, non-seulement pour vous en donner part, mais même
pour vous assurer que, outre l'avantage de ma fille, j'ai
extrêmement considéré l'honneur de votre alliance et les
liens d'une amitié plus étroite qu'elle pouvait produire entre
nous. En quoi je vous offre, Monsieur, toute la disposition
que vous pouvez désirer, et vous assure que je m'attache,
par ce moyen, aux intérêts de votre maison, pour laquelle
vous me trouverez toujours dans des sentiments très sincères
et très passionnés[4].

1. *Lettres, instructions et mémoires,* VII, 349. M. P. Clément a
publié en note la réponse que fit M. de Chaulnes à Louis XIV;
il exprime au Roi sa satisfaction de l'honneur que S. M. a fait
à M. de Chevreuse d'avoir conclu son mariage avec mademoiselle
Colbert.

2. Marie de Rohan, mariée en 1617 à Charles d'Albert, duc de
Luynes et connétable de France, et en secondes noces, en 1621,
au duc de Chevreuse, mort en 1657. Elle était la grand'mère du
duc de Chevreuse.

3. Louis-Charles d'Albert, duc de Luynes, fils unique du connétable, mort en 1690.

4. *Lettres, instructions et mémoires,* VII. 43.

M. de Chaulnes répondit :

Si je n'ai pas ressenti une joie parfaite de l'honneur que
S. M. a fait à mon neveu de Chevreuse d'avoir voulu con-
clure son mariage avec mademoiselle votre fille, c'est,
Monsieur, que mon éloignement m'empêche de vous le témoigner moi-même ; mais du moins en tirerai-je cet avantage de me servir des lois anciennes des lieux où je suis,
pour vous en donner de véritables marques, en adoptant
par cette considération mon neveu de Chevreuse pour mon
fils, et ne croyant pas pouvoir vous mieux témoigner que
par ces marques l'estime particulière que je fais de l'honneur de votre alliance et de votre amitié, que je tâcherai
de mériter par mes services.

**Le 14 janvier 1667, Colbert annonçait l'heureuse
nouvelle aux échevins de Reims.**

Messieurs, leur écrit-il [1], je ne reçois aucune grâce de la
magnificence royale de S. M. sans vous en informer, parce
que je suis persuadé que vous y prenez part et que vous
êtes bien aises des avantages qui arrivent à ma famille.

Le Roi, qui est le prince qui récompense la fidélité de
ceux qui ont l'honneur de le servir au delà de leur espérance, après toutes les grâces dont il m'a déjà comblé, a
voulu faire le mariage de mes deux premières filles, savoir :
de l'aînée avec M. de Chevreuse, fils unique de M. le duc de
Luynes ; et de la seconde, qui n'a que dix ans, avec M. le
comte de Saint-Aignan, reçu en survivance de la charge de
premier gentilhomme de la Chambre. Et, comme si ce n'é-
tait pas assez de m'avoir procuré deux alliances si grandes
et si considérables, S. M. a voulu leur servir de père, en
leur donnant à chacune 200,000 livres, ce qui fait la plus
grande partie de leur dot.

1. *Lettres, instructions et mémoires,* VII, 44.

J'ai estimé que je devais à l'amitié que vous avez pour moi et à celle que j'ai pour vous, de vous écrire ce détail, et par même moyen vous confirmer que personne ne sera jamais plus que moi, Messieurs, votre très humble serviteur.

La *Gazette de France* rendit compte du mariage le 5 février.

Le 2 de ce mois, dit-elle, se firent les fiançailles du duc de Chevreuse, fils du duc de Luynes, avec la fille aînée du sieur Colbert, et en même temps celles du marquis de Lavardin avec la fille dudit duc de Luynes, le Roi et la Reine leur ayant fait l'honneur, quelques jours auparavant, de signer au contrat, ainsi que Monsieur et Madame. Notre archevêque, revêtu de ses habits pontificaux, fit la cérémonie en la maison dudit sieur Colbert, en présence du Chancelier de France, du duc et de la duchesse de Luynes, de la duchesse de Chevreuse, de la princesse de Guimené, de la princesse de Bade, du duc et de la duchesse Mazarin, du duc et de la duchesse de Saint-Aignan, de l'évêque du Mans, et de grand nombre d'autres seigneurs et dames, parents ou amis des fiancés.

Cette belle et nombreuse compagnie fut ensuite régalée d'une très magnifique collation, puis d'un souper non moins superbe, servi sur trois tables et accompagné d'un excellent concert de violons avec les hautbois, à l'issue duquel il y eut une comédie française. Et ce divertissement s'étant terminé à une heure après minuit, les épousailles se firent dans la chapelle de la maison, et en présence de la même compagnie, par ledit archevêque, lequel célébra, encore pontificalement, la messe; après quoi, les mariés furent conduits aux appartements qu'on leur avait préparés [1].

1. *Gazette de France*, 1667 p. 132.

Le duc de Chevreuse [1] était capitaine-lieutenant de
la compagnie des chevau-légers de la garde du Roi ; il
devint l'un des conseillers intimes de Louis XIV et « ministre incognito », comme dit Saint-Simon. Le duc de
Chevreuse forma, avec le duc de Beauvilliers et le duc
de Bourgogne, un petit comité dirigé par Fénelon et
qui n'attendait que la mort de Louis XIV pour gouverner la France.

La duchesse de Chevreuse, très vertueuse et d'un
caractère parfaitement droit, était fort liée avec madame de Maintenon et fort estimée du Roi, qui l'admettait à tous ses particuliers. « Sa figure était aimable,
dit Saint-Simon ; elle dansait parfaitement ; elle aimait
à manger ; tout cela contribua à la rendre de bonne
compagnie, et la piété qui devint à la mode, mais qui
avait été la sienne dès sa jeunesse, suppléa dans les
suites aux agréments. Elle fut donc toujours de la compagnie du Roi, dès qu'il y avait des dames dans ses
particuliers, et quelque chose lui manquait quand elle
se trouvait absente, ce qui n'arrivait presque jamais.
Son union avec M. de Chevreuse fut intime toute leur
vie ; celle du duc et de la duchesse de Beauvilliers pareille. Madame de Chevreuse était sœur de madame de
Beauvilliers, et n'étaient qu'un cœur et qu'une âme ; les
deux beaux-frères aussi ne furent qu'un, sans lacune,
depuis leur mariage jusqu'à leur mort ; toujours dans

1. Voir l'article que nous avons donné à la *Biographie universelle de Michaud* (nouvelle édition) sur le duc de Chevreuse, article rédigé d'après divers manuscrits conservés dans les archives
du château de Dampierre.

les mêmes lieux tant qu'ils pouvaient ensemble, et mangeant l'un chez l'autre continuellement. Ce fut un exemple pour la Cour que l'union intime de la famille de M. Colbert, tant qu'il y en eut, à laquelle nulle autre ne put atteindre, et qui contribua infiniment à la considération qu'elle sut se conserver ».

Le duc de Chevreuse refit, par ce mariage, la fortune de sa maison que son père avait fort réduite ; il reçut de Colbert des biens immenses, chargea Mansart de rebâtir le château de Dampierre, dont il fit, dit Saint-Simon, un lieu charmant. Après la mort de son mari (1712), la duchesse de Chevreuse reçut du Roi une pension de 30,000 livres et vécut dans une profonde retraite jusqu'à sa mort (1732).

Henriette Colbert fut mariée en 1671 à Paul de Beauvilliers, appelé successivement le comte de Saint-Aignan, le duc de Saint-Aignan, et enfin, en 1679, le duc de Beauvilliers.

Le 19 janvier 1671, raconte la *Gazette*, le comte de Saint-Aignan, fils du duc de ce nom, premier gentilhomme de la Chambre du Roi, épousa l'une des filles du sieur Colbert, secrétaire d'État. L'évêque de Noyon ayant fait cette cérémonie, ainsi que celle des fiançailles et de la bénédiction du it, avec trois exhortations, lesquelles furent admirées de la compagnie, composée de plusieurs princes et princesses, et de quantité de seigneurs et dames de la Cour, qui a témoigné, de même que Leurs Majestés[1], une joie extrême de cette alliance. Cette illustre assemblée fut traitée à souper

1. Le Roi et la Reine signèrent aux contrats de tous les enfants de Colbert.

par ledit sieur Colbert avec une magnificence merveilleuse
ce superbe festin ayant été accompagné d'une agréable comédie par la troupe royale[1].

La future eut en dot 400,000 livres (2 millions de fr.).

Louis XIV aimait beaucoup son premier gentilhomme, et, en 1685, il le nomma président du conseil
royal des finances. Quand le Roi lui offrit cette charge,
le duc de Beauvilliers hésita et demanda à réfléchir
avant de l'accepter, et lorsqu'il vint dire au Roi qu'il
l'acceptait, S. M. lui dit : « Vous me faites plaisir d'accepter de bonne volonté ; car si vous vous y fussiez
opposé, j'aurais usé de mon autorité ». En 1689, M. de
Beauvilliers devint gouverneur du duc de Bourgogne et
lui donna Fénelon pour précepteur. En 1691, il fut
nommé ministre d'État et mourut en 1714.

La duchesse de Beauvilliers fut dame du palais de la
Reine et mourut en 1734, après avoir donné treize enfants à son mari. Saint-Simon nous en a laissé le portrait suivant : « Il n'y eut point de femme à la Cour
qui eût plus d'esprit que celle-là, plus pénétrant, plus fin,
plus juste, mais plus sage et plus réglé, et qui en fût
plus maîtresse. Jamais elle n'en voulait montrer, mais
elle ne pouvait faire qu'on ne s'en aperçût dès qu'elle
ouvrait la bouche, souvent même sans parler. Il était
naturellement rempli de grâce, avec une si grande facilité d'expression, qu'elle en était parée jusqu'à en faire
oublier sa laideur, qui, bien que sans difformité et dé-

1, *Gazette de France,* 1671, p. 83.

goût, et avec une taille ordinaire et bien prise, était peu commune. Elle aimait à donner, et je n'ai vu qu'elle et la Chancelière qui eussent l'art de le faire avec un tour et des grâces aussi parfaites. Son goût était exquis et général : meubles, parures de tout âge, table, en un mot sur tout : fort noble, fort magnifique, fort polie, mais avec beaucoup de distinction et de dignité. Elle aurait eu du penchant pour le monde. Une piété sincère dès les premières années, et le désir de plaire à M. de Beauvilliers la retenait, mais elle y était fort propre ; et indépendamment de commerce avec elle, on le sentait à la manière grande, noble, aisée, accueillante avec discernement, dont elle savait tenir sa maison ou la Cour ; et les étrangers qualifiés abondaient à dîner.

« Son esprit qui échappait quelquefois, quoique toujours avec grande circonspection, se montrait, malgré elle, assez pour faire regretter qu'elle ne lui laissât pas plus de liberté. Sa conversation était agréable, charmante en liberté, avec des traits vifs, fins, perçants, après lesquels il était plaisant de la voir quelquefois courir. Ailleurs il y avait du contraint, et qui communiquait de la contrainte ; et en tout il est vrai que fort peu de gens, même des plus familiers, se trouvaient avec elle pleinement à l'aise, au contraire de madame de Chevreuse qui, avec autant de piété, avait beaucoup moins d'esprit. D'ailleurs madame de Beauvilliers était parfaitement droite et vraie, tendre amie et parente excellente. Les aumônes et les bonnes œuvres que M. de Beauvilliers et elle ont faites se peuvent dire immenses ;

c'était leur premier soin, et, avec la prière, leur plus
chère occupation ».

Marie-Anne Colbert épousa, en 1679, Louis de Rochechouart, duc de Mortemart, fils du maréchal duc de Vivonne, général des galères[1]. Colbert annonça ce mariage à sa sœur, l'abbesse du Lys, et à la tante de son
gendre, madame de Rochechouart, abbesse de Fontevrault.

Je suis bien aise, ma chère sœur, écrit-il à l'abbesse du
Lys[2], de vous donner avis du mariage que le Roi a bien
voulu faire de ma dernière fille avec M. le duc de Mortemart.
Vous me ferez plaisir, non-seulement de prier Dieu, mais
même de recommander une affaire aussi importante que
celle-là dans ma famille aux prières de votre communauté,
afin qu'il plaise à Dieu donner à ce mariage ses saintes
grâces et bénédictions.

Le même jour il adressait à l'abbesse de Fontevrault
la lettre suivante :

Madame, enfin le mariage que vous avez si longtemps
souhaité de M. le duc de Mortemart avec ma fille, est heu-
reusement accompli, et je suis bien aise de vous faire le
premier mes compliments sur ce sujet, et de vous assurer en
même temps que, comme dans le désir de ce mariage, vous
vous êtes jointe à madame de Montespan[3] pour la satisfaction de Monsieur votre neveu et le rétablissement de votre
maison, avec l'assistance et les bienfaits du Roi, j'emploierai
tous mes soins à concourir avec vous à ces deux fins. Je suis

1. Et lui-même général des galères en survivance.
2. Le 17 février 1679. *Lettres, instructions et mémoires*, VII, 85.
3. Sœur de l'abbesse de Fontevrault, Madame de Montespan
était alors toute-puissante à la Cour.

persuadé que ce seront les meilleurs moyens dont je me pourrai servir pour conserver l'amitié dont vous m'avez donné tant de marques qui m'obligent d'être avec beaucoup de respect...

Le Roi combla de faveurs les mariés. On lit dans la *Gazette*[1] :

Le 13 (février), le maréchal duc de Vivonne, général des galères et gouverneur de Champagne, fut reçu au Parlement et y prit place en qualité de duc de Mortemart. Le même jour, il céda son duché au marquis de Mortemart son fils.

Le lendemain (14), le duc de Mortemart prêta entre les mains du Roi le serment de fidélité pour la charge de général des galères, possédée par le duc de Vivonne son père, et dont S. M. lui a accordé la survivance. Il épousa ensuite la troisième fille du sieur Colbert, ministre et secrétaire d'État. La cérémonie fut faite par l'évêque-comte de Noyon, pair de France.

L'après-dinée, la duchesse de Mortemart prit le tabouret chez la Reine[2]. Le Roi lui fit ensuite l'honneur de l'aller voir chez elle, et la Reine y alla le lendemain.

Le maréchal de Vivonne avait donné à son fils le duché de Mortemart; mais ce duché était grevé de dettes. La famille n'était pas riche, et les « bienfaits du Roi » étaient indispensables pour rétablir ses affaires. Louis XIV donna un million de livres[3] au neveu de madame de Montespan « en considération de son ma-

---

1. 1679, p. 85-86.

2. Les duchesses seules s'asseyaient chez la Reine, et encore sur un tabouret. Les autres femmes restaient debout ou s'asseyaient par terre sur un carreau ou coussin.

3. 5 millions d'aujourd'hui. — La future eut 400,000 livres (2 millions) de dot.

riage ». On put racheter le duché aux créanciers et remettre à flot les affaires du jeune duc de Mortemart.

Le 21 juillet 1680, Colbert écrivait au duc de Vivonne :

Je crois que vous ne serez pas fâché d'apprendre que le don du duché de Mortemart que vous avez fait à Monsieur votre fils, par son contrat de mariage, reçut hier son entier accomplissement par l'adjudication qui lui en fut faite, après les formalités d'un décret et sur toutes les oppositions des créanciers de votre maison en grand nombre; et ce, moyennant le prix de 300,000 livres. En sorte que, par le paiement de cette somme qui a été fait, il possède à présent toutes les terres qui composent ce duché, franches et quittes de toutes les dettes de votre maison : et comme c'est un commencement de son rétablissement dans son ancienne grandeur, j'espère que les petits soins que j'en ai pris vous seront agréables, et ne diminueront pas l'amitié que vous m'avez promise; d'autant plus que je travaillerai toute ma vie à y correspondre sincèrement, et à vous faire connaître que je suis toujours...[1].

Il annonçait en même temps la bonne nouvelle à son gendre :

Vous êtes à présent, Monsieur, véritablement duc de Mortemart, les terres qui composent ce duché vous ayant été hier adjugées, après les longues formalités d'un décret, pour le prix de 300,000 livres qui ont été payées; par conséquent vous possédez quant à présent ce duché franc et quitte de toutes les dettes de votre maison.

Renouvelez en cette occasion vos remercîments à M. le maréchal, votre père, et témoignez-lui bien combien les

1. *Lettres, instructions et mémoires,* VII, 116.

grâces qu'il vous a faites vous touchent sensiblement. Vous
savez bien que vous ne sauriez aller trop loin dans les témoi-
gnages de reconnaissance que vous lui devez.

J'espère que ce commencement de rétablissement de la
grandeur de votre maison en votre personne sera suivi, et
que les soins que j'en veux prendre jusqu'à la fin ne diminueront pas l'amitié que vous avez pour moi, comme vous
devez vous attendre au réciproque d'une grande tendresse
de ma part pour vous[1].

Le jeune duc de Mortemart était fort distingué, si
l'on en juge d'après le portrait qu'en fait le chevalier
de Pailleroles, chargé de l'accompagner en Italie, où
Colbert l'envoyait voyager.

« Je me confirme tous les jours de plus en plus,
écrit le chevalier à Colbert[2], dans l'opinion qu'on ne
peut avoir de sentiments plus droits, ni d'inclinations
plus sages et plus réglées qu'il les a. Il est de parfaitement bon naturel, fort doux, fort civil et fort honnête
à tout le monde, sachant pourtant fort bien faire la
différence des gens. Il a plus de discernement et de
connaissance que les autres personnes de son âge, et
on ne saurait être moins enfant ou plus homme qu'il
l'est déjà. Il a de l'ambition et de la gloire, sans orgueil. Il est quelquefois un peu rêveur et mélancolique ;
mais cela se dissipe facilement et ne tient point contre
la bonne compagnie, dans laquelle il est fort gai et fort
agréable, et divertit fort les autres en se divertissant
fort aussi. Il aime le jeu et s'y plaît particulièrement,

1. *Lettres, instructions et mémoires.* VII, 117.
2. *Ibidem.* VII, 369. — Juin 1680.

mais sans se piquer ni s'inquiéter, ne jouant point mal et ne faisant point mal ses parties. Il n'a pas la moindre disposition à aucune sorte de débauche, et on ne voit guère tant de sobriété et de continence en un homme de son âge. Il a beaucoup d'inclination, et du génie même, pour la musique, et il a pris goût à la peinture, à la sculpture et à l'architecture d'Italie. Il n'a pas mal profité de ses voyages, et il n'est pas mal instruit des intérêts des princes qu'il a vus ou dans les États desquels il est passé. Il serait difficile, au reste, qu'ayant été presque toujours élevé sur la mer ou dans un camp, et s'étant trouvé maître de lui-même depuis son enfance, il pût avoir appris ce que savent ceux qui ont fait régulièrement leurs études, et il serait presque plus difficile encore qu'il le pût fort bien apprendre en la place où il est, n'ayant pas même, pour le dire franchement et ne le pas louer en tout, beaucoup d'inclination à l'étude ni à la lecture. Mais il sait des choses de beaucoup meilleur usage, c'est-à-dire qu'il sait très bien vivre et qu'il sait très bien le monde, de quoi il a la principale obligation à ce très bon sens naturel que Dieu lui a donné.

« Je crois encore, Monseigneur, le pouvoir louer par avance d'une bonne qualité dont les jeunes hommes de la Cour et de son rang ne se piquent guère, et dont on serait mal reçu à le louer devant eux, c'est qu'il sera parfaitement bon mari ; car outre qu'il aime à faire son devoir en toutes choses et qu'il est fort persuadé et fort touché du mérite de madame la duchesse de Mortemart, cette qualité s'accorde fort avec son

ambition, et il sent bien qu'elle ne nuira pas à sa fortune.

« Il a pour Monsieur son père toute l'affection et
tout le respect d'un bon fils, estimant et honorant les
bonnes qualités qui sont en lui, et il a pour vous, Monseigneur, tous les sentiments de reconnaissance et de
soumission auxquels il est obligé par tant de raisons.

« Il m'a paru en particulier entièrement sensible à
ce que vous lui avez écrit sur le duché de Mortemart,
que vous lui avez si avantageusement assuré ».

Colbert voulait que son gendre, si bien doué, devînt
un jour un marin distingué, et il dirigea son instruction comme il avait fait celle de Seignelay. « Vous me
remercierez un jour, lui écrit-il, de vous avoir obligé
de faire ce que vous faites », c'est-à-dire ce long voyage
en Italie qui l'éloignait de sa femme et « lui donnait du
chagrin ».

Seignelay était fort lié avec son beau-frère. En 1681,
au moment où Louis XIV venait de nommer M. de
Mortemart, malgré ses dix-huit ans, intendant général
des galères, il lui adressa la lettre suivante [1] :

C'est avec bien de la joie que je vous apprends, mon cher
frère, que l'on ne peut être plus content que le Roi ne l'a
été de votre première campagne et de la relation que vous
lui en avez faite... J'espère que, continuant comme vous
avez commencé, et vous appliquant comme vous faites à
tout ce qui concerne votre charge, vous mettrez les galères
sur un pied qui vous donnera beaucoup de satisfaction, et

1. 27 juillet 1681. — *Lettres, instructions et mémoires*, III, xv.

qui sera très avantageux au service de S. M. Vous jugez ai-
sément avec quel plaisir je profiterai des occasions de faire
valoir votre zèle, et quelle joie j'aurai d'apprendre que le
bon ordre que je souhaite depuis si longtemps de voir établi
dans les galères soit un ouvrage de votre application. Je ne
doute pas que vous ne soyez aussi sensible que vous le devez être au premier succès de vos soins, et il ne me reste
qu'à souhaiter que vous le soyez autant que vous le devez
à la tendre amitié que j'ai pour vous.

Le duc de Mortemart donnait les plus belles espérances à notre marine : en 1686, il sut, par sa ferme
attitude, forcer les pirates de Tripoli à se soumettre et
à rendre tous les esclaves chrétiens qu'ils avaient dans
leur ville. Mais une mort prématurée l'enleva en 1688 :
il n'avait que vingt-cinq ans. « M. de Mortemart, dit
Saint-Simon [1], était l'homme de son temps de la plus
grande espérance, et, pour son âge, de la plus grande
réputation ». Dangeau écrit dans son journal, le
3 avril 1688 : « M. de Mortemart mourut à Paris, à
deux heures du matin ; il était général des galères en
survivance du duc de Vivonne, son père. Le million
que le Roi lui avait donné, quand il se maria, est
substitué, mais non pas à perpétuité, comme on avait
dit. Madame de Mortemart, sa veuve, aura 40,000 livres de rente, savoir : 100,000 écus que le Roi lui
avait donnés quand elle se maria, 100,000 écus qu'elle
a eus de sa famille, et 10,000 livres de douaire ».
En septembre 1689, le Roi lui donna l'abbaye de

<hr>

1. *Addition au Journal de Dangeau*, II, 124.

Beaumont auprès de Tours[1]. Saint-Simon nous apprend que, dès 1694, elle avait renoncé aux plaisirs de la Cour, auxquels elle avait pris une part active, et qu'elle s'était jetée, à Paris, dans la dévotion la plus solitaire[2].

Colbert donna à tous les membres de sa famille, qui s'en montraient dignes[3], de belles positions dans l'administration, l'armée, le clergé, la diplomatie. On a vu que trois de ses fils furent tués à l'ennemi. Un de ses frères était évêque d'Auxerre; un autre, Édouard-François Colbert, comte de Maulevrier, mort en 1693, fut lieutenant général des armées du Roi et chevalier de ses ordres; Charles Colbert, marquis de Croissy, fut ambassadeur à Londres. Son oncle, Pussort[4], qui dans le procès de Fouquet avait joué un rôle important et s'était montré d'une extrême sévérité, fut un conseiller d'État très capable, très laborieux et d'une grande probité. Il prit une part considérable aux travaux de législation qui se firent pendant le règne de Louis XIV. Tout en lui rendant justice, Saint-Simon l'appelle un « fagot d'épines » et achève le portrait en disant qu'il avait « une mine de chat fâché ».

Nous savons déjà que Colbert de Terron (mort en

1. DANGEAU, II, 477.
2. *Addition au Journal de Dangeau*, IV, 486.
3. Un de ses cousins, Colbert de Saint-Marc, conseiller au parlement de Metz, avait été nommé intendant d'Alsace, et remplissait mal ses fonctions. Après de nombreuses réprimandes fort sévères, Colbert le révoqua et le renvoya au parlement de Metz (*Lettres, instructions et mémoires*, V, XV).
4. Frère de la mère de Colbert.

1684), cousin de Colbert, était conseiller d'État et intendant de la marine à Rochefort; nous avons déjà dit que c'était un très habile administrateur.

Plusieurs membres de la famille Colbert, après Colbert et Seignelay, ont été ministres sous Louis XIV. Le marquis de Croissy eut le portefeuille des Affaires étrangères en 1689. Son fils, le marquis de Torcy, lui succéda en 1696. — Nicolas Desmarets, marquis de Maillebois, neveu de Colbert[1], était entré en 1667, à l'âge de seize ans, dans les bureaux de son oncle, dont il fut l'élève. Maître des requêtes en 1674, intendant des finances en 1678, destitué en 1684, il devint ministre des finances en 1708, après la retraite de Chamillart. Desmarets trouva le Trésor vide et la France absolument ruinée; il sut cependant trouver l'argent nécessaire aux armées et permettre à Louis XIV d'arriver à la paix d'Utrecht[2].

On trouve aussi un Édouard Colbert, marquis de Villacerf, nommé surintendant des bâtiments en 1691 (mort en 1699); mais il appartient à la branche des Saint-Pouange, et son élévation est l'œuvre de Louvois, bien plus que de Colbert.

1. Fils de Marie Colbert, sœur du ministre.
2. Desmarets est le père du maréchal de Maillebois.

CHAPITRE V.

I. — *Châteaux et hôtels.*

I. Château de Seignelay.

Colbert acheta de bonne heure la terre de Seignelay,
où se trouvait un château qu'il fit restaurer par Le Vau,
et dont les jardins et le parc furent dessinés par Lenôtre.
On ne sait rien sur ce château, qui fut détruit, dit-on,
à la Révolution, si ce n'est que le grand parc existe
encore, et qu'il appartient aux Montmorency depuis
1724[1].

II. Sceaux.

Seignelay était trop loin de Paris pour Colbert, devenu ministre de Louis XIV. Le Roi ayant fixé sa résidence à Versailles, il fallait que ministres et courtisans
eussent leur château ou leur maison de campagne à
proximité de Versailles et de Paris. Colbert acheta la
terre de Sceaux.

La baronnie de Sceaux appartenait, depuis la fin du

---

1. *Lettres, instructions et mémoires*, VII, I. note. — JAL, *Dict.
crit. de biogr. et d'hist.*, art. *Colbert.*

seizième siècle, à la famille Potier de Gesvres, dont l'un des membres, Léon Potier, duc de Tresmes, vendit, le 11 avril 1670, sa terre à Colbert pour la somme de 135,000 livres. Cette terre comprenait un château bâti pendant le règne de Henri IV et 120 arpents[1]. Puis, pour s'agrandir, Colbert acheta successivement de nombreuses terres, et finit par posséder un parc de 700 arpents[2] clos de murs. Dès l'année de son acquisition Colbert fit démolir l'ancien château et fit construire par Perrault, l'architecte de la colonnade du Louvre, un nouvel édifice, dont l'architecture était fort remarquable. Lebrun fut chargé de la décoration des appartements; Lenôtre dessina les jardins et le parc; Girardon, Tuby et Puget firent les sculptures; Nicolas Jongleur fut chargé de tous les travaux hydrauliques nécessaires pour donner de l'eau aux fontaines, bassins et cascades des jardins et du parc, travail difficile, car cette terre était absolument dépourvue d'eau.

C'est encore au Cabinet des estampes qu'il faut aller pour retrouver, dans les belles gravures d'Israël Silvestre, de Pérelle, d'Aveline et de Rigaud, les vues du château et des jardins de Sceaux, presque tout étant détruit actuellement. Le plan de Champin et Cicille, gravé en 1785, donne une idée exacte de l'ensemble de cette splendide propriété.

Dargenville[3] nous apprend qu'on arrivait au château

1. 41 hectares.
2. 240 hectares.
3. *Voyage pittoresque aux environs de Paris.*

par une avenue à quatre rangs d'arbres, qui commençait sur la route de Paris à Orléans. Le château se composait d'un rez-de-chaussée, d'un premier étage et d'un
étage mansardé, dont le toit, d'une hauteur inégale,
partageait la façade sur les jardins en cinq pavillons
séparés les uns des autres par de grands pilastres. Il y
avait quinze fenêtres à chaque étage.

« La chapelle, dit Dargenville, est placée à l'extrémité de l'aile gauche, dans un pavillon carré en dehors
et circulaire en dedans. Elle est ornée de pilastres corinthiens qui portent un plafond cintré en forme de coupe,
peint à fresque par Lebrun ».

Guillet de Saint-Georges, l'historiographe de l'ancienne Académie royale de peinture et de sculpture,
décrit ainsi l'œuvre de Lebrun[1] : « M. Lebrun peignit à
fresque la voûte de la chapelle de Sceaux, et comme les
figures de marbre qui sont sur l'autel, et qui ont été
faites d'après les dessins de M. Lebrun par M. Tuby,
représentent le baptême du Sauveur, il a fait convenir
le sujet de ses peintures à ce grand mystère. Il a donc
peint dans la voûte une Gloire céleste, où le Père éternel est représenté dans le moment qu'il prononça ces
paroles rapportées par saint Matthieu, dans le troisième
chapitre de son Évangile : « C'est ici mon Fils bienaimé, en qui j'ai mis toute mon affection ». Parmi les

1. Vie de Lebrun, dans le t. Ier des *Mémoires inédits sur la vie
et les ouvrages des membres de l'Académie royale de peinture et
de sculpture*, publiés par L. Dussieux et E. Soulié, 1854, 2 vol.
in-8°. t. I. p. 30.

expressions qui contribuent à marquer la splendeur de
cette Gloire, M. Lebrun y a donné des idées et des sym-
boles de la Loi de nature, de la Loi de Moïse et de la
Loi de grâce, et y fit paraître les figures allégoriques
de la Foi, de la Charité, de la Pureté et de l'Obéissance.
M. Audran a gravé cette Gloire. M. Lebrun commença
les ouvrages de cette chapelle et y peignit, en bas-reliefs
de camaïeux rehaussés d'or, l'histoire de saint Jean-
Baptiste, pour satisfaire à la piété de M. Colbert, qui
portait le nom de Jean-Baptiste ».

Les jardins, dessinés par Lenôtre, se composaient de
belles terrasses, de parterres de broderies et de parterres de fleurs, avec bassins et jets d'eau, le tout entouré de petits ifs et décoré de quelques belles statues :
le Gladiateur, une Diane en bronze que Christine, reine
de Suède, avait donnée autrefois à notre ambassadeur
Servien. On y trouvait aussi une grotte, d'une agréable
architecture.

Le parc était percé de belles allées « palissadées »,
c'est-à-dire bordées de très hautes charmilles, selon la
mode de l'époque. Quelques allées au contraire étaient
bordées de berceaux de treillage, à mailles étroites,
construits sur d'élégants dessins et surmontés de dômes
à tous leurs angles. Quelquefois aussi les arbres étaient
taillés en portiques et en arcades, et ces voûtes de feuillages assuraient aux promeneurs l'ombre et la fraîcheur.

Les bosquets avaient tous leur fontaine ou bassin.

L'orangerie, dont La Quintinye soignait les beaux
arbres, renfermait 280 orangers, 6 grenadiers, 8 myrtes,

150 jasmins, 126 lauriers, 2 aloès, 1 pied de fleur de la Passion, évalués, en 1683, 26,378 livres[1].

On admirait surtout, dans le parc, la salle des Marronniers, — « un petit bois fait en labyrinthe et tout rempli de fontaines[2] », — la Galerie d'eau, ou Allée d'eau, appelée aussi la Salle des antiques, décorée de bustes et de jets d'eau[3], — le Pavillon des Quatre-Vents, « d'où l'on a une vue enchantée », — la Fontaine d'Éole et de Scylla, dont les figures en plomb, dessinées par Lebrun, jetaient des gerbes d'eau ; l'allée de ce bosquet avait pour perspective le fameux Hercule Gaulois du Puget, — la Grande cascade, une des plus belles pièces d'eau construites au XVIIe siècle, dont l'eau sortait des urnes de deux fleuves sculptés par Coyzevox[4], — la Ménagerie, peuplée d'oies et de canards, — le Grand canal, creusé probablement sous Seignelay.

Beaucoup d'arbres de grande taille avaient été plantés, comme à Versailles, dans le parc de Colbert, qui, par ce procédé, eut tout de suite une belle verdure et de l'ombre.

Les gazons étaient de la plus verdoyante fraicheur. Les eaux étaient pures : tout le monde admirait leur beauté. Elles avaient été amenées dans les jardins et le parc par l'habile fontenier de Colbert, Nicolas Jongleur[5], dont le nom mériterait d'être plus connu. Citons

1. *Lettres, instructions et mémoires*, VII, 370, 389.
2. SANDRAS DE COURTILZ, *Vie de Colbert*. 1695. p. 104.
3. DANGERVILLE.
4. Prononcez Coazevô.
5. Ou Le Jongleur. *Mercure galant*. octobre 1677, p. 140. — ADVIELLE, *Histoire de la ville de Sceaux*, 1883, p. 229.)

encore Nicolas Bénard, jardinier de Colbert : c'est lui qui entretenait avec art les magnifiques jardins du ministre et dirigeait les fonteniers du parc[1].

Quinault a composé sur la résidence de Colbert un poëme en deux chants[2], dont nous reproduisons le premier.

> J'étais dans les jardins de l'aimable demeure
>> Où le Mécène des François
> Vient voir l'éclat des fleurs et l'ombrage des bois,
> Quand ses soins redoublés ont ménagé quelque heure
>> Sur le temps de ses grands emplois.
>> Ce jour même il devait s'y rendre,
> Et je me promenais, en rêvant, pour l'attendre.
>> Je me fis un amusement
>> D'observer le grand bâtiment
> Qui s'élève au milieu de ce séjour champêtre :
> J'admirai mille fois ce chef-d'œuvre des arts
> Dont la beauté sans pompe enchante les regards,
> Et semble, en se montrant, craindre de trop paraître.
> Comme si la maison voulait de toutes parts
>> Faire également reconnaître
> La sage modestie et la grandeur du maître.
>> J'allais essayer, par mes vers,
>> De tracer les charmes divers
>> D'une architecture si belle :
>> J'avais le crayon dans la main,
>> Lorsqu'une aventure nouvelle
>> Me fit prendre un nouveau dessein.
>
> Je me vis aborder par une Nymphe aimable :
> Mes yeux furent surpris de l'éclat admirable

1. ADVIELLE, ouvrage cité. p. 229.
2. Publié en 1813 par Debure.

Dont elle fit briller tous les lieux d'alentour :
    Mille fleurs ornaient son passage,
    Et mille oiseaux, par leur ramage,
    A l'envi lui faisaient la cour.

    « Quitte, dit-elle, une entreprise
    Que tu ne dois point achever ;
Le choix d'une déesse à qui je suis soumise
Pour un autre dessein t'a voulu réserver.
Cent merveilles ici se trouvent réunies :
Il faut plus d'une main, il faut divers génies
Pour en bien exprimer les charmes différents :
Je dois te faire voir ce que tu dois décrire :
    Avec les efforts les plus grands
    A peine y pourras-tu suffire.

« Ces beaux lieux sont chéris de la divinité
    Qui, s'éveillant quand tout sommeille [1],
    Écarte d'une main vermeille
    La plus épaisse obscurité,
Et, pour le bien du monde, active et diligente,
    Avec une douce clarté,
Rallume du soleil la lumière éclatante.
Sa faveur me préfère aux Nymphes de sa cour ;
    Et, dans ce tranquille séjour,
Je me fais de lui plaire une soigneuse étude.
Lorsqu'elle a satisfait aux ordres du Destin,
Elle vient sans éclat dans cette solitude
Se délasser le soir des travaux du matin.

    « Elle regarde avec estime
Le Mécène nouveau de l'empire françois ;
Elle admire l'ardeur qui sans cesse l'anime
    Pour le plus auguste des rois.

1. L'Aurore.

Elle n'a jamais vu de zèle
Ni plus actif ni plus fidèle.
Elle a beau devancer le soleil dans les cieux,
Et voler pour se rendre où son devoir l'appelle :
Dès qu'elle ouvre la porte à la clarté nouvelle,
Le vigilant Colbert se présente à ses yeux ;
Elle le voit toujours exact, laborieux,
Toujours éveillé devant elle.

« La déesse, en secret, d'une pressante voix,
Lui conseilla d'aller loin du bruit quelquefois
Chercher un doux relâche à ses travaux pénibles,
Et de ces retraites paisibles
Lui fit résoudre l'heureux choix.
C'est pour lui faire aimer la demeure qu'il aime
Qu'elle a rendu ces lieux si beaux :
Elle y joint chaque jour mille agréments nouveaux :
Elle en a fait cesser la sécheresse extrême,
Et l'on y voit partout briller de claires eaux
Qu'elle puise au ciel elle-même.

« Regarde avec étonnement
L'amas prodigieux des ondes écoulées.
Le dieu du liquide élément
Semble avoir fait passer ses flots dans ces vallées.
Deux fleuves, couronnés de joncs et de roseaux,
Ont soin d'attendre les ruisseaux
Qui sortent de ce vert bocage,
Et sont assis sur leur passage.
Avec un doux plaisir, ces vénérables dieux
Reçoivent les eaux qui descendent,
Pour grossir le tribut qu'ils rendent
A la nouvelle mer qui se forme en ces lieux.

« Mille fontaines dispersées,
Après de longs détours ensemble ramassées,

Forment, d'un commun mouvement,
Sur ce riche vallon un spectacle charmant.
Malgré le penchant qui les presse
De se précipiter sans cesse
Vers le lit spacieux qui leur est préparé,
Elles semblent, comme enchantées,
Ne pouvoir détacher leurs ondes argentées
Du verdoyant émail et du sablon doré
Dont si pompeusement leur chemin est paré :
Loin de paraître impatientes
D'arriver à la fin de leurs courses errantes,
On les voit, par bouillons épais,
Tâcher à remonter dans ces lieux pleins d'attraits
A cent reprises différentes;
Et par cent bonds plaintifs, par cent chutes bruyantes,
On les entend gémir en tombant pour jamais
Dans le vaste séjour d'une profonde paix.
Au milieu de ces eaux, l'eau du ciel la plus pure,
Et de ces beaux jardins l'ornement le plus grand,
D'une étroite prison sortant avec murmure,
S'élance dans les airs en superbes torrents.

« Cette onde, en jaillissant d'un mouvement rapide,
Forme une colonne liquide
Qui jusque dans le ciel s'élève avec fierté :
Contre son poids elle dispute,
Sans cesse elle remonte et répare sa chute,
Et son débris lui sert de nouvelle beauté.

« Marchons, éloignons-nous de ce bois frais et sombre,
Un jour tu reviendras le voir plus à loisir :
Pour y rêver avec plaisir
On y trouve toujours du silence et de l'ombre.
Les vents impétueux vont plus loin murmurer;
Le seul Zéphire a l'avantage
De s'y faire un secret passage;

Le grand jour n'ose y pénétrer :
L'importune chaleur n'y peut jamais entrer.

« Traversons ce parterre, et vois ces fleurs nouvelles
Se parer à l'envi des couleurs les plus belles.
D'un seul regard, découvre ici, de tous côtés,
        Ces charmantes diversités
        Qui doivent enchanter ta vue :
Ces fertiles coteaux et ces sombres déserts
Où la tranquillité n'est point interrompue :
        Ces vallons de saules couverts ;
Ces ruisseaux serpentant dans ces prés toujours verts :
        Ces plaines d'immense étendue
Que d'un or précieux Cérès prend soin d'orner :
Ce mont qui de si loin fait si bien discerner
        L'antique tour presque abattue
Qui depuis si longtemps sert à le couronner.
Et dont l'orgueilleux reste ose encor s'obstiner
        A monter jusque dans la nue.

        « Sur la pointe de ce coteau,
        Le pouvoir d'un charme nouveau
Suspend un grand amas d'une onde vive et pure :
Ces eaux n'osent descendre, et n'ont jamais tenté,
        Pour se remettre en liberté,
        De rompre la molle ceinture
Dont l'émail d'un gazon tient leur cours arrêté :
        La fraîche et brillante verdure
Prend plaisir à se voir si belle en se mirant,
Et prend soin de parer d'une riche bordure
De ce flottant miroir le cristal transparent.

« Il faut nous détourner de ce lieu qui t'enchante :
Suis-moi, me dit la Nymphe, et te hâte en passant
        D'admirer de ce bois naissant
        La jeunesse tendre et charmante.

Passons dans ces jardins [1] où Pomone à l'écart,
Pour travailler en paix, fait sa demeure à part.
Ses travaux sont payés d'une heureuse abondance :
La terre, favorable à sa persévérance,
Lui donne, en cent façons, des trésors précieux :
      Et chaque jour ici l'Aurore
      Se plaît à l'enrichir encore
      Des perles qu'elle épand des cieux.

« Dans une solitude et si riche et si belle,
Observe un bâtiment tracé sur le modèle
D'un temple au bord de l'Inde autrefois élevé :
L'art n'a rien fait jamais qui fût plus achevé.
C'est ici que souvent l'Aurore se retire ;
      Avec plaisir elle y soupire ;
Elle y vient en secret retracer à son gré
Le tendre souvenir de son amour fatale
      Pour l'ingrat et charmant Céphale....

« Elle a fait en ce lieu tracer son aventure ;
      Elle en inspira le dessin ;
      Et de sa clarté la plus pure
Elle-même éclaira l'ingénieuse main [2]
Qui prit soin d'achever cette vive peinture.

« Imite, s'il se peut, tant de traits excellents ;
De ces tableaux muets fais des portraits parlants ;
Et, pour peindre l'amour d'une aimable déesse,
Tâche à joindre en tes vers la force à la tendresse. »

Je vis son teint pâlir et ses yeux se troubler ;
Un bruit confus de voix fit son inquiétude :

1. Le potager.
2. Celle de Lebrun.

> Elle entendit marcher à grands pas vers ces lieux
>   Une foule de curieux :
>   « Je retourne à ma solitude,
> Me dit-elle, et ce bruit m'y contraint d'y rentrer :
> Aux profanes regards je ne me puis montrer. »
> Je crus la retenir ; mais sa robe volante
> Fut changée, au moment que j'y portai la main,
> En un souffle léger que je suivis en vain.
> La Nymphe ne laissa qu'une trace brillante
> Qui s'éleva dans l'air et disparut soudain.

Quinault, dans le second chant, décrit longuement le Temple de l'Aurore, l'une des principales curiosités de Sceaux.

Lebrun avait peint le plafond du dôme de ce charmant pavillon[1]. « Il a représenté, écrit Dargenville, cette déesse avec sa suite brillante, qui abandonne Céphale pour commencer à éclairer l'Univers. Elle tient la route du Zodiaque, et regarde le Point du jour qui la précède. Son char est attelé de deux coursiers pleins de feu ; l'Amour tient les rênes de l'un, l'autre est conduit par deux Amours, dont un élève une couronne au-dessus de sa tête, l'autre tire à lui une guirlande que tient Flore avec un jeune homme, symbole du Printemps. Une grande guirlande portée par plusieurs Amours prend naissance de la Terre et retombe sur le

---

1. Le pavillon de l'Aurore existe encore. — Il reste aussi de l'ancien château : l'orangerie, le canal et la grille d'entrée avec ses deux petits pavillons et deux piédestaux surmontés de groupes d'animaux attribués à Coyzevox.

Un nouveau château a été construit, dans ces dernières années, à Sceaux, pour M. le duc de Trévise, et un lycée, le lycée Lakanal, a été bâti dans l'ancien parc.

pied d'un taureau, signe du mois d'Avril. Au-dessus, une suivante de l'Aurore répand la rosée. La Terre, personnifiée par une femme appuyée sur une urne, fait rayer le lait de son sein, en même temps qu'elle se débarrasse de son manteau, d'où quantité d'oiseaux se répandent dans les airs. Plus haut on remarque la Vigilance, dont le coq est le symbole. Dans l'éloignement, le char du Soleil commence à paraître. Une femme, plus avancée et couchée sur des gerbes de blé, caractérise l'Été. Vis-à-vis la Terre on voit l'Automne, Bacchus et Silène. Derrière ce dieu, un jeune homme tire de l'arc pour marquer que les grandes chasses se font en automne. A droite et à gauche sont Castor et Pollux. Au-dessus de la porte d'entrée se voit la Nuit sous la figure d'une femme déployant un rideau, d'où sortent des oiseaux nocturnes. Autour d'elle des spectres et des fantômes expriment la diversité et l'ambiguïté des songes. Les Heures de la nuit répandent leurs pavots, tandis que la Lune se précipite au lever du Soleil. Au milieu de ce plafond paraît, dans le Zodiaque, la Balance, signe de l'équinoxe d'Automne. Il a été gravé par Audran.

« Les plafonds des deux petits cabinets qui composent le pavillon de l'Aurore sont peints par M. Delobel, qui a représenté dans l'un, Zéphire et Flore, et dans l'autre, Vertumne et Pomone ».

En 1675, le 8 juillet, la Reine et la Dauphine allèrent visiter le château de Sceaux. La *Gazette* raconte brièvement cette visite :

« Le 8, la Reine vint ici (à Paris) le matin, au monastère des Carmélites de la rue du Bouloir. Elle alla ensuite à Sceaux, voir la belle maison du sieur Colbert, ministre et secrétaire d'État, qui l'y régala magnifiquement, avec Mgr le Dauphin, lequel s'y rendit pareillement, l'après-dinée, et retourna, avec S. M., à Saint-Germain en Laye[1] ».

En juillet 1677, ce fut le tour de Louis XIV d'aller à Sceaux visiter Colbert. Le *Mercure Galant* nous a laissé le compte rendu de cette fête.

Le Roi, voulant faire l'honneur à M. Colbert d'aller voir sa belle maison, choisit le jour de cette promenade ; et ce sage ministre, en ayant été averti, se prépara à l'y recevoir en zélé sujet qui attend son maître, et un maître comme le Roi. Il ne chercha point à faire une de ces fêtes somptueuses dont l'excessive dépense n'attire souvent que le désordre, et qui satisfont plus l'ambition de ceux qui les donnent qu'elles ne causent de plaisir à ceux pour qui on les fait. La profusion qui s'y trouve semble n'appartenir qu'aux souverains ; et quand on cherche plus à divertir qu'à faire bruit par le faste, on s'attache moins à ce qui coûte extraordinairement qu'à ce qui doit paraître agréable.

C'est ce que fit M. Colbert avec cette prudence qui accompagne toutes ses actions. Il songea seulement à une réception bien entendue, et il voulut que la propreté, le bon ordre et la diversité des plaisirs tinssent lieu de cette somptuosité extraordinaire[2], qu'il n'eût pu jamais porter assez loin, s'il l'eût voulu proportionner à la grâce que lui faisait le plus grand prince du monde.

Cet heureux jour venu, il fit assembler tous les habitants

---

1. *Gazette*, 1675, p. 526.
2. Colbert se souvenait de Fouquet et ne cherchait pas à imiter sa prodigalité.

dès le matin, leur apprit le dessein que le Roi avait de venir
à Sceaux ; et, pour augmenter la joie qu'ils lui en firent paraître, et leur donner lieu de garder longtemps le souvenir
de l'honneur que S. M. lui faisait, il leur dit qu'ils devaient
payer une année de taille au Roi, mais qu'ils songeassent
seulement à trouver de quoi satisfaire aux six premiers
mois, et qu'il paierait le reste pour eux. Ils se retirèrent fort
satisfaits et se furent préparer à donner des marques publiques de la joie qu'ils avaient de voir le Roi.

Ce prince n'en découvrit pourtant rien aux environs de
Sceaux : tout y était tranquille, et l'on n'eût pas même dit
en entrant dans la maison de M. Colbert qu'on y eût fait
aucuns préparatifs pour la réception de Leurs Majestés.

Elles en voulurent voir d'abord les appartements, dont
les ornements et les meubles étaient dans cette merveilleuse
propreté, qui n'arrête pas moins les yeux que l'extraordinaire magnificence. On se promena ensuite, et ce ne fut
pas sans admirer plusieurs endroits particuliers du jardin.
La promenade fut interrompue par le divertissement du
prologue de l'opéra d'*Hermione*, après lequel on acheva de
voir les raretés du jardin.

Les plaisirs se rencontrèrent partout. D'un côté il y avait
des voix, des instruments de l'autre ; et le tout étant court,
agréable, donné à propos et sans être attendu, divertissait
de plus d'une manière : point de confusion et toujours nouvelle surprise.

Je ne vous parle point du souper, tout y était digne de
celui qui le donnait : on ne peut rien dire de plus fort pour
marquer une extrême propreté, jointe à tout ce que les mets
les mieux assaisonnés peuvent avoir de délicatesse. M. Colbert servit le Roi et la Reine ; et Mgr le Dauphin fut servi
par M. le marquis de Seignelay. LL. MM. s'étant assises, et
auprès d'elles Mgr le Dauphin, Mademoiselle d'Orléans[1],

____

1. Mademoiselle de Montpensier, fille de Gaston d'Orléans.

Madame la Grande Duchesse[1] et Mademoiselle de Blois[2], le Roi fit mettre à table plusieurs dames, dont je ne m'engage pas à vous dire les noms selon leur rang. Ces dames furent Mademoiselle d'Elbeuf, Madame la duchesse de Richelieu, Madame de Béthune, Madame de Montespan, Madame la maréchale d'Humières, Madame la comtesse de Guiche, Madame de Thianges, Madame la marquise de la Ferté, Madame d'Heudicourt, Madame Colbert, Madame la duchesse de Chevreuse, Madame la comtesse de Saint-Aignan, Madame la marquise de Seignelay et Mademoiselle Colbert.

Toutes ces dames furent servies par les gens de M. Colbert, le Roi n'ayant voulu donner cet ordre à aucun de ses officiers.

Il y avait deux autres tables en d'autres salles, à l'une desquelles était M. le Duc[3], et à l'autre M. le prince de Conty, M. de la Roche-sur-Yon, son frère, et M. le duc de Vermandois[4], avec plusieurs autres personnes des plus qualifiées de la Cour. M. le duc de Chevreuse et M. le comte de Saint-Aignan[5] firent les honneurs de ces deux tables.

Le souper fut suivi d'un feu d'artifice admirable, qui divertit d'autant plus que, ce beau lieu étant tout rempli d'échos, le bruit que les boîtes faisaient était redoublé de toutes parts.

Ce ne fut pas la seule surprise que causa ce feu : il n'y avait pas d'apparence qu'il y en dût avoir dans le lieu où il parut, et l'étonnement fut grand lorsqu'on le vit brûler tout à coup et qu'il se fit entendre. Les villages circonvoisins commencèrent alors à donner des marques de leur allégresse, et l'on en vit sortir en même temps un nombre infini de fusées volantes dans toute l'étendue de l'horizon

1. Autre fille de Gaston, mariée au grand-duc de Toscane.
2. Fille de la duchesse de la Vallière.
3. Henri-Jules de Bourbon, fils du Grand Condé.
4. Fils de la duchesse de la Vallière.
5. Gendres de Colbert.

qui peut être vue du château; de manière qu'on eût dit que le village de Sceaux ne voulait pas seulement témoigner la joie qu'il ressentait de voir un si grand roi, mais encore que toute la Nature voulait contribuer à ses plaisirs.

Le feu fut à peine fini que toute la Cour entra dans l'Orangerie, où elle fut de nouveau agréablement surprise. Elle trouva dans le même endroit où l'on avait chanté quelques airs de l'opéra un théâtre magnifique, avec des enfoncements admirables. Il paraissait avoir été mis là par enchantement, à cause du peu de temps qu'on avait eu pour le dresser. M. Lebrun y avait donné ses soins, et rien n'y manquait. La *Phèdre* de M. Racine y fut représentée et applaudie à son ordinaire.

Cette fête parut finir avec la comédie, et M. Colbert eut l'avantage d'entendre dire à S. M. qu'elle ne s'était jamais plus agréablement divertie.

A peine fut-elle hors du château qu'elle trouva de nouvelles fêtes et vit briller de nouveaux feux. Tout était en joie, on dansait d'un côté, on chantait de l'autre. Les hautbois se faisaient entendre parmi les cris de Vive le Roi! et les violons semblaient servir d'écho à tous ces cris d'allégresse. Jamais on ne vit de nuit si bien éclairée : tous les arbres étaient chargés de lumières, et les chemins étaient couverts de feuillées. Toutes les paysannes dansaient dessous; elles n'avaient rien oublié de tout ce qui les pouvait rendre propres; et quantité de bourgeoises, qui voulaient prendre part à la fête, s'étaient mêlées avec elles.

Ce fut ainsi que M. Colbert divertit le Roi par des surprises agréables et des plaisirs toujours renaissant les uns des autres. Ses ordres furent exécutés avec tant de justesse et tant d'exactitude que tout divertit également dans cette fête et qu'il n'y eut point de confusion. On peut dire qu'elle fut somptueuse sans faste, et abondante en toutes choses sans qu'il y eût rien de superflu [1].

1. *Mercure galant,* juillet 1677, p. 281.

18

Colbert recevait à Sceaux les beaux esprits du temps.
On lit dans l'édition des œuvres de Boileau, publiée
par Saint-Marc [1], l'anecdote suivante : Colbert avait
mené Boileau et Racine à sa maison de Sceaux. Il était
seul, prenant un plaisir extrême à les entendre, quand
on vint lui dire que l'évêque de... demandait à le voir :
« Qu'on lui fasse voir tout, hormis moi », répondit-il.

En octobre 1677, Colbert invita les membres de l'Académie française, dont il faisait partie [2], à venir passer
une journée dans sa maison.

Rendant compte de cette fête, le *Mercure galant* [3]
commence par faire l'éloge des Grands qui aiment les
lettres et dit :

C'est par là qu'on a beau donner des louanges à M. Colbert, elles ne feront jamais éclater qu'imparfaitement les
rares qualités qui les lui attirent. Tout le monde sait que
les grandes affaires l'occupent jour et nuit: et, son délassement étant dans l'étude, on peut dire qu'il fait son plaisir de
ce qui serait le travail des autres. Il aime tellement les
gens de lettres qu'il ne se dérobe aux soucis de son ministère que pour s'entretenir avec eux. Jugez par là si ce n'est
pas à son esprit plutôt qu'à la considération de son rang
qu'il doit la place que Messieurs de l'Académie française le
prièrent, il y a quelques années, de vouloir accepter dans
leur corps.

Il a pour eux une estime si particulière que, leur en voulant donner d'autres marques que celles qu'ils en reçoivent

1. T. I, p. 414.
2. Il avait été reçu en 1666. Il eut pour successeur La Fontaine.
3. Octobre 1677. p. 125.

lorsqu'il peut assister à leurs séances, il leur fit dernièrement l'honneur à tous de les régaler dans sa maison de
Sceaux. Il les avait conviés le jour précédent par un billet
qu'ils trouvèrent chacun chez eux. Monsieur l'archevèque
de Paris [1], qui considère infiniment cette illustre Compagnie
dont il est, ne manqua pas à s'y rendre, et il faudrait
amasser bien du monde pour fournir autant d'esprit qu'il
s'en trouva en peu de temps chez l'illustre ministre, qui les
attendait. M. l'abbé Régnier lui présenta, en arrivant, un
très beau livre qu'il a composé de la Perfection du chrétien.

On se mit à table. Il y en eut deux services en même temps,
et le repas fut digne de celui qui le donnait. Il se dit mille
choses agréables pendant le dîner, qui ne finit que pour
mettre ces Messieurs dans une liberté plus entière de faire
paraître qu'ils n'étaient qu'esprit.

Au sortir de table, toute la compagnie fut dans une autre
salle, où il se fit une agréable conversation. M. Quinault y
lut un sonnet qu'il avait fait en venant à Sceaux, et M. Colbert demanda à M. l'abbé Furetière s'il n'avait rien fait de
nouveau. Il se trouva qu'il avait sur lui quelques vers sur
les derniers exploits du Roi. C'est un fragment d'une description de l'arc de triomphe [2], dans laquelle il parle des
plus remarquables actions que ce prince a faites pendant la
paix et depuis la guerre, suivant qu'elles pourront être pla-
cées dans les cadres de ce magnifique édifice.

Furetière lut alors trois pièces de vers : la *Prise de
Valenciennes*, le *Siège de Cambrai* et la *Bataille de
Cassel*. Après la lecture, on passa dans le cabinet de
l'Aurore.

Ce fut là que M. Quinault récita cinq ou six cents vers sur

1. François de Harlay.
2. La porte Saint-Denis, construite par François Blondel.

les peintures de cette charmante maison[1]. M. l'abbé Talle-
mant le jeune en loua les eaux par un poëme dont il fit part
à l'assemblée. Il est fort à la gloire de M. Le Jongleur, qui
a trouvé le secret d'en faire venir où il n'y en a point, et où
il n'y a pas même d'apparence qu'il y ait moyen de les conduire. M. Perrault, intendant des Bâtiments, parla le dernier.
Il ne dit que peu de stances, mais qui réveillèrent les atten-
tions. Les fréquents applaudissements qu'elles reçurent sont
une preuve incontestable de leur beauté.

Il n'y a point lieu d'en être surpris. M. Perrault est ce qui
s'appelle un esprit de bon goût, qui ne donne jamais dans
le faux brillant. Il écrit, et il sait comme on doit écrire. Il
possède toutes les belles connaissances, et ses ouvrages ont
toujours eu un fort grand succès. Il serait à souhaiter que
nous en eussions davantage, mais ses occupations ne lui per-
mettent pas de travailler.

Au sortir du cabinet, on alla voir les appartements, et on
se promena ensuite de tous côtés dans le jardin. Ces messieurs eurent partout sujet d'admirer; mais, quelques beautés
qu'ils découvrissent, rien ne leur parut si digne de leurs
éloges que celui qui les avait reçus si obligeamment.

Avouez-le, madame. Pour aimer ainsi les gens d'esprit,
il faut être parfaitement honnête homme[2]. Il faut se détacher
de la grandeur et du bien, pour se regarder en philosophe
et chercher la véritable solidité dans les sciences. Il est certain qu'on ne peut les aimer davantage que fait M. Colbert.
Il ne se contente pas d'être de l'Académie française ; il y a
nombre de ces messieurs qui composent une autre petite
académie qui s'assemble toutes les semaines sous son nom[3].

1. Il s'agit du poëme de *Sceaux*.
2. Au xviie siècle, honnête homme exprime l'idée d'un homme
bien élevé, distingué, ayant du goût, de l'esprit, de l'instruction et une tenue correcte.
3. Cette réunion, qui date de 1663, devint l'Académie des inscriptions et belles-lettres.

C'est avec eux qu'il s'entretient fort souvent sur les plus hautes matières.

On a vu de tout temps la plupart de ceux qui ont fait une figure considérable dans le monde avoir de grandes bibliothèques, et donner même des pensions à plusieurs personnes d'esprit ; mais c'étaient d'ignorants ambitieux qui ne faisaient l'un et l'autre que par ostentation, et qui se mettaient peu en peine de voir les livres et les savants.

M. Coibert n'en use pas de cette sorte. Il ne dédaigne point de se familiariser avec les gens de lettres, de s'abaisser jusqu'à ceux qui sont fort éloignés de son rang, et de se dépouiller de la grandeur qui l'environne pour se rendre en quelque façon leur égal. Comme il a toutes les lumières qui peuvent lui en faire aimer l'entretien, doit-on s'étonner si, se rendant le père et le protecteur des sciences et des beaux-arts, il seconde si bien le Roi qui les fait fleurir et qui n'a pas mérité le nom de Louis le Grand par sa seule valeur, mais encore par toutes les actions de sa vie ?

M. Boyer donna en sortant cet impromptu à M. Colbert :

MADRIGAL.

Ici tout plaît, ici tout est charmant,
La sagesse partout et la magnificence,
　　Partout la pompe et l'agrément,
　　Partout le choix et l'abondance.
　　Mais n'en déplaise à ces beautés,
Dont les plus curieux se peuvent satisfaire,
Le plaisir le plus grand dont nous sommes tentés
　　Est d'avoir le bonheur de plaire
Au maître glorieux de ces lieux enchantés.

Après la mort de Colbert, le château de Sceaux passa à Scignelay, son fils aîné, qui, n'ayant pas les goûts simples de Colbert, transforma sa maison et en fit une splendide et riche résidence. Depuis son voyage en Italie, Seignelay était devenu un amateur distingué et un connaisseur émérite. « Son caractère, dit Sandras de Courtilz[1], était entièrement opposé à celui de son père ; il était aussi magnifique en toutes choses que le défunt avait été économe. Sa table était somptueuse et ses meubles superbes ; il avait un cabinet entouré de miroirs, un autre dont le lambris était de bois de Calemba, qu'il avait fait venir de Siam ; il avait acheté d'Alvarez[2] pour 300,000 livres[3] de tableaux et statues d'Italie, dont il lui avait payé une partie en passeports et en vaisseaux qu'il lui avait prêtés. Le marquis de Seignelay avait beaucoup d'érudition et de politesse ; mais il était vain au dernier point et aimait ses plaisirs avec excès ».

Seignelay réunit à Sceaux un mobilier, des objets d'art, des tableaux, des statues, des pièces d'orfévrerie de la plus grande valeur. Le mobilier de Sceaux, à la mort de Colbert, avait été repris par Seignelay pour la somme de 50.477 livres[4] ; l'abbé de Choisy évaluait, en 1690, le mobilier de Sceaux à 1,700,000 livres[5].

La description suivante de la fête donnée au Roi par Seignelay, en juillet 1685, fait si bien connaître la résidence de Colbert, que nous n'hésitons pas à la repro-

1. Page 306.
2. Louis Alvarez, fameux joaillier, l'un des fournisseurs de Louis XIV (*Mercure galant*, 1687, avril, p. 216. — *Livre commode*, édit. Éd. Fournier, 1, 247).
3. 1,500.000 francs d'aujourd'hui.
4. *Lettres, instructions et mémoires*, VII, 380.
5. 8 millions et demi de francs de nos jours.

duire presque tout entière. Cette fête magnifique, somptueuse, contraste, comme on le verra, avec celle donnée quelques années auparavant par Colbert, et accuse nettement la différence des caractères du fils et du père.

Le Roi avait été à Meudon, chez Louvois, le 2 juillet 1685[1]; il ne pouvait refuser à Seignelay l'honneur de lui faire visite; aussi accepta-t-il l'invitation qui lui fut faite par Seignelay de venir, le 16 juillet 1685, souper en sa maison de Sceaux.

Le Roi ayant résolu d'aller souper à Sceaux, dans la maison qui appartient à M. le marquis de Seignelay, Sa Majesté l'en avertit quelques jours auparavant, afin qu'il eût le temps de se préparer à la recevoir avec toute la Maison Royale. Ce marquis donna aussitôt les ordres qu'il crut nécessaires pour répondre à l'honneur qu'il devait recevoir, et n'oublia rien de tout ce qu'il s'imagina devoir être agréable à Sa Majesté.

Le jour fut choisi; mais le temps s'étant tourné à la pluie, il y eut à craindre qu'il ne changeât pas si tôt, et le Roi eut la bonté de marquer un autre jour. Ce fut le lundi 16 de ce mois (juillet). M. le marquis de Seignelay prit de si grands soins d'empêcher la foule, qu'il n'entra dans le château que des personnes distinguées et des officiers de la Maison Royale. Ce qui l'engagea à se servir de cette précaution fut, non seulement afin que le Roi ne fût point incommodé de la presse qui suit ordinairement ces sortes de divertissements, mais encore afin qu'il ne vît point de personnes inconnues, qui sont deux choses qui gênent et qui sont cause qu'on ne jouit qu'imparfaitement des plaisirs auxquels on s'est préparé.

1. *Mercure galant*, juillet 1685, p. 44.

Ainsi l'on peut dire que le premier que S. M. goûta en entrant dans Sceaux fut celui de ne s'y trouver qu'avec sa Cour ordinaire, et d'être assuré que les divertissements qu'on lui avait préparés seraient pour Elle des plaisirs tranquilles.

Le Roi arriva à Sceaux sur les six heures et demie du soir, accompagné de Mgr le Dauphin, de Madame la Dauphine, de Monsieur, de Madame, de Monsieur le Duc, de Madame la Duchesse, de M. le duc de Bourbon, de Mademoiselle de Bourbon, de M. le duc du Maine, de Mademoiselle de Nantes, de plusieurs ducs et pairs, maréchaux de France et des plus qualifiés seigneurs de la Cour. Quelques personnes étaient arrivées avant le Roi, du nombre desquelles étaient M. le cardinal de Bonzi et M. le nonce du Pape.

S. M. fut reçue, à la descente de son carrosse, par M. le marquis de Seignelay, M. le coadjuteur de Rouen [1], MM. les ducs de Chevreuse et de Beauvilliers, MM. les marquis de Maulevrier et de Blainville, et M. le bailli Colbert. Mesdames les duchesses de Chevreuse, de Villeroy, de Beauvilliers et de Mortemart : Mesdames les marquises de Seignelay, de Croissy, de Beuvron, de Médavy et Madame la comtesse de Saint-Géran vinrent recevoir Madame la Dauphine et Madame. Le Roi les salua avec cet air tout engageant qui lui est ordinaire.

Il entra ensuite par la porte du milieu dans l'appartement bas du château, où il vit une enfilade de huit ou neuf pièces fort proprement meublées, mais avec plus de bon goût que de richesse, ou plutôt avec une modeste magnificence, s'il est permis de parler ainsi. Au sortir de cet appartement on trouva diverses chaises [2] tirées par des hommes pour se promener dans les jardins.

1. Frère du marquis de Seignelay.
2. Fauteuils à roues.

Il y a longtemps qu'on se sert de ces sortes de chaises à Versailles, et c'est de là que l'usage en est venu. Elles ne sont que pour une personne; mais il y en avait une à Sceaux d'une invention singulière et toute nouvelle. Elle était à quatre places, et quatre parasols y étaient attachés. Rien n'est si commode et si doux que ces chaises, parce qu'elles sont conduites par des hommes qui ne marchent point devant, mais qui sont de chaque côté de la chaise. Madame la Dauphine, Madame la Duchesse, Madame la princesse de Conty et Madame de Maintenon, comme dame d'atours de Madame la Dauphine, prirent place dans cette chaise; et plusieurs princesses, duchesses et autres dames qualifiées se servirent des autres. Il y en eut quelques-unes qui se firent un plaisir de marcher et qui suivirent en cela l'exemple de Madame.

Mgr le Dauphin, Monsieur, M. le duc de Bourbon, M. le duc du Maine et tous les princes et seigneurs de la Cour accompagnèrent le Roi à pied, et M. de Seignelay fut toujours auprès de S. M. pour lui montrer ce qu'il y avait à voir, et pour l'éclaircir de ce qu'Elle aurait pu souhaiter d'apprendre touchant les choses qu'Elle voyait. Il faut remarquer que le Roi était au premier rang de toute la Cour, et qu'il n'y avait du monde qu'à côté et derrière ce prince : de sorte que, rien ne lui dérobant la vue des lieux où il se promenait, il jouissait sans obstacle de l'air que la confusion empêche ordinairement de respirer dans ces sortes de divertissements.

Après qu'on eut traversé de belles allées palissadées, on arriva à un pavillon nommé le Pavillon de l'Aurore, parce que l'Aurore, en se levant, est plutôt remarquée de ce lieu-là que d'aucun autre, et qu'il semble qu'elle ne paraisse tous les matins que pour l'éclairer. Ce pavillon peut être encore appelé le Pavillon de l'Aurore à cause qu'on y voit cette déesse peinte de la main de M. Lebrun; ce qui suffit pour faire juger des beautés du dedans.

Ce pavillon a douze ouvertures, en comptant celle de la

porte ; et, comme ce salon est élevé, on monte pour y entrer par deux escaliers opposés l'un à l'autre. Il y a dedans deux enfoncements qui se regardent et qui renferment chacun trois croisées. Le tour de l'un de ces deux enfoncements était rempli de toutes sortes d'eaux glacées, de confitures sèches et de fruits aussi beaux qu'ils étaient rares pour la saison. Il y avait dans l'autre enfoncement ce que la France a de plus habiles maîtres pour les instruments, et de quoi faire entendre une symphonie douce et proportionnée à l'étendue de ce lieu.

Le Roi, Mgr le Dauphin, Madame la Dauphine, Monsieur, Madame, les princes, princesses, duchesses et dames qualifiées entrèrent seuls dans ce salon, ce lieu n'étant pas assez spacieux pour contenir tous les seigneurs qui accompagnaient S. M. ; mais tous les courtisans eurent l'avantage de faire leur cour, en se promenant dans le jardin autour des fenêtres de ce salon, d'où ils étaient vus de tous ceux qui étaient dedans et qui en remplissaient les fenêtres, goûtant à la fois quatre différents plaisirs, puisqu'ils respiraient un air frais et agréable, après avoir essuyé la chaleur et la poussière du chemin ; qu'ils jouissaient d'une très belle vue qui offrait des bois, des plaines et des coteaux, et qui en certains endroits s'étendait jusqu'à Paris ; qu'ils entendaient une symphonie très douce, et qu'ils se rafraichissaient en même temps avec les fruits et les eaux glacées.

Toutes les augustes personnes qui remplissaient ce salon s'y trouvèrent si commodément qu'elles y demeurèrent pendant plus d'une heure, après quoi l'on en descendit pour continuer la promenade.

On vit une belle pièce d'eau qui est à côté du château, et l'on se rendit ensuite dans la salle appelée des Marronniers, où sont cinq fontaines très agréables, savoir : quatre tirant vers les angles, et une dans le milieu. On alla de là dans un petit bois fait en labyrinthe et tout rempli de fontaines, puis dans l'Allée d'eau. Le long de chaque côté de cette allée, on voit régner quantité de bustes sur des scabellons, et des

jets d'eau qui s'élèvent aussi haut que le treillage. Chaque
jet d'eau paraît entre deux bustes, et chaque buste entre
deux jets d'eau. Il y a une rigole, le long du bas de chaque
côté de l'allée, pour recevoir l'eau qui tombe d'un si grand
nombre de jets, et aux quatre coins de cette allée sont
quatre grandes coquilles qui reçoivent aussi l'eau. Derrière
les bustes et les jets d'eau s'élèvent de grands treillages qui
forment des murailles de verdure.

Au sortir d'un lieu si beau, et où l'on respire une fraîcheur
qui enchante, on alla voir le pavillon appelé des Quatre-
Vents. C'est un lieu charmant pour la beauté de la vue. On
revint ensuite le long du mail, puis, en descendant un peu,
on se rendit auprès d'une pièce d'eau qui contient environ
6 arpents. Le lieu fut trouvé si agréable que le Roi voulut
s'y reposer, afin d'y demeurer plus longtemps. S. M. choisit,
pour s'asseoir, un endroit qui regarde en face une cascade,
qui est à l'autre bout de cette pièce d'eau. Elle est sur le
penchant d'une côte, et, comme les eaux en sont vives, on
peut assurer que tout y est naturel. Elle forme trois allées
d'eau, et elle est ornée de plusieurs vases de bronze, qui
sont entre les bassins d'où sortent les jets.

Pendant que le Roi et la Maison Royale furent assis vis-à-
vis de cette cascade, plusieurs gondoles dorées et vitrées,
garnies de damas de diverses couleurs, et conduites par des
rameurs vêtus de blanc et fort proprement mis, avec des
rubans de couleur, firent divers tours sur la pièce d'eau et
passèrent plusieurs fois devant le Roi, afin de l'inviter à entrer dedans, s'il eût eu envie de se promener sur l'eau ;
mais ce prince infatigable, aimant mieux prendre à pied le
plaisir de la promenade, vint voir de près la cascade, qu'il
avait examinée de loin pendant une demi-heure. Il demeura
encore quelque temps à la considérer, puis il monta à pied
jusqu'au haut, et Madame la Dauphine et les dames le suivirent dans leurs chaises.

On entendit, au haut de la cascade, l'agréable bruit de
plusieurs hautbois qui se mêlait à celui des eaux. Ils étaient

cachés derrière la palissade, et marchèrent longtemps sans
être vus, de manière qu'il semblait que cette mélodie invi-
sible était en l'air, et que ceux qui la formaient se faisaient
un plaisir de suivre le Roi. On eut le même divertissement
en plusieurs endroits du jardin, où les flûtes douces et les
hautbois étaient cachés dans des bosquets. Il ne restait plus
qu'une pièce d'eau à voir. Le Roi voulut encore y aller après
avoir vu la cascade, et, lorsqu'on retourna au château, le
ciel commença à s'obscurcir, comme si le jour n'eût voulu
finir que lorsque ce prince n'avait plus besoin de sa clarté,
et que la nuit n'eût consenti à paraître que dans le temps
que son obscurité était nécessaire pour donner plus de plaisir à S. M., en faisant briller davantage les lieux qu'on avait
illuminés pour le recevoir.

Quoiqu'il n'y eût aucunes lumières attachées aux murailles du dehors du château, ce que l'on appelle illumina-
tions, il ne laissa pas de paraître fort brillant, lorsque la
Cour eût tourné ses pas de ce côté-là. Toutes les fenêtres
en étaient ouvertes, et un grand nombre de lustres en éclai-
raient les appartements aussi bien qu'une galerie haute et
une galerie basse, par lesquelles on y entre, et dont les
ouvertures ne sont point fermées, ce qui faisait paraître les
lustres, les bras dorés et les tableaux dont ces deux galeries
étaient remplies.

Le Roi traversa une partie de cette galerie pour se rendre
à l'Orangerie, où un concert était préparé. Il entra par le
bout opposé à l'endroit où étaient ceux qui devaient faire ce
concert. Ainsi ce prince les vit tous d'abord en face. On
avait pris sept toises de profondeur pour les places.

L'orangerie était éclairée par des lustres, grands et
petits, par des plaques portant plusieurs bougies ; une
partie était parée d'une belle tapisserie représentant
toutes les chasses des douze mois de l'année. On chanta
alors une idylle sur la paix, que Racine avait composée

et dont Lully avait fait la musique, et jamais, paraît-il, il n'avait mieux réussi qu'en cette occasion. L'idylle fut chantée par les plus belles voix de l'Opéra[1].

Le concert fini, le Roi sortit par la grande porte qui est au milieu de l'Orangerie, et vit, à main droite, un grand nombre d'orangers qui formaient des allées fort éclairées par un grand nombre de lumières qui étaient derrière les caisses. Après avoir marché environ trente pas dans l'une de ces allées, S. M. découvrit d'un seul coup d'œil toute la feuillée, la table et l'illumination qui étaient dans le boulingrin. Le bassin qui est au milieu de ce boulingrin, et à qui on peut donner le nom de Canal à cause de sa grandeur, a 34 pieds et demi de large sur 48 de long, en y comprenant les pleins-cintres qui sont aux deux bouts du bassin sur sa longueur.

La table était de 4 pieds 3 pouces de large et régnait tout autour du Canal, suivant son plan ; mais il n'y avait de couverts qu'aux deux endroits qui étaient sous les feuillées et qui occupaient les bouts du Canal jusqu'aux angles, et les deux parties des flancs ou côtés étaient en amphithéâtre à trois gradins descendant du côté de l'eau, ce qui donnait lieu à tous ceux qui étaient à table de voir tous les riches et galants ornements dont ces deux côtés étaient remplis.

Le Roi était à table sous le milieu d'une feuillée[2], qui

1. Dans les fêtes du mariage du duc de Bourbon avec mademoiselle de Nantes, fille de Louis XIV, qui eurent lieu à Trianon et à Versailles les 23 et 24 juillet 1685, la musique du Roi, dit la *Gazette* (p. 446), chanta les airs de l'opéra qui avait servi de divertissement, à Sceaux, au régal que le marquis de Seignelay avait donné au Roi. — Cet opéra est certainement l'idylle de la Paix ; divers documents de l'époque disent que Racine composa un opéra pour la fête de Sceaux.

2. Une gravure de Bérain (Cabinet des estampes, topographie, Sceaux) nous donne la vue de cette feuillée. C'est une élégante

était à l'un des bouts du Canal, et Mgr le Dauphin était sous le milieu de la feuillée qui lui était opposée, de manière qu'ils avaient 48 pieds d'eau entre eux, et 34 et demi de large, et deux côtés de table de 48 pieds chacun, garnis d'un cordon de corbeilles et de vases de porcelaine remplis de fleurs, entre des girandoles et d'autres machines d'orfévrerie.

L'invention en était nouvelle. Elles portaient jusqu'à 25 bougies chacune : il y en avait d'autres moins élevées. Ces machines de lumières étaient toutes différentes, et les figures allégoriques qu'elles représentaient avaient du rapport au Roi. Les deux autres gradins jusqu'à la tablette du bassin étaient tous garnis de même.

Il est difficile de bien concevoir le plaisir qu'avaient ceux qui étaient à table. Il n'y avait personne au devant qui les incommodât en les regardant manger. Ils ne voyaient que l'eau, des fleurs, de brillants buffets et l'illumination des berceaux, et toutes ces choses réfléchissant dans l'eau la faisaient briller, et y paraissaient flottantes.

La feuillée qui était à chaque bout du Canal, et qui couvrait les deux endroits de la table où l'on mangea, était de 18 pieds de haut, et toute par arcades, et formait une manière de vestibule. Ces deux feuillées étaient si artistement posées que les corniches et les autres parties de l'architecture s'y distinguaient parfaitement bien.

L'endroit où était le Roi formait un milieu dont le plafond était cintré. Les plafonds des deux ailes étaient plats : tous

construction en charpente entourée de feuillée, formant une galerie percée d'une grande arcade au milieu et de quatre arcades plus petites et moins hautes à droite et à gauche de la grande, où était le Roi. En haut de chaque arcade, il y a un lustre et des guirlandes : à la grande arcade, il y a trois lustres et l'écusson royal. — Le buffet est garni de grandes pièces d'orfévrerie, de plats surtout : deux orangers sont placés à droite et à gauche du buffet. — Le coup-d'œil de cette salle de festin, à en juger par la gravure, devait être aussi splendide que nouveau.

les portiques étaient en arcades, ornées des armes et des
chiffres de S. M. dans le milieu. Plusieurs lustres et des festons de fleurs pendaient aussi au milieu des mêmes arcades,
et des festons de fleurs ornaient celle au milieu de laquelle
mangeait le Roi. Toutes ces corniches étaient bordées de
150 girandoles portant chacune 6 bougies, et entre chaque
girandole il y avait une corbeille d'argent remplie de fleurs.
On avait mis des rideaux de damas blanc à toutes les arcades, afin qu'on ne fût pas surpris par la pluie, et ces rideaux étaient renoués à chacun des pilastres ; de sorte que
si le mauvais temps fût survenu, on se serait trouvé enfermé
sous ces feuillées comme dans des tentes, et l'on n'y aurait
souffert aucune incommodité.

Il y avait deux buffets de parade vis-à-vis les flancs de la
table : ils étaient appuyés chacun contre une grande arcade
de berceaux du boulingrin, et ces arcades formaient un cou-
ronnement à chaque buffet. Ils étaient de 20 pieds de face,
et avaient trois gradins. Chaque gradin était de glace de
miroir : et ces glaces, en faisant réfléchir l'orfévrerie qui
remplissait les buffets, semblaient la multiplier. Elle était
composée de plusieurs pièces curieuses de vermeil doré,
d'argent et d'or, entre lesquelles il y avait un grand nombre
de girandoles qui portaient plusieurs bougies, et dont les lumières, multipliées dans les glaces, faisaient doublement
briller l'orfévrerie, puisqu'elles donnaient aussi de l'éclat aux
pièces qu'elles représentaient. Les côtés de ces deux buffets
étaient ornés de plusieurs orangers.

Tout le berceau[1] qui faisait le pourtour du boulingrin
était illuminé depuis la corniche jusqu'au bas, et il y avait
une lumière à chaque maille du treillage. Tous les cintres

____

1. Les berceaux, les cabinets et les salons de treillage étaient
assez nombreux à Sceaux. Ils avaient été construits sur les dessins de Lenôtre et offraient, dans une belle architecture, des
ornements variés et de bon goût. Ils étaient décorés de statues
ou de fontaines (Cabinet des estampes).

des portiques et des pilastres du treillage étaient aussi ornés de lumières, et il y avait une girandole de cristal au-dessus de chaque pilastre. Les dômes qui sont dans les angles et qui s'élèvent au-dessus des berceaux étaient entièrement illuminés, et il y avait dans les fonds de ces berceaux quantité de lumières qui formaient des soleils et des chiffres du Roi avec des couronnes.

Il y eut cinq services de tout ce qu'il y avait de plus rare pour la saison, à l'égard des viandes et des fruits. Ceux qui eurent l'honneur de manger à la table de S. M. furent : Madame la Dauphine, Monsieur, Madame la Duchesse, Mademoiselle de Nantes, Madame la duchesse d'Arpajon, Madame la maréchale de Rochefort, Madame de Maintenon, Madame la princesse d'Harcourt, Madame la duchesse d'Uzès, Mademoiselle d'Uzès, Madame la duchesse de Villeroy, Madame la princesse de Montauban, Madame la duchesse de Sully, Madame la duchesse de Roquelaure, Madame la marquise de Thianges, Madame la comtesse de Gramont, Madame de Grancey, Madame la marquise de Médavy, Mademoiselle d'Arpajon, les six filles d'honneur de Madame la Dauphine.

Le Roi fut servi par M. le marquis de Seignelay ; Madame la Dauphine, par M. le bailli Colbert, et Monsieur, par M. le marquis de Blainville.

Voici les noms des personnes qui remplirent les places de la table qui fut servie pour Mgr le Dauphin : Madame, Madame la princesse de Conty, Mademoiselle de Bourbon, Madame la duchesse de Ventadour, Madame de Duras Fort, Madame la princesse de Lillebonne, Mademoiselle de Lillebonne, Madame la duchesse de Gramont, Madame la duchesse de Foix, Madame la princesse de Tingry, Madame la maréchale d'Humières, Madame la duchesse de la Ferté, Madame la comtesse de Roye, Mademoiselle de Roussy, Madame de Coasquin, Madame la marquise de Béringhen, Madame la marquise de Maré, Madame la comtesse de Bury, Madame la marquise de la Fare, les quatre filles d'honneur de Madame.

Mgr le Dauphin fut servi par M. le marquis de Maulevrier, qui servit aussi Madame. Quelques dames dont les noms me sont échappés eurent encore place à ces deux tables. Les trompettes et les timbales, les violons, les flûtes douces et les hautbois se firent entendre alternativement pendant le repas...

Dans le temps que le Roi se mit à table, on servit, dans le château, deux tables de vingt à trente couverts, chacune pour les personnes distinguées de la Cour qui voulurent y prendre place. Il y en avait encore plusieurs autres le long du dessous des berceaux du boulingrin, et quantité de buffets où l'on ne refusait pas à boire à tous ceux qui en souhaitaient, non plus que des plats de la desserte du Roi, qui furent presque tous donnés à ceux qui en demandèrent. Il y avait aussi des tables le long des murailles des cours du château, où mangèrent les valets.

S. M., en se levant de table, se tourna vers M. le marquis de Seignelay et lui marqua, avec cet air tout engageant qui lui est si naturel, la satisfaction qu'elle avait de la manière dont elle avait été reçue. Ce prince fit ensuite le tour du boulingrin. Il examina les buffets, les berceaux et la feuillée : puis, étant sorti du jardin pour monter en carrosse, il trouva les mêmes personnes qui l'avaient reçu à son arrivée, et les salua avec le même air de bonté qu'il avait fait en entrant : après quoi il monta en carrosse, et trouva les cours, la porte et l'avenue du château bordées de grosses lumières.

On peut dire que M. de Seignelay n'a rien oublié pour recevoir un si grand monarque, et que M. Bérain a parfaitement bien répondu à l'intention de ce marquis[1].

L'année suivante, Seignelay reçut à Sceaux les ambassadeurs de Siam :

Ils y virent jouer toutes les eaux, dont la beauté surprend

1. *Mercure galant*, juillet 1685, p. 263.

et étonne tous ceux qui n'ont pas encore eu le plaisir de les voir. Ils les regardèrent avec beaucoup d'attention, et, comme on leur demanda s'ils n'en étaient point surpris, ils répondirent : « Non ». Ce non étonna et fut cause qu'on leur dit qu'elles passaient pour belles. Le principal ambassadeur répondit « qu'il les trouvait encore plus belles qu'on ne croyait, aussi bien que le château et les meubles : mais que rien de ce qui appartenait au ministre de la mer du plus grand roi de l'Europe ne les surprenait, et qu'ils étaient persuadés qu'il lui était facile d'avoir tout ce qu'on pouvait s'imaginer de beau ». Il dit ensuite que, « s'ils ne louaient pas toutes ces choses comme elles le méritaient, c'était parce qu'ils gardaient toutes leurs louanges pour les beautés de Versailles[1] ». Ils furent régalés, avant que de partir, d'une superbe collation servie en ambigu[2], et ils sortirent fort contents et de ce qu'ils avaient vu et du repas qu'on leur avait fait[3].

Seignelay mort, ses enfants vendirent, en 1699, le château de Sceaux au duc du Maine pour la somme de 530,000 livres. Le château devint alors, sous la direction de l'aimable duchesse du Maine, un centre littéraire fort distingué : les fêtes et les représentations théâtrales données par la duchesse étaient aussi célèbres que recherchées. Après le duc du Maine, le château appartint successivement au comte d'Eu et au duc de Penthièvre. A la Révolution, il fut déclaré propriété nationale, vendu en 1798 et démoli par les acquéreurs. Les objets d'art furent enlevés et envoyés à

1. Qu'ils n'avaient pas encore vues.
2. Repas où l'on sert à la fois les viandes et le dessert.
3. *Mercure galant*, septembre 1686, 99.

Paris, au musée des Petits-Augustins ou dans les jardins du Luxembourg et des Tuileries. La bibliothèque fut aussi enlevée et envoyée à Paris[1]. Seul, le jardin de la Ménagerie, séparé du parc, fut acheté par le maire de Sceaux, qui le consacra aux fêtes du pays.

Hôtels.

Colbert avait un hôtel à Paris, rue Neuve des Petits Champs, à l'angle oriental de la rue Vivienne ou Vivien, comme l'on disait alors[2], à gauche de l'hôtel de Duras. La rue Vivienne séparait l'hôtel Colbert de l'hôtel Mazarin, devenu aujourd'hui la Bibliothèque Nationale.

L'hôtel Colbert fut formé de diverses propriétés que le ministre acheta et ajouta à la maison que Mazarin lui avait donnée par son testament. La plus importante de ces acquisitions fut celle de l'hôtel Bautru, acheté le 20 mai 1665, au prix de 220,000 livres, dont 100,000 payés comptant, 48,000 dans six mois, et pour le reste une rente annuelle de 3,600 livres. En 1669, Colbert acheta 56,970 livres un terrain appartenant au duc de Nevers et situé derrière le jardin du palais Mazarin. En 1672, il acquit, au prix de 30,800 livres, la maison de Claude Girardin, prête-nom de Bruant, ancien premier commis de Fouquet, qui avait filé à Liége au

1. DULAURE, *Environs de Paris*, VII, 112. — Un nouveau château a été construit en 1856, par M. le duc de Trévise sur les dessins de M. Lesoufaché.
2. Plan de Paris, par NICOLAS DE FER, 1697.

moment de l'arrestation de son maître. Bruant avait acheté cette maison à une veuve Vanel au prix de 150,000 livres. La Chambre de justice la confisqua et la vendit à Colbert[1]. En 1678, Colbert acheta encore, moyennant 58,400 livres, une maison située entre son hôtel et l'hôtel de Bouillon[2]. Ainsi agrandi, l'hôtel Bautru, devenu l'hôtel Colbert, était l'un des plus beaux de Paris.

L'hôtel Bautru[3] avait été bâti derrière le Palais-Cardinal, du vivant du cardinal de Richelieu, dont M. de Bautru était l'un des familiers. On avait surnommé cette maison la Gentille, « comme étant galante ». Elle avait été bâtie sur les dessins de Le Vau; elle renfermait « une longue suite de beaux, superbes et très commodes appartements, fort bien meublés, qui conduisaient à un alcôve aussi gentil que singulier et à une galerie ». La galerie était soutenue d'un portique et peinte par Moëlon, artiste absolument inconnu aujourd'hui. On y entrait par un vestibule peint par le même, et dans les trumeaux ce peintre avait représenté les exercices de la vie guerrière, au milieu d'une ordonnance de pilastres corinthiens. Ceux du fond étaient de la main de Biart, autre peintre inconnu, et étaient si bien exécutés « qu'ils semblaient sortir hors d'œuvre ». Deux figures dans deux niches ornaient les deux bouts et étaient aussi de Biart. L'alcôve était en-

1. SANDRAS DE COURTILZ, *Vie de Colbert*, p. 21.
2. *Lettres, instructions et mémoires.* VII, 392-393.
3. SAUVAL. II, 255; III. 13. — Plan de Paris de GOMBOUST, 1652.

tourée de paysages enchâssés dans de l'ébène et
« peints par un ornement tout extraordinaire, fort
galant et surprenant ».

L'hôtel Colbert était décoré de nombreux tableaux
et de belles tapisseries, et richement meublé. En 1687,
après la mort « de haute et puissante dame Marie
Charron », veuve de Colbert, on vendit les meubles de
l'hôtel, et la vente produisit 314,926 livres, soit plus
d'un million et demi d'aujourd'hui [1].

En 1720, le Régent acheta l'hôtel Colbert, y logea
ses écuyers et y établit ses écuries. A son tour, l'hôtel
des Écuries de Mgr le duc d'Orléans fut détruit, et
aujourd'hui quelques maisons et les passages Colbert
et Vivienne sont construits sur l'emplacement de l'hôtel du grand ministre de Louis XIV.

A Versailles, Colbert était logé à la Surintendance,
bâtiment situé à l'extrémité de l'aile méridionale du
château. — Seignelay avait un hôtel à Versailles, rue
de l'Orangerie, n°s 10 et 12.

II. — Bibliothèque.

Colbert aimait les livres et les manuscrits, et, tout en
réorganisant la bibliothèque du Roi, il se fit une des
plus belles bibliothèques du XVII° siècle. Il écrivait,
en 1679, à l'intendant d'Auvergne, M. de Marle :

Le plaisir de former ma bibliothèque étant presque le seul
que je prenne dans le travail auquel la nécessité du service

---

1. *Lettres, instructions et mémoires*, VII, 380, note.

et les ordres du Roi veulent que je sois attaché, je sais par
expérience qu'il se trouve quelquefois dans les monastères
et les abbayes considérables des provinces, d'anciens manuscrits qui peuvent être de considération, et qui sont souvent abandonnés dans la poussière et dans l'ordure des chartriers par l'ignorance ou le défaut de connaissance des religieux.

Vous me ferez sur cela un singulier plaisir, dans le cours
des visites que vous faites dans la généralité de l'Auvergne,
de vous informer, sans affectation, si vous en pourriez trouver, et, en ce cas, d'en traiter ou vous en accommoder aux
meilleures conditions qu'il se pourra.

Vous jugerez facilement que cette recherche consiste plutôt en quelque sorte d'adresse et de considération que les
religieux auront pour vous qu'en dépense considérable et
de prix. Et, où il y aura quelque religieux qui les connaîtra,
il y a quelque apparence qu'ils ne voudront pas les vendre.
Mais comme ils sont presque toujours dans la poussière des
chartriers et inconnus, on peut les avoir avec plus de facilité. Je vous prie de vous mettre un peu en peine et de me
donner une marque de votre amitié.

Il adressa le même jour une lettre semblable aux
intendants de Caen et Limoges. Les chanoines de cette
dernière ville possédaient de précieux manuscrits, que
Baluze, bibliothécaire de Colbert, convoitait depuis
longtemps; les chanoines furent inflexibles, et, sept
ans plus tard, Baluze ayant fait de nouvelles tentatives
ne fut pas plus heureux.

Ailleurs, Colbert eut plus de chance : les chanoines
de Metz lui donnèrent plusieurs manuscrits[1], entre

1. *Lettres, instructions et mémoires*, VII, 63, 77.

autres la Bible de Charles le Chauve, en échange d'un portrait de Louis XIV. Ses agents visitèrent les couvents du Midi, les bibliothèques de Louviers, de Rouen, etc., et en tirèrent de nombreux manuscrits. Quelquefois, comme à Limoges, ils trouvaient de la résistance ou des demandes de prix trop élevés ; alors Colbert, qui ne faisait aucune folie, même pour sa bibliothèque, passait outre. A Tours, il avait eu de belles espérances ; mais le chapitre de Saint-Gatien refusa de céder ses manuscrits. Colbert écrivit à l'intendant :

Sur le sujet des manuscrits de Saint-Gatien, je vous prie de ne vous point servir ni d'aucune autorité ni d'aucune persuasion pour cela, parce que je crois que vous êtes bien persuadé que je ne désire me servir ni de l'une ni de l'autre pour les choses qui me regardent. S'ils avaient cru que leurs manuscrits eussent été dans ma bibliothèque aussi bien que chez eux, ils m'auraient fait plaisir de me les donner ; mais, puisque cela n'est pas, je vous prie de ne leur en rien témoigner du tout.

Dans les pays étrangers, Orient, Flandre, Italie, Angleterre, les consuls étaient chargés d'acheter des manuscrits et des livres précieux, ou des chartes et autres documents, toujours avec recommandation de modérer la dépense. En Angleterre, Colbert faisait acheter des livres à une vente, et chargeait M. de Barillon, notre ambassadeur, de faire ses acquisitions : il lui écrivait le 16 mai 1682 :

Je crois que vous voudrez bien vous employer à une curiosité de littérature qui regarde ma satisfaction et qui n'a rien de commun avec les affaires du Roi

L'on a envoyé ici des catalogues de la bibliothèque du feu
sieur Smith, qui se doit vendre à Londres le 15 décembre ;
et, comme j'ai fait vérifier les livres de cette bibliothèque
sur la mienne, j'ai trouvé qu'il y en avait un nombre assez
considérable qui manquaient à ma bibliothèque, et, quoique
le plus grand nombre ne soient pas des livres rares et curieux, je suis bien aise de les avoir. C'est pourquoi vous me
ferez un singulier plaisir d'ordonner à quelqu'un de vos
gens, ou à quelque Anglais, ainsi que vous l'estimerez plus
à propos pour éviter que ceux qui les vendent ne fassent
trop de cas de votre entremise, de voir tous ces livres et
d'en faire le marché au meilleur prix qu'il sera possible. Et
je vous prie de faire observer à ceux que vous emploierez
dans cet achat qu'il serait à propos de faire tirer ces livres
auparavant que la vente du catalogue fût ouverte, parce
qu'il serait peut-être difficile que, dans cette vente, ces livres ne se trouvassent joints avec d'autres qui ne seraient
pas nécessaires.

Comme vous serez peut-être bien aise d'être informé de
tout ce que ces livres peuvent valoir, je vous dirai que, par
le calcul que j'ai fait faire sur le pied que les livres pourraient coûter ici, le tout pourrait monter ici environ à
1,100 livres ; mais, parce que nous estimons que les livres
sont plus chers en Angleterre, on croit qu'ils pourront
monter jusqu'à 1,500 livres. Vous pouvez même donner
ordre de passer ce prix de quelque chose, si vous l'estimez
nécessaire. Et pour ce qui est du paiement, je vous prie
de prendre le prix sur le correspondant du sieur Formont,
et j'aurai soin de le faire rembourser ici.

M. de Barillon acheta les livres et tarda à les envoyer à Paris : Colbert lui fit savoir qu'il les attendait
avec impatience, surtout le *Traité de la Trinité* de Michel Servet, livre rare, pour lequel Calvin fit brûler
vif son auteur, à Genève, en 1553.

Godefroy, Baluze, Carcavi, dirigent et surveillent les achats de livres, les copies faites dans les dépôts d'archives[1].

Colbert écrit à Godefroy, historiographe à Lille, pour le remercier des copies qu'il a fait faire à Lille, et il termine sa lettre en lui disant : « Je suis bien aise de vous ajouter ce mot pour vous dire que vous me ferez un singulier plaisir de vous appliquer à rechercher, partout où vous pourrez avoir correspondance, des manuscrits anciens, comme cartulaires d'abbayes, chroniques et autres pièces, pour l'ornement de ma bibliothèque. Je ferai volontiers la dépense qu'il sera nécessaire de faire pour cela[2] ».

Baluze, un des plus célèbres érudits de ce temps, était le bibliothécaire de Colbert et rédigeait de savants mémoires sur certaines questions : Droits de la Reine sur les Pays-Bas, Assemblées du clergé, qui intéressaient spécialement le ministre. Comme Richelieu, Colbert s'entourait de savants et leur faisait étudier une question difficile, afin d'avoir une opinion solide sur la question.

Colbert entendait que sa bibliothèque fût dans un ordre parfait. En 1672, plusieurs volumes avaient disparu : mécontent, il écrivit à Baluze une lettre sévère :

Je trouve quelques-uns des livres contenus en vos mémoires dans le cabinet de mon fils ; mais j'y en trouve si peu,

1. Chambre des comptes de Lille, archives de Guyenne et de Languedoc.
2. *Lettres, instructions et mémoires*, VII, 80.

qu'en vérité je suis surpris qu'un si grand nombre de livres soient sortis de ma bibliothèque et qu'ils aient été donnés à toutes sortes de personnes, la plupart sans ordre, sans date et sans savoir même à qui. Vous jugerez vous-même assez facilement qu'il faut qu'une bibliothèque périsse avec le temps, si elle n'est mieux et plus soigneusement conservée.

J'estime nécessaire que vous veniez demain ici de grand matin pour vérifier tous les livres qui sont dans le cabinet de mon fils et dans le mien, les retirer tous et les reporter dans ma bibliothèque, et qu'à l'avenir vous n'en donniez aucun sans mon ordre exprès, par écrit, avec un reçu. Il faudra en même temps que vous demandiez ceux que vous dites avoir été donnés à Mademoiselle Royon, M. l'abbé de Bourzéis, M. de Maulevrier, M. Carcavi et autres, et que vous me donniez un mémoire de ceux que mon frère l'ambassadeur en Angleterre a pris. Surtout je vous prie de faire cette recherche dans huit jours, et que je sache ceux qui manqueront.

J'envoie un valet à cheval pour vous faire trouver une chaise et vous amener demain ici ; il est nécessaire que vous arriviez, s'il est possible, demain à sept heures du matin.

Colbert exigea encore que, tous les trois mois, Baluze lui remît un mémoire de tous les livres qui seraient sortis de sa bibliothèque[1]. Il voulait aussi qu'elle fût tenue au courant, que Baluze achetât les livres nouveaux et qu'elle fût complète sur certaines questions : le jansénisme, la régale[2]. M. P. Clément a publié[3] bon nombre de lettres de Baluze à Colbert qui nous font connaître en détail les soins que le ministre

1. *Lettres, instructions et mémoires*, VII. 63-64.
2. *Ibidem*. VII, 73.
3. *Ibidem*. VII. 371 et suivantes.

et le savant apportaient à l'augmentation et à la bonne
administration de cette bibliothèque, les dépenses que
nécessitaient les achats, « auxquels il faudra, dit Baluze, employer environ 400 écus[1] », les copies de documents anciens et de manuscrits, la « traduction alle-
mande », les reliures. « Pour les reliures, écrit Baluze
en 1671, je fais état qu'il faudra y employer 500 écus
par an[2]. Par ce moyen, on pourra relier 200 volumes
in-folio, 200 in-quarto, 200 in-octavo, environ une cen-
taine in-12; c'est-à-dire environ 700 volumes par an.
Ainsi, dans peu d'années, la bibliothèque de Monseigneur se trouvera être toute bien reliée ».

A ses livres, Colbert joignait des médailles, « des curiosités des vieux temps », des lampes antiques[3]; mais
il ne paraît pas que ces divers objets aient formé une
importante collection.

L'admirable bibliothèque de Colbert fut vendue,
en 1728, par le fils de Seignelay. Les manuscrits furent
achetés par Louis XV, qui les paya 100,000 écus[4] et
les fit transporter à la Bibliothèque royale. Cette collection comprenait 6,907 volumes manuscrits, 524 volumes de pièces relatives au royaume et aux affaires
étrangères, 60 portefeuilles de pièces diverses, 622 di-
plômes de nos rois avec les sceaux et une grande quantité de chartes[5]. — Le catalogue des volumes imprimés

1. Environ 6,000 francs d'aujourd'hui.
2. Environ 7,500 francs.
3. Lettre de Chapelain à Colbert. VII. 349.
4. 1,500,000 francs d'aujourd'hui.
5. *Lettres, instructions et mémoires.* VII, ccvi.

contient 18,219 articles et forme 3 volumes in-12. On vendit 3,005 livres (environ 15,000 francs) la fameuse Bible de Mayence de 1462, imprimée sur vélin.

III. — Fortune.

Colbert fut toujours âpre à l'argent. Faire et augmenter sa fortune et celle de ses enfants, de ses frères, de ses neveux et cousins, fut toujours l'objet de ses préoccupations les plus vives. Il mourut extrèmement riche[1]. L'inventaire de ses biens, fait après sa mort, prouve qu'il laissa une fortune immense en terres, en rentes constituées, sans compter les tableaux de maîtres, les objets d'art, les diamants[2]. Faut-il s'en étonner? Outre les appointements de ses places et une gratification annuelle, s'élevant ensemble, non compris son traitement de secrétaire d'État de la marine, à 55,000 livres[3], Colbert obtint à plusieurs reprises des gratifications extraordinaires très considérables. C'est

1. Montyon (*Particularités sur les ministres des finances*) évalue, mais sans preuves à l'appui de son opinion, la fortune de Colbert à 10 millions de livres représentant 50 millions d'aujourd'hui.

2. Voir à l'appendice l'inventaire fait après le décès de Colbert.

3. Appointements comme membre du Conseil royal.   4,500 liv.
— comme intendant du Trésor royal. . . . 10,000
— comme contrôleur général 14,000
— comme secrétaire d'État et des commandements de la Reine 7,000
Gratification extraordinaire à raison de ses services. 20,000

55,000 liv.

ainsi qu'il est porté, sur les états de comptant[1] de 1677 et 1679, pour 400,000 livres, « en considération de ses services et pour lui donner moyen de les continuer... »

En dehors de ces gratifications, la famille de Colbert (fils, gendres, frères, cousins) figure encore pour 157,000 livres dans les comptants de 1679. Il touchait enfin, tous les trois ans, des États de Bourgogne, une somme de 6,000 livres, « en raison des services qu'il pouvait rendre à la province ». Un vote de cette assemblée, en 1691, établit le fait péremptoirement : « Sur lesquelles 26,000 livres, y est-il dit, il sera donné 6,000 livres à M. de Pontchartrain, ainsi qu'elles ont été payées à MM. Colbert et Le Peletier[2] ». La Provence, le Languedoc, la Bretagne, l'Artois, faisaient-ils de ces générosités aux contrôleurs généraux ? Dans ce cas, les émoluments de toute sorte de Colbert devaient dépasser 100,000 livres, sans parler, je le répète, des années où, à l'occasion d'un mariage, comme cela avait eu lieu pour ses filles, pour Seignelay, pour d'Ormoy, la faveur royale le gratifiait d'un don variant de 200,000 livres à 1 million.

« Il faut ajouter que jamais grande fortune ne fut

1. Les états de comptant comprenaient : les pensions et appointements de quelques grands dignitaires ; les gratifications et pensions à divers ; le quartier retranché, c'est-à-dire une indemnité accordée à de certains personnages pour les dédommager du quartier non payé de leurs rentes ; des ordonnances au porteur, sur lesquelles le nom de la partie prenante ne figurait pas, des paiements d'une nature particulière dont on ne désignait pas l'objet.

2. A. Thomas, une *Province sous Louis XIV*, p. 292.

mieux administrée, et que toute occasion de dépense oiseuse était soigneusement évitée.

« On a blâmé Colbert d'avoir sollicité de plusieurs papes des dispenses de bulles au moment même où il excitait les évêques contre eux[1]. Le reproche est fondé. Les sollicitations de ce genre étaient, il est vrai, habituelles de la part des ministres et des Grands; mais Colbert usa à son tour sans scrupule du crédit qu'il avait à la cour de Rome pour s'exonérer des contributions qu'elle levait sur les titulaires d'évêchés, d'abbayes, et l'on a de lui à ce sujet maintes lettres de demande ou de remercîment aux papes et aux cardinaux influents[2] ».

1. GÉRIN, *Rech. hist. sur l'assemblée du clergé de France.*
2. P. CLÉMENT, VII. XXXI-XXXIII.

CHAPITRE VI

I. — Colbert.

M. P. Clément fait justement observer que l'immense correspondance de Colbert ne renferme aucune lettre intime, aucun détail sur sa personne [1] : l'État, sa famille, ses enfants, sont l'objet de ses lettres [2]; seule, sa bibliothèque lui donne occasion d'écrire quelquefois, à Baluze surtout. Faire de Seignelay un habile ministre et un successeur de grande valeur ; tâcher de faire du jeune d'Ormoy un surintendant; accomplir son devoir avec zèle et intelligence, sont ses grandes préoccupations; ne jamais fléchir devant un travail, qui pour tout autre serait excessif, est sa règle constante ; ne manquer aucune occasion d'augmenter sa fortune ou de faire celle de ses enfants, tels sont les traits du caractère de Colbert. C'est un grand ministre; mais Richelieu est un roi.

1. On y trouve cependant, en 1672, qu'il aime les odeurs et parfums de Rome, et qu'il en fait venir : huiles, essences, eau de fleurs d'orange, gants parfumés (VII, 65). — En 1673, il prie M. de Croissy, ambassadeur à Londres, de lui acheter des lunettes, « des meilleures et des plus fines qui soient en Angleterre », parce que sa vue commence fort à baisser (VII, 72).

2. P. Clément. *Lettres, instructions et mémoires*, VII, xx.

Colbert se présente à nous comme un homme d'ordre et économe de sa fortune et de celle de l'État. Il ne joue jamais; il est d'une grande probité et d'une moralité complète. Il a des vues larges, et il est bien rare que son bon sens et sa grande expérience des affaires soient en défaut. Colbert et son fils, en matière religieuse, sont de l'école de Fénelon, qui est leur ami[1]; une certaine tolérance les distingue de Louvois, ardent persécuteur, et Seignelay défendit plus d'une fois Fénelon, auquel on faisait un crime de sa douceur envers les protestants convertis.

Malgré ses qualités et ses actes, les contemporains de Colbert se montrèrent fort injustes envers lui ; mais c'est le sort commun de tous les ministres de valeur. Les amis de Fouquet ne lui pardonnèrent jamais la chute du surintendant, et ne cessèrent, même après sa mort, de lui faire une guerre impitoyable. Les ambassadeurs de Venise qui résidèrent en France pendant le ministère de Colbert[2] lui rendirent la justice que méritait son administration ; mais ils furent à peu près les seuls à le faire. Depuis, on a été plus juste. Necker fit son éloge et fut couronné par l'Académie ; mais il a fallu la belle publication de M. P. Clément pour mettre enfin en lumière la grandeur réelle de Colbert et les services incontestables qu'il a rendus à Louis XIV et à la France.

1. P. Clément. *Lettres*. etc.. II. CLVI-CLVIII; III. XXII-XXV.
2. Giustiniani. Morosini, Michieli. Cantarini et Foscarini. — Voy. P. Clément. *Lettres, etc.*, t. VII, pages CLXXI et suivantes.

II. — Relations de Colbert avec Louis XIV.

Dans les premières années de son ministère, Colbert eut toute la faveur de Louis XIV : il était d'accord avec le Roi sur toutes les questions; il l'encourageait à faire la guerre à l'Espagne pour soutenir les droits de la Reine, et même à faire la guerre à la Hollande afin que la France fût maîtresse chez elle. Mais quand il vit l'excès des dépenses et la tournure violente que Louvois donnait à cette guerre, il voulut arrêter le Roi, et alors il se heurta contre la « gloire » de Louis XIV, que Louvois excitait sans relâche, sûr de plaire à son maître. Le jeune ministre de la guerre prit pour lui une partie de la grande faveur dont Colbert jouissait auprès du Roi, qui s'accommodait mieux du caractère orgueilleux et violent du premier que de la modération sensée et de la sage économie du second.

Mais, au début du règne, Colbert est tout-puissant, bien que Louvois commençât déjà à lutter contre lui. Une des premières tentatives du fils de Le Tellier contre le crédit du contrôleur général eut lieu à propos du fameux carrousel de 1662. On lit dans les Mémoires du duc de Luynes[1] :

On me contait aujourd'hui ce qui se passa dans le temps du grand carrousel que Louis XIV donna en 1662. C'était M. de Louvois qui avait proposé au Roi de donner ce carrou-

____

1. Publiés par L. Dussieux et E. Soulié, II, 333.

sel. La proposition aurait assez plu à Louis XIV sans la dépense, qu'il regardait comme considérable et qu'il n'était pas en état de faire alors. M. de Louvois avait compté embarrasser M. Colbert par cette idée; le Roi en parla à M. Colbert, mais comme d'une chose impossible. M. Colbert répondit au Roi qu'il ne pouvait assez approuver le conseil que M. de Louvois avait donné à S. M. : que c'était un projet digne d'un aussi grand roi. Le Roi lui demanda à combien il estimait qu'irait la dépense, si ce serait un objet de 3 ou 400,000 livres. M. Colbert dit au Roi qu'il ne fallait pas le flatter sur cette dépense, qu'il fallait que la fête fût digne de celui qui la donnerait, et qu'elle coûterait au moins un million. Le Roi crut alors la chose impossible, et demanda à M. Colbert comment il imaginait pouvoir trouver cette somme. M. Colbert pria le Roi de ne se point mettre en peine de l'argent, et lui dit qu'il ne lui demandait qu'une seule grâce, qui était de vouloir bien en garder le secret pendant huit jours.

C'était dans le temps que l'on venait de donner les fermes générales ; les fermiers craignaient fort que l'on ne leur retirât le domaine de Paris. M. Colbert les envoya querir aussitôt après la conversation qu'il eut avec le Roi, et leur demanda pour quel prix ils mettaient le domaine de Paris dans les fermes générales. Comme leur intérêt était d'y donner une moindre valeur, ils dirent à M. Colbert un prix fort au-dessous de ce qu'il savait être la valeur réelle : M. Colbert leur répondit qu'il était persuadé que le domaine de Paris rapportait davantage, mais que, pour en être plus certain, le Roi le retirait pour six mois ; il convint avec eux d'un prix dont le Roi leur tiendrait compte et dont ils furent contents ; même le prix étant plus fort que leur estimation, ils furent obligés de lui en faire des remerciements. M. Colbert alla rendre compte au Roi de ce qu'il venait de faire, et lui dit que S. M. pouvait déclarer le carrousel, qu'il était même convenable qu'il fût annoncé dans toutes les cours étrangères et indiqué pour dans trois ou quatre mois.

Ce conseil fut suivi exactement : il vint de toutes parts un prodigieux nombre d'étrangers. Trois semaines ou un mois avant le jour destiné pour le carrousel, M. Colbert représenta au Roi que, tout n'étant pas encore arrangé pour cette fête, il était plus convenable de la remettre pour quinze jours ou environ. Ce court intervalle ayant obligé ceux qui étaient venus de rester à Paris, la consommation extraordinaire que cette affluence attira dans la ville augmenta considérablement les revenus de S. M. par rapport aux entrées[1], et lorsque la fête eut été donnée avec toute la magnificence possible et que le Roi voulut savoir ce qu'elle lui coûtait, M. Colbert lui montra que, bien loin de lui avoir coûté, elle lui avait valu plus d'un million, tous frais faits.

En 1666, Colbert, fidèle aux habitudes qu'il avait prises chez Mazarin, remettait au Roi un mémoire sur les affaires : on n'analyse pas un pareil travail, il faut le lire tout entier[2].

Voici, Sire, un métier fort difficile que je vais entreprendre. Il y a près de six mois que je balance à dire à V. M. les choses fortes que je lui dis hier et celles que je vais encore lui dire.

L'ordre de V. M., sa haute vertu, mon cœur qui n'est plein que d'amour et de zèle pour la personne et la gloire de V. M., me donnent la hardiesse de parler.

Je fais auprès de V. M. le métier, sans comparaison, le plus difficile de tous : il faut de nécessité que je me charge des choses les plus difficiles et de quelque nature qu'elles

1. Que le gouvernement perçut directement, sans l'intermédiaire des fermiers.

2. *Note de Colbert.* « J'ai envoyé ce mémoire au Roi le 22 juillet ; S. M. l'a lu une fois, l'a approuvé, l'a relu le 23 au matin en ma présence, et a pris résolution sur chacun article, laquelle elle a exécutée ».

soient. Je me confie en la bonté de V. M., en sa haute vertu, en l'ordre qu'elle nous a souvent donné et réitéré de l'avertir au cas qu'elle allât trop vite, et en la liberté qu'elle m'a souvent donnée de lui dire mes sentiments.

V. M. me dit hier que ma pensée était qu'il fallait licencier des troupes. Non, Sire, que V. M. soit, s'il lui plaît, persuadée qu'en tout ce qui dépendra de moi, j'irai plus vite que qui que ce soit aux choses qui regarderont sa véritable gloire.

V. M. a quatre sortes de dépenses à faire : la première et la plus importante de toutes à présent est la guerre de mer[1] ; la seconde, les affaires étrangères ; la troisième, la guerre de terre ; la quatrième, les dépenses du dedans du royaume, les plaisirs et les divertissements de Votre Majesté.

Je suis persuadé, Sire, que les deux premières doivent, sans difficulté, marcher d'un pas égal, à l'exclusion des deux autres, lesquelles ne doivent subsister que des restes, pour ainsi dire, de ces deux premières.

La troisième[2] doit aussi subsister, s'il est possible ; mais comme elle doit avoir son temps, même de préférence aux deux autres, elle peut bien souffrir quelque diminution dans un temps où elle n'est pas nécessaire.

La quatrième dépense doit souffrir toute la rigueur des retranchements et de toute l'économie possible, par cette belle maxime, qu'il faut épargner cinq sols aux choses non nécessaires, et jeter les millions quand il est question de votre gloire.

Je déclare à V. M., en mon particulier, qu'un repas inutile de mille écus me fait une peine incroyable ; et lorsqu'il est question de millions d'or pour la Pologne[3], je vendrais

1. On venait de déclarer la guerre à l'Angleterre.

2. C'est Louvois, qui est fort malmené souvent dans ce mémoire.

3. Louis XIV devait envoyer quelques milliers d'hommes au roi de Pologne pour l'aider à réprimer ses sujets révoltés.

tout mon bien, j'engagerais ma femme et mes enfants, et j'irais à pied toute ma vie pour y fournir s'il était nécessaire. V. M. excusera, s'il lui plaît, ce petit transport.

Il faut donc voir s'il se peut faire des retranchements suffisants dans cette quatrième sorte de dépenses ; et, en cas que cela ne se puisse, voir ce qui se peut retrancher sur la troisième pour faire subsister les deux premières. C'est ici que V. M. me permettra, s'il lui plaît, de parler avec liberté.

Elle a tellement mêlé ses divertissements avec la guerre de terre qu'il est bien difficile de les diviser ; et si V. M. veut bien examiner en détail combien de dépenses inutiles elle a faites, elle verra bien que, si elles étaient toutes retranchées, elle ne serait point réduite à la nécessité où elle est.

J'entends dire que les 800,000 livres d'étapes qui ont été fournies dans les provinces, dans le même temps que les troupes ont été payées réglément, sont consommées. N'est-il pas vrai que, si l'on avait laissé les troupes dans leurs quartiers, sans les faire jouer la navette comme l'on a fait par des changements et des marches perpétuelles, cette somme pourrait servir aux dépenses de l'État ?

J'entends dire de plus que tous les deniers revenants-bons de l'année dernière et de la présente sont consommés en revues, en subsistances de troupes et autres dépenses qui concernent les assemblées de troupes que V. M. a faites. Ces deniers revenants-bons ont monté toutes les années passées à 4 ou 500,000 livres et ont toujours été fournis par M. Le Tellier environ ce temps-ci. Je ne crois pas avoir eu tort de compter que ces deux sommes pourraient servir aux dépenses de l'État pendant ces mois-ci : cependant tout est consommé.

Mais si V. M. était bien informée de tous les désordres que ces marches perpétuelles de troupes causent dans les provinces, combien vos peuples en sont dégoûtés, combien de paysans de Champagne et des autres frontières ont déjà passé et se disposent de passer dans les pays étrangers,

elle verrait bien de quelle importance il lui est de remédier
à un si grand mal.

Outre ces deux dépenses qui sont grandes, V. M. doit considérer qu'elle a triplé les dépenses de son écurie sous prétexte que, dès lors qu'elle aura des affaires, elle la remet-
trait au même état qu'elle était auparavant: et si V. M.
examine bien, elle trouvera que cette augmentation en
livrées, en nourriture d'hommes et de chevaux, en achats,
en gages, va à plus de 200,000 livres tous les ans.

Si V. M. considère son jeu, celui de la Reine, toutes les
fêtes, repas et festins extraordinaires, elle trouvera que cet
article monte encore à plus de 300,000 livres, et que les rois,
ses prédécesseurs, n'ont jamais fait cette dépense et qu'elle
n'est point du tout nécessaire.

La dépense des meubles, quoique V. M. s'en retranche,
ne laisse pas de monter toujours insensiblement à des
sommes assez considérables.

V. M. donne encore beaucoup de pensions et de gratifications inutiles à sa gloire, demeurant d'accord toutefois qu'il
faut que V. M. donne quelque chose à ses plaisirs.

V. M. avait augmenté la dépense de ses gardes du corps
de 64,000 livres par comptant [1], et cette augmentation ne
devait durer que pendant la paix: cependant cette dépense
continue et augmente.

V. M. a mis les compagnies de gendarmes et chevau-
légers de Mgr le Dauphin, de la Reine, Écossais, etc.,
à 100,000 livres de solde chacune par an : c'est une dépense
exorbitante qui n'a jamais été. Les gendarmes écossais
avaient 20,000 livres de solde au plus, et les autres compagnies 30 ou 40 au plus.

Jusqu'à présent, V. M. a voulu faire assembler souvent
des corps d'armée au dedans de son royaume pour en faire
des revues.

---

1. Par ordonnances de comptant.

Elle a voulu augmenter beaucoup les troupes de sa Maison.

Elle a voulu qu'elles fussent extraordinairement lestes et braves.

Elle a voulu que les officiers retinssent une partie de la solde pour fournir aux habits, casaques et autres ajustements.

Elle a voulu que la solde de l'infanterie ordinaire fût de 6 sols 6 deniers, et a permis aux officiers de retenir un sol ou deux pour les habits.

Que V. M. ait, s'il lui plait, la bonté d'entendre quelques raisons contraires et de les examiner.

Premièrement, en général, ce sont toutes augmentations de dépenses que l'État ne peut pas supporter.

Sur la marche des troupes au dedans du royaume et l'assemblée des corps d'armée :

Il suffit de dire que telle ville ou lieu d'étape a souffert depuis six mois cent logements différents de troupes, et que ceux qui en ont eu le moins en ont souffert plus de cinquante. Toutes les troupes vivent à discrétion en entrant et sortant des lieux où elles logent. Les quatre généralités de Paris, Amiens, Soissons et Châlons ont souffert plus de logements depuis six mois que pendant les six dernières années de la guerre ; c'est assez dire pour connaître clairement que ces généralités seront plus ruinées avant que la guerre commence qu'elles ne l'ont été pendant vingt-cinq années de la guerre passée.

Les grands rois ont toujours pris plaisir d'être loués de n'avoir fait marcher leurs armées que dans le pays de leurs ennemis et jamais dans celui de leurs sujets.

Sur l'augmentation et la beauté des troupes de sa Maison :

La prodigieuse différence qui se trouvera entre ces troupes et celles des armées abattra le cœur des officiers et soldats de celles-ci et les ruinera, parce que, dès lors qu'il y aura un bon officier ou un bon soldat dans les troupes d'armée, il fera tous ses efforts pour entrer dans celles de sa Maison.

Ces troupes seront toujours regardées comme l'objet particulier de l'amitié, des soins et de la dépense du Roi, ce qui causera de mauvais effets dans les esprits des autres troupes, qui composeront assurément le plus grand nombre.

Le compte du Roi n'est pas d'avoir un corps de troupes extraordinairement bon, et le reste faible et mauvais, parce que partout où le bon corps se trouvera, il battra, mais l'autre sera battu, et comme il sera beaucoup plus grand, il y a quelque risque qu'il n'emporte l'autre.

Le compte du Roi est que toutes ses troupes soient également fortes et bonnes, et qu'elles fassent partout une résistance égale à ses ennemis.

Cette distinction trop grande de sa Maison en toutes choses ralentit le zèle de tous les autres sujets : les grands rois ont toujours embrassé leur dernier et plus éloigné sujet comme le plus proche, toutefois avec quelque différence pour la distribution des grâces seulement. Nos grands rois, François Ier, Henri IV, n'ont jamais fait ces distinctions : ce dernier s'est fait souvent garder par tous les vieux corps, et, de son temps jusqu'au règne de Louis XIII, le régiment de Picardie l'a toujours disputé au régiment des Gardes.

Louis XIII a été le premier de nos rois qui ait fait la distinction des troupes de sa Maison ; encore n'y avait-il que sa compagnie de mousquetaires à cheval de cent hommes, avec ses compagnies de gendarmes et chevau-légers.

Sur la beauté des habits et ajustements des troupes :

L'on a toujours cru qu'un soldat et demi ou un soldat et un quart valaient plus qu'un soldat richement habillé, pourvu que le premier eût le nécessaire et qu'il fût également armé. Ç'a été une des plus grandes questions des plus grands conquérants de l'antiquité, de savoir s'il valait mieux que les soldats fussent richement armés et habillés que de ne l'être pas.

Alexandre disait qu'il aimait mieux les voir richement armés, parce que, dans le combat, la conservation de leurs armes et de leurs habits augmentait leur valeur; Jules César, au contraire, que la richesse des armes et des habits amollissait le cœur de ses soldats par la crainte de les perdre et la trop grande envie de les conserver, et redoublait la valeur de ses ennemis pour les gagner.

V. M. verra de quel sentiment elle sera ; mais je lui dois dire que presque tous les grands capitaines ont été de celui de Jules César ; sur quoi il faut observer que cette question n'était que sur les richesses gagnées par les soldats sur les ennemis.

Sur ce que les officiers retiennent sur la solde de leurs soldats :

Les rois François Ier et Henri IV, par leurs ordonnances sur le fait de la guerre, ont prononcé peine capitale contre les officiers qui en useraient ainsi, comme contre les voleurs publics. V. M. a établi et autorisé le contraire ; je doute fort qu'elle s'en trouve bien. Il y aura bien des officiers dont les soldats ne toucheront pas grand argent, sous ce prétexte ; et il ne sera pas possible de les punir, par l'autorité que V. M. leur donne. Il est presque certain que l'avantage ou pour mieux dire le plaisir de voir un soldat un peu mieux habillé n'est pas assez grand pour détruire des principes si sagement établis. Que V. M. considère, s'il lui plaît, que dans le temps de la guerre, l'on a licencié les mousquetaires parce que leur entretènement coûtait 97,000 livres. V. M. même a balancé dix-huit mois à mettre à cheval les petits mousquetaires, et tout d'un coup elle a augmenté les troupes de sa Maison de 8 à 900,000 livres par an.

V. M. pourrait peut-être me reprocher deux choses :

L'une, qu'à l'égard des revues et de la marche des troupes, j'ai peut-être le plus porté V. M. à assembler les corps d'infanterie et de cavalerie, et à faire ces revues :

L'autre, pourquoi je ne lui ai pas dit mes sentiments sur ces matières, vu la liberté qu'elle a toujours bien voulu me donner de lui parler en particulier avec toute liberté.

Pour répondre au premier de ces reproches, il est vrai que j'ai parlé à V. M. de l'assemblée des corps et des revues fréquentes par V. M. même : mais, Sire, à l'égard de l'assemblée des troupes et de leurs marches, je n'ai pas cru qu'une affaire si importante serait confiée à un jeune homme de vingt-quatre ans [1], sans expérience sur cette matière, fort emporté et qui croit qu'il est de l'autorité de sa charge de ruiner le royaume, et qui veut encore le ruiner parce que je le veux sauver.

J'avais vu, dans la guerre dernière, que toutes les fois qu'il était question de faire marcher des corps de troupes et des revues, celui qui avait l'autorité de V. M. en main et le secrétaire d'État de la guerre, avec celui qui avait soin des finances, cherchaient tous les moyens possibles pour ne le pas faire ; et, quand cela ne se pouvait éviter, on cherchait tous les expédients pour en faire le moins et pour éviter la trop grande charge des peuples.

On croyait faire quelque chose de considérable de sauver de logements et de passages une province, et aussi l'on écoutait favorablement les habitants des villes quand ils venaient se plaindre, et on rendait justice sévère sur les officiers et sur les troupes : au lieu qu'à présent aucun habitant des villes n'ose plus se plaindre, parce que tous ceux qui sont venus ont été traités de coquins et de séditieux, et les peuples ont appris ces mauvais traitements qui ont été prononcés par celui qui parle au nom de Votre Majesté.

A l'égard des revues, il est vrai, Sire, que j'en ai parlé à V. M. : mais je n'ai jamais cru qu'elles dussent venir chercher V. M., ni que la marche des troupes et l'assemblée des armées au dedans du royaume, qui en attire la ruine, sans difficulté, pût devenir un divertissement de dames. Si V. M. veut rappeler sa mémoire, elle trouvera (et je ne sais même si la proposition écrite de ma main n'en est pas encore parmi les papiers de V. M.) que je disais alors qu'elle pourrait faire un ou deux voyages sur la frontière pendant l'hiver, visiter et faire les revues de trois ou quatre garnisons chacun voyage, ensuite envoyer quelques officiers d'armée et quelques ordinaires pour les surprendre et

1. Louvois.

les tenir en haleine ; qu'au commencement du printemps
V. M. pourrait aller à Compiègne, où, se trouvant à huit ou
dix lieues de tous les quartiers, elle pourrait les visiter et les
surprendre souvent par elle-même, par M. de Turenne, par
des officiers d'armée, par des ordinaires. Et pour peu que
V. M. y veuille faire réflexion, elle trouvera que de cette
façon elle aurait su la véritable force des troupes et aurait
toujours tenu les officiers dans la crainte et dans l'application d'avoir de bonnes compagnies.

Les soins de V. M. se seraient également répandus sur
toutes les troupes de ses armées, et l'on n'aurait point vu
cette prodigieuse distinction des troupes de sa Maison aux
autres, laquelle fera toujours un mauvais effet.

Il n'y a pas d'apparence que V. M. soit persuadée que les
revues qu'elle a faites soient véritables, puisque les officiers
ont été avertis huit ou quinze jours auparavant qu'ils devaient paraître en présence de Votre Majesté.

Pour répondre au second reproche, il est vrai, Sire, que
V. M. m'a permis de lui parler avec liberté. Il est vrai que
V. M. nous l'a souvent ordonné à M. Le Tellier et à moi dans
les commencements. Il est vrai encore que l'année passée, à
Saint-Germain, V. M. me témoigna de l'impatience d'ap-
prendre ce que j'avais à lui dire.

Mais, Sire, outre que le temps et l'occasion ne se présen-
tent pas toujours, et même que je les évite autant que je le
puis pour des raisons que V. M. sait, trois considérations
puissantes m'en ont empêché :

La première, que j'avais à parler contre ce que V. M. té-
moignait aimer plus fortement :

La seconde, qu'encore que ce que je dis à Versailles touchant les exils et les rappels[1] me parût avoir été agréé de
V. M., n'ayant point vu qu'elle y ait fait aucune réflexion,
j'ai commencé de douter si la liberté que j'avais prise avait
été agréable à Votre Majesté.

1. On ne sait pas à quoi Colbert fait allusion.

Et la troisième, qu'il m'a semblé que V. M. commençait de vouloir préférer ses plaisirs et ses divertissements à toute autre chose, et cela fondé sur deux rencontres considérables :

La première, ayant fait voir, à Saint-Germain, par le nombre des vaisseaux, que V. M. pouvait encore fortifier son armée navale de six vaisseaux, pourvu que nous eussions de l'argent, dans le même temps que V. M. me disait que cela était tellement important pour sa gloire qu'il fallait se tirer le morceau de la bouche pour y fournir, dans le même temps V. M. dépense 200,000 livres d'argent comptant pour le voyage de Versailles, savoir : 13,000 pistoles pour son jeu et celui de la Reine, et 50,000 livres en repas extraordinaires ;

La seconde, qu'encore à présent, dans le même temps que V. M. voit ses affaires prêtes à tomber, par l'excès de toutes sortes de dépenses, du plus florissant état que l'on puisse imaginer dans un abîme de nécessité qui produit toujours toutes sortes de désordres ; dans le même temps, dis-je, V. M. fait faire une dépense de 100,000 livres à chacune de ses compagnies de mousquetaires.

Que V. M. considère, s'il lui plaît, de quoi elle veut qu'un mousquetaire à la basse paye, qui aura consommé sa solde de 300 livres pour une année en armements inutiles, vive pendant cette année. Il faut, Sire, que par douceur ou par force il vive aux dépens de son hôte. Les lieux de leurs logements se ruinent : ils ne payent point la taille, et tout tombe dans la confusion.

Si V. M. croit que leurs parents leur fourniront de l'argent, peut-être que cela pourra être pour trente ou quarante. Pour le surplus, elle se trompe : qu'elle s'en informe.

Si V. M. veut fournir ces sommes des deniers revenants-bons, ne vaudrait-il pas mieux les employer à tant de dépenses si importantes qui nous pressent de toutes parts ?

Plût à Dieu, Sire, que V. M. eût une fois bien examiné cette matière, qu'elle eût même pris elle-même ou fait prendre les sentiments de tout ce qu'il y a de gens sensés !

Elle trouverait que sa gloire souffre quelque diminution de
ces fanfares et de tous ces ornements inutiles dont, outre
cela, la dépense ruine et les officiers et les cavaliers, et que
la véritable gloire de V. M. recevrait de l'augmentation si
elle retranchait toutes ces superfluités ; si elle répandait ses
soins également sur les troupes de ses armées et sur celles
de sa Maison ; si elle prenait soin que toute la cavalerie
portât des cuirasses, que les armes fussent bonnes et que
chaque cavalier eût un bon buffle, un bon chapeau de pluie
et un manteau de même sur la croupe de son cheval : tout
le reste ne sert qu'à ruiner, à embarrasser, et est absolument inutile.

J'entends dire qu'il est impossible que les cavaliers puissent porter des cuirasses. Je sais, Sire, pour l'avoir vu, et
V. M. s'en peut informer, que pendant tout le temps que le
maréchal de Gassion a été mestre de camp général de la
cavalerie légère, ou qu'il a commandé les armées de V. M.,
aucun cavalier n'a osé se présenter devant lui sans cuirasse,
et que jamais la cavalerie n'a été meilleure que de son
temps. Pourquoi V. M. ne peut-elle pas faire la même chose ?

Il est encore bon que V. M. sache deux choses dont on
n'a osé demeurer d'accord quand elle l'a demandé : l'une,
qu'il a été affiché dans Paris un libelle portant ces mots :
*Louis XIV donnera les grandes marionnettes dans la plaine de
Morel ;* l'autre, qu'il en a été distribué un autre dans les
maisons portant ces mots : *Parallèle des sièges de la Rochelle
et de Morel faits par les rois Louis XIII et Louis XIV*[1].

Je sais bien, Sire, que ces sortes d'écrits ne doivent entrer pour rien dans les résolutions des grands princes ; mais
je crois qu'ils doivent être considérés dans les actions qui
requièrent l'approbation publique.

Toutes ces choses ont une si grande connexité avec les

---

1. Voir dans le *Journal d'Olivier Lefebvre d'Ormesson*, II, 453,
461, 468, les détails de ces petites guerres et revues. La beauté
des costumes frappa tous les assistants.

finances, qu'il a été impossible de les omettre : mais, pour y revenir, il est certain que, pour l'année prochaine, si la guerre de mer continue, il faut licencier des troupes (ce licenciement se pourra faire ou par corps de troupes, ou en réduisant les compagnies à trente hommes) et réduire toute la dépense de la guerre de terre à un million par mois : réduire de même toutes les autres dépenses, en arrêter un état, et, quand il sera une fois fait avec grande connaissance de cause, ne le point passer pour quelque raison et sous quelque prétexte que ce puisse être. Voilà pour l'année prochaine 1667.

Pour le reste de cette année, il faut arrêter les troupes partout où elles se trouvent et empêcher qu'il n'en marche aucune dans les provinces.

Réduire l'ustensile[1] de l'infanterie à un sol (cinq sols d'aujourd'hui), ce qui fera 6 sols (1 fr. 50 c. d'aujourd'hui) de solde ordinaire.

Défendre aux officiers de rien retenir sur ladite solde, afin que les soldats puissent vivre sans foule des habitants.

Réduire la fourniture de l'étape pour la gendarmerie et la cavalerie, qui est excessive.

Tirer tout ce qui se pourra des 800,000 livres qui ont été fournies pour les étapes, ensemble des deniers revenants-bons de l'année dernière et de la présente, exciter M. Le Tellier d'y travailler : retrancher toutes sortes de dépenses, pensions, gratifications, voyages, menus dons, etc., à la réserve des seules dépenses de la mer, étrangères, de la guerre et des Maisons ; retrancher tout ce qui se pourra sur cette dernière nature.

Outre toutes ces choses, il faut prendre un million sur les deux de réserve et chercher à emprunter 600,000 livres pour le mois d'août et autant pour le mois de septembre.

Je ne sache que cet expédient : mais il faut de la fermeté

1. Toutes les fournitures faites en nature ou en argent aux soldats logés ou en quartier chez l'habitant.

pour ne rien accorder ni rien ordonner pendant ces mois ; il faudrait de plus charger les intendants de contenir les troupes.

Faire rapporter les procès-verbaux des désordres en ma présence, afin qu'on ne les étouffe pas tous.

Il faudrait terminer la pensée d'acheter une maison pour la Reine, et voir ce que V. M. veut faire pour MM. de Brancas, de Noailles et autres intéressés aux rentes rachetées, parce que ces affaires arrêtent la conclusion de ce traité.

C'est tout ce que j'ai à dire sur cette grande et importante matière.

La franchise et la fermeté de ces conseils, et le langage énergique dont il se sert en parlant de Louvois, attestent combien Colbert exerçait d'influence sur Louis XIV, et, jusqu'en 1680, sa correspondance avec le Rói[1] nous donne une preuve certaine que cette influence se continua à la satisfaction, au moins apparente, du maître.

Le 1ᵉʳ janvier 1673, Louis XIV écrivait à son ministre : « J'ai été surpris agréablement par la lettre que vous m'avez écrite, où vous me mandez que mon revenu augmente. Je vous avoue que je ne m'y attendais pas. Mais de votre industrie et de votre zèle je me dois tout promettre. Je vous assure que vous m'avez fait commencer l'année gaiement ; j'espère qu'elle sera heureuse comme l'autre ; au moins ne tiendra-t-il pas à vous ; c'est de quoi je suis assuré. Demain vous me rendrez compte plus en détail de toutes choses. En

---

1. Cette correspondance est imprimée au Tome II des *Lettres, instructions et mémoires.*

attendant, croyez que, comme vous m'avez donné le premier plaisir de l'année, pendant son cours je vous ferai paraître la satisfaction que j'ai de vos services et de vous ».

Le 14 août 1673, Colbert signale au Roi la situation.

A l'égard des finances, dit-il, comme V. M. estime que la dépense sera égale, l'année prochaine, à celle de cette année, je la supplie de considérer qu'elle montera à 100 millions de livres ;

Que les revenus de V. M. montent à 75 millions, à quoi ajoutant 3 millions de livres que l'on pourra tirer des formules [1], ce sera 78 millions.

Que toutes les fermes diminuent considérablement par la guerre, en telle sorte qu'il faut faire état de trouver au moins 25 millions de livres en affaires extraordinaires, ce qui ne se peut sans une très grande application de Votre Majesté.

J'assemble et discute tous les mémoires anciens et nouveaux d'affaires extraordinaires pour en faire rapport à V. M. à son retour.

S. M. répond, le 18 août, de Nancy : « La dépense me fait peur ; mais j'espère que, par votre application et votre travail, vous trouverez tout ce qu'il me faudra. J'ai une grande confiance à votre savoir-faire et à l'action que vous avez pour mon service et pour moi. Vous ne sauriez songer de trop bonne heure aux moyens dont on se pourra servir ».

Les félicitations adressées au laborieux ministre sont

---

1. Le papier formulé ou timbré.

continuelles : « Je vois, dit le Roi[1], les diligences que vous faites pour exécuter ce que je désire; j'en suis très satisfait ». — « Je sais l'amitié que vous avez pour moi, et le zèle que vous avez pour mon service; cela étant, vous devez être assuré du gré que je vous en sais[2] ». — Pendant un voyage dans les provinces de l'Est, Louis XIV écrit à Colbert[3] qu'il est très content de l'état des fortifications de Metz. Rien ne peut nous donner l'idée, jusqu'en 1680, d'une diminution sérieuse du crédit de Colbert; mais, cette année, il adressa au Roi le mémoire suivant, dont le ton semble indiquer que la faveur a diminué.

Je supplie V. M. de lire ce peu de lignes avec un peu de réflexion. J'avoue à V. M. que la dernière fois qu'elle voulut bien me parler de l'état de ses finances, le respect, l'envie sans bornes que j'ai toujours eue de lui plaire et de la servir à son gré, sans peine et sans aucun embarras, et encore plus son éloquence naturelle, qui vient facilement à bout de persuader ce qu'il lui plaît, m'ôtèrent le moyen d'insister et d'appuyer un peu sur l'état de ses finances; mais, après avoir fait une sérieuse réflexion sur tout ce que V. M. me fit l'honneur de me dire, voyant qu'il n'y a qu'un changement de destination de dépense, je croirais prévariquer à mon devoir et manquer à la fidélité que je lui dois si je ne lui remettais encore fidèlement devant les yeux et en peu de mots ce même état, afin qu'il lui plaise, y faisant la réflexion qu'elle estimera nécessaire, prendre la résolution qu'elle croira plus avantageuse à son service.

Après les huit à neuf années de guerre et une dépense de

1. 18 mai 1674.
2. 16 juin 1674.
3. 24 février 1678.

110 à 120 millions[1] par chacune année, V. M. n'avait consommé que 22 millions sur les années suivantes.

En 1680, la dépense excède la recette de 20 millions, et V. M. devra encore, en reste des vivres, 4 millions, étapes 1 million, chambre aux deniers[2], argenterie, menues œuvres, bâtiments, fortifications, gratifications et toutes autres dépenses, 12 à 13 millions.

Je conviens que l'on peut retarder une bonne partie de ces paiements; mais il est certain que ce retardement ne peut aller qu'à un an ou deux au plus : ce sont 54 ou 55 millions consommés sur 1681.

Les revenus de V. M., à cause de toutes les remises qu'elle a faites à ses peuples, montent à 65 et 66 millions de livres. Je les mets à 70 millions, et, en ôtant 6 ou 7 millions de dettes dont on peut retarder les paiements, il ne restera des revenus de 1681, pour les dépenses, que 22 ou 23 millions.

En sorte qu'il faut faire état de tirer sur 1682 dès le mois de mars ou d'avril prochain[3].

Le crédit de V. M. a été établi[4] et soutenu au denier 20[5], pour plus de 20 millions de livres.

L'excès des emprunts l'a réduit à présent au denier 10[6] : en sorte qu'il faut déduire encore 8 à 9 millions de livres pour faire avancer 1682 en 1681, et il est à craindre que, si cela continue, il ne soit peut-être nécessaire de rétablir les 15 pour cent.

1. Il faut multiplier tous ces chiffres par 5 pour les convertir en francs d'aujourd'hui.

2. Chambre ou juridiction qui avait dans ses attributions les dépenses des Maisons du Roi et des princes.

3. On croit rêver en lisant cet exposé des finances fait par le ministre lui-même. Que sont à côté d'un tel déficit, d'un tel excédant régulier des dépenses, nos déficits et nos moins-values d'aujourd'hui.

4. Colbert avait fixé l'intérêt légal à 5 pour cent.

5. Un denier pour 20 deniers, soit le vingtième ou 5 p. 100.

6. Un denier pour 10, soit le dixième ou 10 p. 100.

J'ai toujours caché avec grand soin et ai toujours au contraire affecté de faire paraître une très grande abondance, pour maintenir le crédit, et c'est ce qui nous a fait trouver 15 à 16 millions de livres pour la caisse des emprunts.

Cette caisse est fondée sur les obligations de tous les fermiers dont les paiements étaient de quartier en quartier, de sorte qu'à la fin de ce mois on peut leur demander le paiement entier.

Le crédit diminué au denier 10 commence à faire connaître que l'abondance n'est pas telle que je l'ai voulu persuader ; il faut emprunter encore 4 millions de livres pour le mois de septembre.

Il est difficile, pour ne pas dire impossible, que ce forcement de crédit ne porte à retirer le tout ou une bonne partie de la caisse des emprunts. En ce cas, V. M. n'y pouvant pas pourvoir, et ces paiements excédant les forces des particuliers, V. M. verrait une banqueroute presque universelle, dont les suites donneraient beaucoup de peines et diminueraient considérablement les revenus de Votre Majesté.

Je sais bien, Sire, que voilà le mal expliqué, mais qu'il faut y chercher des remèdes ; mais auparavant je ne sais si V. M. n'estimerait pas à propos que ce mal et l'état que je viens d'expliquer fût rendu constant à des commissaires qu'il plairait à V. M. de nommer, ou en son conseil royal en sa présence. Peut-être que ces Messieurs trouveraient des expédients ou feraient quelques propositions dont l'exécution pourrait remédier au mal et satisfaire Votre Majesté.

Pour moi, Sire, tout ce que l'on peut penser sur cette matière ne peut aboutir qu'à augmenter la recette et diminuer la dépense.

Pour l'augmentation de la recette, je ne puis m'empêcher de dire à V. M. qu'il y a à craindre que je n'aille trop loin, et que les prodigieuses augmentations des fermes ne soient fort à charge aux peuples. C'est la seule chose qui soit commise à mes soins, V. M. ayant réglé les tailles.

Il n'y a plus d'affaires extraordinaires, et V. M. a disposé de ce qui pouvait produire quelque chose dans les pays conquis.

Le crédit a produit jusqu'à présent plus de 40 millions de livres d'argent comptant, et difficilement peut-il aller plus avant. L'on ne prend plus de rentes, et l'on en prendrait encore moins si le pied en était baissé.

A l'égard de la dépense, quoique cela ne me regarde en rien, je supplie seulement V. M. de me permettre de lui dire *qu'en guerre et en paix elle n'a jamais consulté ses finances pour résoudre ses dépenses, ce qui est si extraordinaire qu'assurément il n'y en a point d'exemple.*

Et si elle voulait bien se faire représenter et comparer les temps et les années passées, depuis vingt ans que j'ai l'honneur de la servir, elle trouverait que, quoique les recettes aient beaucoup augmenté, les dépenses ont excédé de beaucoup les recettes, et peut-être que cela convierait V. M. à modérer et retrancher les excessives, et mettre par ce moyen un peu plus de proportion entre les recettes et les dépenses.

Je sais bien, Sire, que le personnage que je fais en cela n'est pas agréable ; mais, dans le service de V. M., les fonctions sont différentes : les unes[1] n'ont jamais que des agréments dont les dépenses sont les fondements ; celle dont V. M. m'honore a ce malheur qu'il est difficile qu'elle puisse rien produire d'agréable, puisque les propositions de dépenses n'ont point de bornes ; *mais il faut se consoler en travaillant toujours à bien faire.*

Je supplie encore une fois V. M. de faire une sérieuse réflexion sur tout ce que je viens de lui représenter.

Il est regrettable que la correspondance de Colbert et de Louis XIV finisse avec ce mémoire et que nous ne connaissions pas la réponse du Roi. Nous savons seulement que ce mémoire ne servit à rien.

1. Celles de Louvois évidemment.

Ainsi, en 1680, le trésor est épuisé et chargé d'une dette de 200 millions de francs, payant en partie 10 p. 100 d'intérêt; les impôts sont aussi lourds que possible; on est à bout d'expédients. Colbert signale le mal avec une franchise bien digne d'éloges : nulle part, je crois, le gouvernement de Louis XIV n'a été si vertement jugé, et ici il l'est par un ministre, qui semble désespérer que le mal puisse prendre fin et qui n'a plus d'autre consolation qu'en travaillant toujours à bien faire. Louis XIV ne renoncera jamais à aucunes dépenses excessives et continuera encore pendant trente-cinq ans ce système épuisant, au risque de laisser à son successeur un royaume entièrement ruiné.

Il me semble bien probable que certaines vérités contenues dans ce mémoire ont paru à Louis XIV une leçon trop forte, et que la diminution du grand crédit de Colbert sur le Roi, dont parlent les contemporains en l'exagérant, a été causée par ce rappel énergique au bon sens.

Pendant ce temps, l'ambition de Louvois n'avait cessé de grandir et avec elle sa haine contre Colbert, contre tout ce qui lui faisait obstacle. Il ne manquait aucune occasion d'attaquer Colbert auprès du Roi, de lui signaler de prétendus travaux mal exécutés; il lui faisait une guerre sans trève, et plus tard il agira de même envers Seignelay, et n'hésitera pas à appeler les bombardements d'Alger et de Gênes, exécutés cependant par Duquesne, « des bombarderies et des entreprises pitoyables ». Il n'hésitera pas non plus, quand il sera chargé des fortifications, après la mort de Colbert, de

faire détruire les défenses déjà élevées à Cherbourg
par Vauban et Colbert, comme inutiles. Cherbourg inutile ! On sait ce que cette mesure coûta, quelques années après, à la flotte de Tourville. « Les archives de
France sont pleines, dit M. P. Clément[1], de preuves
de cette haine implacable ».

Au milieu de cette rivalité, Louis XIV tenait pour
Colbert à cause de ses grands services ; mais sa « gloire »
l'attirait vers Louvois, qui trop souvent l'emportait
dans les conseils du Roi. Jusqu'à la guerre de Hollande, Colbert avait été le maître de l'esprit de Louis XIV.
On lit dans la Relation de l'ambassadeur vénitien Giustiniani[2] : « Quelques mots échappés parfois au Roi
contre Colbert entretiennent ses ennemis dans l'espérance de le voir bientôt tomber ; mais c'est un fait exprès de S. M., qui connaît le mérite de ce ministre et
lui porte une véritable affection. Ces mois derniers qu'il
était un peu indisposé, elle lui rendit visite, l'entretint
de diverses affaires dans la ruelle de son lit, puis s'é-
tant levée pour sortir de la chambre et arrivée à la
porte, elle se retourna et dit : « Colbert, la tristesse
engendre le mal, soyez gai et vous guérirez », comme
si le Roi, pensant qu'un doute sur sa faveur pouvait le
troubler, eût voulu le rassurer par ces paroles ».

Les Mémoires du duc de Luynes[3] racontent ainsi
cette visite.

1. VII, xviii.
2. *Lettres, instructions et mémoires*, VII, clxxvi. — Giustinian
résida en France de 1665 à 1668.
3. T. I, p. 160.

J'ai ouï dire à madame de Chaulnes, qui le savait de madame de Chevreuse, que, du temps de M. Colbert, le Roi étant à Paris ou à Saint-Germain, et ayant une confiance entière en M. Colbert pour toutes les choses dont il était chargé, il arriva cependant que des esprits jaloux de cette confiance firent courir le bruit qu'il était perdu dans l'esprit du Roi.

M. Colbert crut devoir rendre compte de ces bruits à S. M., et lui ajouta en même temps que, comme il n'avait d'autre but que de lui plaire, s'il avait été assez malheureux pour n'y avoir pas réussi, il n'avait d'autre parti à prendre pour le bien même des affaires de S. M. que de lui demander la permission de se retirer, le crédit et la confiance du public étant absolument nécessaires au surintendant des finances; que si au contraire S. M. agréait toujours ses services, il croyait devoir lui demander quelques marques de bonté distinguées.

En conséquence de cette représentation, et de concert avec le Roi, M. Colbert étant mandé par S. M. pour aller travailler avec elle, répondit qu'il était au désespoir de ne pouvoir obéir, mais qu'il avait la goutte et qu'il était hors d'état de sortir. Le Roi, sur cette réponse, voulut bien venir chez M. Colbert une fois ou même deux, et les bruits cessèrent.

Gui Patin précise la date de cette visite. « Le Roi, dit-il, a aujourd'hui (23 octobre 1668) rendu une visite éclatante à M. Colbert; il avait tous ses gardes avec l'épée nue. On dit que M. Colbert a la goutte et un peu de dysenterie; c'est que sa tête travaille trop ».

En avril 1671, la faveur est toujours la même : les faits sont bien d'accord avec la correspondance que nous avons analysée précédemment. Pendant un voyage à Rochefort, où il avait été visiter les travaux, Colbert tomba malade, et le Roi lui écrivit aussitôt (13 avril) :

Madame Colbert m'a dit que votre santé n'est pas trop bonne, et que la diligence avec laquelle vous prétendez revenir vous peut être préjudiciable. Je vous écris ce billet, pour vous ordonner de ne rien faire qui vous mette hors d'état de me servir, en arrivant, à tous les emplois importants que je vous confie. Enfin, votre santé m'est nécessaire; je veux que vous la conserviez et que vous croyiez que c'est la confiance et l'amitié que j'ai en vous et pour vous qui me font parler comme je fais [1].

Quelques jours après, le 24 avril, Louis XIV envoyait à Colbert, de retour, une lettre bien différente. Que s'était-il passé? On l'ignore; mais il est bien évident qu'il y a eu entre Louis XIV et Colbert une scène assez vive à propos de Louvois.

Chantilly, 24 avril 1671.

Je fus assez maître de moi avant-hier pour vous cacher la peine que j'avais d'entendre un homme que j'ai comblé de bienfaits comme vous me parler de la manière que vous faisiez.

J'ai eu beaucoup d'amitié pour vous, il y paraît par ce que j'ai fait : j'en ai encore présentement, et je crois vous en donner une assez grande marque en vous disant que je me suis contraint un seul moment pour vous, et que je n'ai pas voulu vous dire moi-même ce que je vous écris, pour ne vous pas commettre à me déplaire davantage.

C'est la mémoire des services que vous m'avez rendus et mon amitié qui me donnent ce sentiment : profitez-en et ne hasardez plus de me fâcher encore, car après que j'aurai entendu vos raisons et celles de vos confrères, *et que j'aurai*

---

1. *Lettres, instructions et mémoires*, VII, xviii et 53.

prononcé sur toutes vos prétentions, je ne veux plus jamais en entendre parler.

Voyez si la marine ne vous convient pas, si vous ne l'avez à votre mode, si vous aimeriez mieux autre chose: parlez librement. Mais après la décision que je donnerai, je ne veux pas une seule réplique.

Je vous dis ce que je pense, pour que vous travailliez sur un fondement assuré et pour que vous ne preniez pas de fausses mesures.

Soit que Colbert ait fait acte de soumission, soit que le Roi ait voulu adoucir l'impression de sa lettre du 24, toujours est-il que deux jours après il envoya à Colbert le billet suivant :

Liancourt, 26 avril 1671.

Ne croyez pas que mon amitié diminue, vos services continuant; cela ne se peut, mais il me les faut rendre comme je le désire, et croire que je fais tout pour le mieux.

La préférence que vous craignez que je donne aux autres ne vous doit faire aucune peine. Je veux seulement ne pas faire d'injustice et travailler au bien de mon service. C'est ce que je ferai quand vous serez tous auprès de moi.

Croyez en attendant que je ne suis point changé pour vous, et que je suis dans les sentiments que vous pouvez désirer[1].

La bonne intelligence entre le Roi et le ministre ne cessa pas d'exister, malgré la scène de Chantilly. En décembre 1672, Colbert étant tombé malade, Louis XIV alla le visiter[2]. Les lettres de 1673 et années suivantes

---

1. *Lettres, instructions et mémoires*, VII, 53, 54.
2. *Ibidem*, VII, xix.

que nous avons citées précédemment, attestent la continuation des bonnes grâces du Roi envers Colbert.

Si Louis XIV était satisfait de la manière dont Colbert administrait ses finances, il fut aussi content des succès de la marine que Colbert avait créée. M. de Vivonne, ou plutôt Duquesne, venait de battre Ruyter à la bataille de Palerme (1676) : c'était le troisième grand succès obtenu par nos vaisseaux sur la flotte hollandaise, la première de l'Europe. Louis XIV, qui était alors en Flandre, écrivit à Colbert, le 22 juin 1676 :

Je n'ai pu vous écrire depuis avoir reçu la première nouvelle de l'action que mes vaisseaux et galères ont faite à Palerme sous le commandement de Vivonne. J'en reçois présentement la confirmation, et l'armée en témoignera ce soir sa joie par plusieurs salves de mousqueterie et de canon.

Voilà ce que nous souhaitions il y a longtemps vous et moi, et il n'y a plus rien à désirer de ce côté-là. Il faut toujours travailler à perfectionner ce qui commence déjà à passer les autres nations. Il faut faire en sorte que la France l'emporte par mer sur les autres nations, comme elle le fait sur terre.

En 1677, Louis XIV acceptait l'invitation que Colbert lui avait faite d'honorer de sa présence la fête qu'il offrait à S. M. dans son château de Sceaux, ce qui est une preuve évidente de sa faveur et de l'amitié du Roi.

Deux ans après, en 1679, quand les intrigues de Louvois et de Colbert eurent décidé Louis XIV à renvoyer du ministère des Affaires étrangères le marquis de Pomponne, habile diplomate qui avait remplacé le duc de Lionne, mais qui avait le tort d'être le neveu du grand Arnaud et, comme tel, était suspect de jansénisme, Colbert fit nommer à la place de M. de Pomponne son frère le marquis de Croissy. Le Tellier et Louvois avaient espéré lui donner pour successeur un des leurs. « Un certain homme, écrit madame de Sévigné, qui ne juge pas à propos de mettre le nom de Louvois en toutes lettres, avait donné de grands coups depuis un an, espérant tout réunir; mais on bat les buissons, et les autres prennent les oiseaux ».

Le succès de Colbert irrita profondément Louvois, et la lutte entre les deux ministres devint dès lors de plus en plus vive. Louvois n'avait jamais rien à refuser au Roi; Colbert était souvent obligé de discuter avec S. M. sur les dépenses et de prêcher l'économie; Louis XIV le forçait à l'obéissance par un ordre formel ou par une menace. « Souvenez-vous, lui avait-il écrit en 1673[1], de tout ce que je vous ai mandé sur les sommes d'argent que j'ai demandées, afin de les faire payer dans les temps que je vous ai dit ».

Plus tard, vers 1674 ou 1675, Louis XIV devient plus dur : ses besoins d'argent pour la guerre, pour les châteaux de Versailles, de Trianon, de Clagny, pour ses plaisirs, son jeu, ne font qu'augmenter à mesure que le royaume s'épuise et que le rendement des impôts diminue. Louis XIV veut qu'on emprunte, sûr moyen de se ruiner à bref délai : Colbert résiste, mais le Roi a besoin de 60 millions (300 millions de francs) et force le ministre à obéir. Perrault[2] raconte ainsi cette affaire.

1. *Lettres, instructions et mémoires*, VII, 325.
2. *Mémoires*, 1765, p. 168-171.

La guerre s'étant allumée plus que jamais[1], on[2] fit entendre au Roi que, pour la faire avec succès, il fallait assigner un fond à l'extraordinaire des guerres de 60 millions par an, sur le pied de 5 millions par mois. Le Roi en fit la proposition à M. Colbert, qui en fut effrayé et qui dit d'abord qu'il ne croyait pas qu'il fût possible de fournir à cette dépense. Le Roi lui dit qu'il y songeât, et qu'il se présentait un homme qui entreprendrait d'y suffire s'il ne voulait pas s'y engager.

M. Colbert fut un assez long temps sans aller chez le Roi, travaillant chez lui à remuer tous ses papiers, sans que nous sussions[3] ce qu'il faisait et encore moins ce qu'il pensait. Enfin, après un temps considérable, il me dit d'aller à Versailles et de porter au Roi les dessins de quelques ouvrages qu'il devait résoudre. Le Roi, après les avoir examinés, m'ordonna de dire à M. Colbert qu'il vînt le lendemain à Versailles et qu'il y aurait conseil. Il y alla et les choses reprirent leur train ordinaire.

On prétend qu'il avait pris la résolution de se retirer, voyant la difficulté qu'il trouverait à fournir à cette dépense de 60 millions avec toutes les autres dépenses de l'État, mais que sa famille lui persuada de ne point quitter la partie, et que c'était un piège qu'on[4] lui tendait pour le perdre, en l'éloignant ainsi des affaires. Pour moi je veux croire que son amour pour le bien public, joint à la connaissance qu'il avait que personne ne pouvait mieux que lui se tirer d'une conjoncture aussi dure que celle qui se présentait, lui fit affronter ce travail pour le bien du royaume.

1. Pendant la guerre de Hollande, en 1674, quand Guillaume d'Orange forma la première coalition contre Louis XIV.

2. Qui *on?* Louvois sans doute.

3. Perrault était premier commis des Bâtiments du Roi et l'homme de confiance de Colbert.

4. Toujours *on.*

Cet événement, ou, pour mieux dire, cet horrible surcroît de dépense, est une des époques les plus considérables qui soit arrivée il y a bien longtemps. Jusque-là toutes les charges de l'État se payaient au jour ordinaire de leur échéance : depuis ce jour les pensions, dont beaucoup furent retranchées, furent de seize ou dix-huit mois. Dans les Bâtiments, les ordonnances qui, étant signées le matin, se payaient souvent l'après-dinée, ne se payaient guère que plusieurs mois après, en vertu d'un état de distribution qui se faisait à mesure qu'il y avait des fonds. Le trésorier des Bâtiments, à qui il restait ordinairement 50,000 écus ou 200,000 livres à la fin de son année, et qu'il remettait entre les mains de son confrère qui entrait en exercice, se trouvait ordinairement en avance de pareille somme dont il était fort longtemps à être remboursé.

Nous remarquions que jusqu'à ce temps, quand M. Colbert entrait dans son cabinet, on le voyait se mettre au travail avec un air content et en se frottant les mains de joie : mais que, depuis, il ne se mettait guère sur son siège pour travailler, qu'avec un air chagrin et même en soupirant. M. Colbert, de facile et aisé qu'il était, devint difficile et difficultueux, en sorte qu'on n'expédiait pas alors tant d'affaires à beaucoup près que dans les premières années de sa surintendance des Bâtiments.

Cette résistance aux volontés du Roi faisait l'affaire de Louvois, qui, poussant à la guerre, aux dépenses et aux mesures violentes, satisfaisait ainsi l'orgueil de Louis XIV, et, du même coup, essayait de faire baisser le crédit de Colbert, qui semblait moins épris de la gloire du maître.

Malgré tout, Louis XIV donnait encore à Colbert, dans les occasions, des preuves d'amitié sincère. Quand la marquise de Seignelay mourut, le 16 mars 1678, Louis XIV, qui était en Flandre, envoya à Colbert la lettre suivante :

Au camp devant Ypres, 18 mars 1678.

J'ai appris avec douleur la perte que vous avez faite. Vous savez assez l'amitié que j'ai pour vous pour croire qu'elle m'a été sensible au dernier point; je voudrais la pouvoir soulager en quelque chose, mais je sais qu'il est difficile. J'ai permis à votre fils de s'en aller comme vous le désirez, et j'ai ordonné à Saint-Aignan[1] de l'accompagner. Croyez fermement que je prends grande part à tout ce qui vous touche, et qu'on ne peut pas avoir plus d'amitié que j'en ai pour vous.

Je suis très persuadé de la joie que vous aurez eue de la prise de Gand; elle est considérable, pour le présent et les suites[2].

En 1679, Louis XIV accordait à Colbert une gratification de 400,000 livres (2 millions d'aujourd'hui), « en considération de ses services et pour lui donner le moyen de les continuer[3] ». Malgré la pénurie du Trésor, Colbert accepta la gratification.

III. — Mort de Colbert.

A la fin de 1679, le Roi, paraît-il, crut avoir à se plaindre de Colbert, et lui exprima son mécontentement avec une certaine dureté.

---

1. Gendre de Colbert.
2. *Lettres, instructions et mémoires*, VII, xx.
3. *Ibidem*, VII, clxxxi.

En l'année 1667[1], le Roi alla visiter les fortifications que
M de Louvois avait fait faire à diverses places du royaume.
S. M. en revint très satisfaite, mais surtout du peu qu'elles
avaient coûté par rapport à la grandeur et à l'étendue des
ouvrages que M. de Louvois n'avait pas manqué d'exagérer.
Au retour, il dit à M. Colbert : « Je viens de voir les plus
belles fortifications du monde et les mieux entretenues ;
mais ce qui m'a le plus étonné, c'est le peu de dépense qu'on
y a faite : d'où vient qu'à Versailles nous faisons des dépenses effroyables, et nous ne voyons presque rien d'achevé ?
Il y a quelque chose à cela que je ne comprends point ».

M. Colbert fut vivement blessé de ce reproche, et quoiqu'il
rendit au Roi de très bonnes raisons de la différence qui se
trouvait entre les ateliers d'armée, où les soldats ne reçoivent qu'une très petite paye, et les ateliers de Versailles où
l'on paye de fortes journées aux paysans qui y travaillent ;
que les ouvrages des fortifications se voient d'un coup d'œil,
et sont tous d'une même espèce ; que ceux de Versailles
sont répandus en mille endroits et presque tous d'espèces
différentes ; il crut que ce monarque avait été prévenu sur
cet article, et qu'assurément *on* lui avait fait entendre qu'on
payait trop cher tout ce qui se faisait à Versailles.

Pour ôter au Roi cette pensée très mal fondée, il ordonna
qu'on donnât à l'avenir tous les ouvrages des bâtiments au
rabais : et afin que la chose se fît avec éclat, il voulut qu'on
mît des affiches au coin des rues pour recevoir les offres de
tous les ouvriers. Ce fut pour moi un grand surcroît de travail que de dresser toutes ces affiches, qui furent en très
grand nombre et d'un détail incroyable, car toutes les sortes
d'ouvrages de chaque métier y étaient spécifiés.

1. 1667 est une erreur de l'éditeur des *Mémoires* de Perrault.
Le manuscrit original porte 166... (P. Clément, VII, xxxv). — La
date à peu près exacte est fixée par celle de l'association de d'Ormoy à son père pour la surintendance des Bâtiments, association
qui date de 1679.

Cette précaution n'aboutit à rien d'utile ; au contraire, elle causa un très grand mal. Car les mauvais ouvriers chassèrent par leurs rabais les meilleurs et les plus en état de rendre de bons services. Il y eut des menuisiers qui, n'ayant que de méchants bois dans leurs chantiers, firent de si mauvais ouvrage pour Versailles, que quand les croisées qu'ils avaient faites étaient fermées, on y voyait presque aussi clair que quand elles étaient ouvertes. Il y eut de bons ouvriers qui continuèrent à travailler comme ils avaient accoutumé : et quand on leur disait que si on les payait sur le pied des affiches et des marchés faits avec leurs confrères, ils seraient ruinés : « Nous ne nous soucions point des affiches, répliquaient-ils, nous ferons toujours de bons ouvrages et nous sommes sûrs que M. Colbert est trop juste pour ne pas les payer ce qu'ils valent », et c'est ce qui arriva. Ils furent payés à l'ordinaire, et l'on n'eut point d'égard aux marchés faits avec les autres ouvriers.

Ce changement me rendit le travail si onéreux, et M. Colbert devint si difficile et si chagrin, qu'il n'y avait plus moyen d'y suffire ni d'y résister. Dans ce même temps, il voulut que M. de Blainville, son fils, que l'on appelait alors M. d'Ormoy, travaillât sous lui dans les Bâtiments et fît presque tout mon emploi. Je pris le parti de le lui abandonner tout entier. Je mis tous les papiers des Bâtiments en bon ordre : je les lui rendis avec un inventaire très exact et me retirai sans éclat et sans bruit.

Telle que la rapporte Perrault, témoin irrécusable, l'observation faite par le Roi à Colbert est assez grave, et il n'y avait nul besoin d'augmenter sa gravité. Monthyon[1], sans citer aucune source, raconte le fait ainsi

---

1. *Particularités sur les ministres des finances*, p. 78.

qu'il suit, et il est évident qu'il a arrangé, en le dénaturant et en l'exagérant, le récit de Perrault.

M. de Louvois découvrit en 1683 que, dans quelques ouvrages de bâtiments, il y avait eu des marchés trop dispendieux, et en donna avis au Roi. Lorsque M. Colbert rendit
compte de ce qu'avait coûté la grille qui ferme la grande
cour de Versailles, le Roi trouva cette dépense beaucoup
trop chère, et, après plusieurs choses très désagréables, dit :
« Il y a là de la friponnerie ». M. Colbert répondit : « Sire,
je me flatte au moins que ce mot-là ne s'étend pas jusqu'à
moi. — Non, dit le Roi : mais il fallait y avoir plus d'attention ». Et il ajouta : « Si vous voulez savoir ce que c'est que
l'économie, allez en Flandre, vous verrez combien les fortifications des places conquises ont peu coûté ». Ce mot, cette
comparaison avec M. de Louvois furent un coup de foudre.

Suivant Monthyon, Colbert en tomba malade et en
mourut. Tout ce récit est absolument faux ; Monthyon
confond les faits de 1679 et de 1683, travestit les paroles du Roi, fidèlement reproduites par Perrault, et
forme une légende fort accréditée aujourd'hui. Perrault nous a appris ce qui s'est passé en 1679, l'ambassadeur vénitien Foscarini va nous informer de ce
qui s'est passé en 1683[1].

Peu de gens, dit-il, ont su la véritable cause de la mort
de Colbert, et très peu les reproches personnels du Roi, qui
lui percèrent le cœur. A propos de certaines constructions
de Versailles qui menaçaient ruine, S. M. se plaignit de la
négligence et de l'incapacité de son jeune fils, le marquis
d'Ormoy, qui en avait la surintendance, allant jusqu'à dire

1. *Lettres, instructions et mémoires*, VII, CLXXXI.

qu'il était étrange, étant si généreux, d'être plus mal servi
que personne. Et, peu de jours après, Colbert faisant quelques difficultés sur une demande de fonds extraordinaire,
S. M. lui répliqua brusquement qu'avec Louvois elle n'avait
qu'à indiquer les choses pour les voir aussitôt exécutées,
tandis qu'avec lui il fallait toujours presser et pour ainsi dire
prier.

Jusqu'ici, le récit de Foscarini me paraît vrai et con-
forme en tous points à ce que nous savons du caractère
et du langage du Roi, aussi bien que de l'incapacité de
d'Ormoy et des habitudes de Colbert. La suite du récit
de Foscarini, vraie au fond, devient exagérée et aura
besoin d'être rectifiée à l'aide d'autres documents.

Colbert, plein de rage et de honte, continue Foscarini,
parvint à dissimuler son inquiétude ; mais le feu concentré
n'en eut que plus de prise sur ce tempérament mélancolique archibilieux et l'obligea enfin à prendre le lit[1], en
proie aux plus vives douleurs. La cause interne et inatta-
quable du mal résistant à l'action des remèdes, la fièvre
survint et bientôt les médecins déclarèrent la maladie mor-
telle, si le mal ne se calmait pas ; mais comme il tenait la
place et voulait au moins le repos de l'esprit, d'où ne pouvait
disparaître le fantôme de la faveur chancelante, il continua
toujours et amena le malade à la dernière extrémité. Colbert, sentant lui-même que le mal était sans remède, refusait de manger et priait les assistants de le laisser mourir
en paix, comme s'il en eût été capable. Il montra son dessein désespéré par l'obstination avec laquelle il repoussa les
insinuations de ses amis et les prières de ses parents, qui le
pressaient d'écrire au Roi dans ses derniers moments pour

_____

1. Vers le 20 août.

faire valoir, dans l'intérêt de sa famille, ses longs et importants services, tournant le dos sans rien dire à ceux qui lui en parlaient.

Ainsi, inébranlable en apparence, mais intérieurement déchiré, mourut ou plutôt voulut se laisser mourir Colbert.

La légende se mêle çà et là à l'histoire dans la Relation de Foscarini, mais il est facile de les séparer.

On sait de science certaine que, dès 1668, Colbert était sujet à des attaques de goutte[1], et que sa santé était usée par le travail; Sandras de Courtilz[2] dit qu'il succomba enfin sous ce travail continuel et obstiné de seize heures par jour; que, dès 1672, il souffrait de l'estomac et qu'il suivait un régime très sévère. « Je mange en mon particulier, écrit Colbert à l'un de ses frères, le 19 novembre 1672[3], et je ne mange qu'un seul poulet à dîner avec du potage. Le soir, je prends un morceau de pain et un bouillon, ou choses équivalentes, et le matin un morceau de pain et un bouillon aussi ». Nous savons aussi que Colbert eut, en 1680, des fièvres violentes, dont un médecin anglais coupa les accès avec le quinquina, remède alors nouveau. Il souffrait aussi de la gravelle, et à l'autopsie on trouva une grosse pierre dans l'un des uretères; il avait, en effet, pendant sa maladie, éprouvé les douleurs les plus cruelles, dont les médecins ne connaissaient pas la cause, et il n'avait trouvé quelque soula-

1. JAL. 397.
2. *Vie de Colbert*, p. 303.
3. *Lettres, instructions et mémoires*, VII, XXXIII et XXXIV.

gement que dans des bains d'huile[1]. Il est facile de comprendre que les attaques incessantes de Louvois, et les justes plaintes du Roi contre d'Ormoy, aient déterminé une crise fatale sur ce tempérament usé et maladif. Tout ceci paraît exact. Reste maintenant à savoir si Colbert est mort en désespéré, s'il s'est laissé mourir de faim, s'il a refusé d'écrire au Roi ou de lire une lettre que S. M. lui écrivait.

Racine a raconté la mort de Colbert[2], et nous donne les détails qui suivent.

On prétend, dit-il, qu'il est mort mal content; que le Roi lui ayant évidemment écrit peu de jours avant sa mort, pour lui commander de manger[3] et de prendre soin de lui, il ne dit pas un mot après qu'on lui eût lu cette lettre. On lui apporta un bouillon là-dessus, et il le refusa. Madame Colbert lui dit : « Ne voulez-vous pas répondre au Roi? » Il lui dit : « Il est bien temps de cela. C'est au Roi des rois qu'il faut que je songe à répondre ». Comme elle lui disait une autre fois quelque chose de cette nature, il lui dit : « Madame, quand j'étais dans ce cabinet à travailler pour les affaires du Roi, ni vous ni les autres n'osiez y entrer; et maintenant qu'il faut que je travaille aux affaires de mon salut, vous ne me laissez pas en repos ».

Monthyon prétend, toujours sans citer aucune source, que Colbert, en parlant du Roi, dit : « Si j'avais fait

---

1. *Gazette de Leyde*, 14 et 16 septembre 1683.

2. Œuvres de Racine, édition Hachette : *Fragments historiques*, V, 110.

3. La gastralgie lui causait de grandes douleurs quand il digérait; aussi mangeait-il le moins possible.

pour Dieu ce que j'ai fait pour cet homme-là, je serais
sauvé deux fois, et je ne sais ce que je vais devenir ».
Il ajoute qu'à l'arrivée d'un gentilhomme envoyé de
Fontainebleau par Louis XIV, Colbert refusa de le recevoir et de lire la lettre du Roi qu'il lui apportait,
en disant : « Je ne veux plus entendre parler du Roi ;
qu'au moins à présent il me laisse tranquille ». Sa
famille aurait obtenu cependant qu'il laissât l'envoyé
du Roi entrer dans sa chambre ; mais il feignit de dormir pour ne pas lui parler. Il n'aurait pas ouvert la
lettre du Roi, ce dont la famille chercha à l'excuser en
disant qu'il ne voulait plus penser qu'à son salut. Tout
ceci est de la légende. La prétendue lettre de Louis XIV
est de l'invention de la Baumelle, qui attribue à Madame de Maintenon la lettre suivante :

Fontainebleau, le 10 septembre 1683.

Le Roi se porte bien et ne sent plus qu'une légère douleur. La mort de M. Colbert l'a affligé, et bien des gens se
sont réjouis de son affliction. C'est un sot discours que les
desseins pernicieux qu'il avait ; et le Roi lui a pardonné de
très bon cœur d'avoir voulu mourir sans lire sa lettre pour
mieux penser à Dieu...

Mais cette lettre est manifestement fausse, ainsi que
l'a démontré M. Lavallée [1].

Le fait est que Colbert, souffrant cruellement de la
gravelle et de sa gastralgie, a voulu avoir le plus de

---

1. *Correspondance générale de Madame de Maintenon*, II, 317.

repos possible, et que tout prouve qu'il n'est pas mort
ni disgracié, ni en désespéré, mais affligé certainement
du juste mécontentement du Roi contre son fils, et
n'ayant certainement pas perdu l'amitié de Louis XIV,
ainsi que le prouvent les lettres adressées par M. de
Seignelay à S. M. et les réponses du Roi, qui n'écrit
pas à Colbert, trop malade pour lire ses lettres et y
répondre, mais à son fils, qu'il charge de dire au malade « tout ce qu'il lui mande ».

Paris, le 29 août 1683.

Pour suivre l'ordre que V. M. a bien voulu me donner de
lui rendre compte de la santé de mon père, je lui dirai qu'il
a passé une très mauvaise nuit, que ses douleurs ont duré
une partie de la journée, et que si, dans l'abattement où il
est, la fièvre se joignait à ses autres maux, sa maladie
serait très dangereuse : mais Dieu merci il n'en a point eu
jusqu'à présent.

Réponse du Roi.

Je suis bien en peine du mal de votre père, et je le plains
fort des douleurs qu'il souffre. J'espère qu'il sera bientôt en
aussi bon état que nous le désirons tous. Dites-lui de ma
part ce que je vous mande.

Paris, le 2 septembre, à deux heures du matin.

Le mal de mon père a tellement augmenté, Sire, et sa
faiblesse est si grande, que les médecins, ne connaissant
rien à cette maladie, qu'ils prétendaient n'être pas dangereuse tant qu'il n'y aurait pas de fièvre, ont conseillé de lui
faire prendre cette nuit Notre-Seigneur en viatique. C'est de
quoi j'ai cru devoir donner avis à V. M. Elle sera exacte-

ment informée des suites, et je crois que dans cette triste
occasion V. M. me permettra de demeurer ici pour voir les
suites de cette maladie.

Réponse du Roi.

L'état où est votre père me touche sensiblement. Demeu-
rez auprès de lui tant que vous y serez nécessaire et que
votre douleur ne vous empêchera pas de faire tout ce qui
sera possible pour le soulager et pour le sauver. J'espère
toujours que Dieu ne voudra pas l'ôter de ce monde où il
est si nécessaire pour le bien de l'État. Je le souhaite de tout
mon cœur par l'amitié particulière que j'ai pour lui et par
celle que j'ai pour vous et pour toute sa famille.

À coup sûr ce n'est pas au fils d'un ministre disgracié
ou sur le point de l'être, d'un ministre mourant en
désespéré et plein de fureur contre le Roi, que ce Roi
écrit ces lettres si pleines d'amitié et de bons sentiments pour le pauvre malade, « qui est encore si nécessaire au bien de l'État ».

Après la mort de Colbert, arrivée le 6 septembre,
Louis XIV écrivit à Madame Colbert une lettre affec-
tueuse pour elle et pour la mémoire de son mari.

Fontainebleau, 12 septembre 1683.

Madame Colbert, je compatis à votre douleur, d'autant
plus que je sens par moi-même le sujet de votre affliction,
puisque, si vous avez perdu un mari qui vous était cher,
je regrette un fidèle ministre dont j'étais pleinement satisfait.

Sa mémoire me sera toujours une forte recommandation,
non seulement pour votre personne que votre vertu recommande assez, mais aussi pour tous les siens, et vous devez

espérer que le sieur de Blainville faisant son devoir, comme je l'espère, dans la profession qu'il va suivre [1], n'en sentira pas moins les effets que le reste de la famille.

Cependant, je prie Dieu qu'il vous ait, Madame Colbert, en sa sainte garde.

« M. Colbert, dit la *Gazette de Leyde* [2], fut enterré mardi au soir [3] en sa chapelle de Saint-Eustache, sa paroisse; son corps a été ouvert et l'on y a trouvé une grosse pierre dans l'un des uretères et d'autres moindres dans la vésicule du fiel. Avant que mourir, il fit venir tous ses enfants l'un après l'autre pour leur dire adieu, ayant toujours conservé un jugement sain et entier; il fit cacheter devant lui plusieurs papiers pour être remis entre les mains du Roi.

« Sa famille s'est retirée à l'hôtel de Matignon et l'on a mis le scellé chez lui avec des gardes, par ordre de S. M.; on l'a mis aussi partout ailleurs où il avait des cabinets, à Saint-Germain, à Sceaux et ailleurs.

« Le Roi remplit dès le 6 sa charge de contrôleur général des finances et la donna à M. Le Peletier, conseiller d'État, et à M. de Louvois celle de surintendant des Bâtiments, dont M. de Blainville, l'un des fils

---

1. La profession militaire.

2. 16 septembre 1683. — Correspondance parisienne du 10 septembre.

3. « Il fallut assurer son convoi par une escorte de Gardes, dans la crainte d'une attaque de la populace, et non sans quelque raison, car le Roi croyait volontiers que sa mémoire était chargée de la haine et des imprécations de ses sujets, à cause du fardeau sous lequel ils gémissent (*Foscarini*, VII, CLXXXII. — Colbert était exécré, et à sa mort il y eut une pluie de vers satiriques et haineux.

du défunt, avait la survivance; mais S. M. lui a donné 500,000 livres pour l'en dédommager ».

Colbert, comme nous venons de le dire, fut enterré à Saint-Eustache. Madame Colbert lui fit élever, sur les dessins de Lebrun, un splendide tombeau. Colbert est représenté à genoux : un ange lui tient un livre, dans lequel il semble prier Dieu. La figure est de Coysevox, et l'ange de Tuby. Le tombeau est encore orné de deux Vertus : la Fidélité, aussi de Coysevox, et la Piété de Tuby [1].

Les principales dépenses occasionnées par la maladie et les funérailles de Colbert se sont élevées à la somme de 41,378 livres (environ 207,000 fr.), savoir :

	Livres.
Médecins et apothicaires	1.936
A Morel, chirurgien, pour l'ouverture du corps.	110
A Gastelier, pour le baume	40
A Lucas, plombier, pour le cercueil	78
Pour les frais funéraires	14.456
Au juré crieur, pour les frais funéraires du convoi, enterrement, armoiries, luminaire .	6.000
Au sacristain, pour 120 messes (100 le jour du service et 20 le jour où les marguilliers en feront un second	84
Pour le deuil de Madame Colbert et de ses domestiques.	15.000
Pour le deuil des domestiques.	2.674
Pour le bout de l'an.	1.000 [2]

1. Germain BRICE, *Description de Paris*. I, 220. — A la Révolution, le tombeau de Colbert fut transporté au musée des Petits-Augustins; il fut ensuite replacé à Saint-Eustache, mais il n'est plus dans son ancienne chapelle.

2. *Lettres, instructions et mémoires*. VII, 378.

La *Gazette de France* [1] inséra, avec la permission du Roi, l'article suivant, qui est un bel éloge de son ministre :

« M. J.-B. Colbert, ministre et secrétaire d'État, mourut en cette ville le 6 de ce mois, âgé de 64 ans, après avoir reçu les sacrements avec des marques d'une piété singulière. Il a servi le Roi pendant plusieurs années, dans les principales affaires de l'État, avec les capacités, la fidélité, le zèle et l'exactitude qui font l'éloge des grands ministres. Le Roi l'ayant choisi pour établir un meilleur ordre dans l'administration de ses finances, il a exécuté ce grand dessein avec tout le succès qu'on pouvait espérer de son génie extraordinaire et de son travail infatigable. Le rétablissement de la marine, les manufactures de tout ce qui est nécessaire à l'armement des vaisseaux, la construction des arsenaux et de plusieurs ports, les bâtiments superbes et les meubles magnifiques des maisons royales dont il a eu la principale direction, font voir l'étendue de son esprit et l'application continuelle qu'il avait à tout ce qui pouvait être avantageux à la gloire et au service de S. M. Il s'est, dans cette vue, particulièrement appliqué à faire fleurir les lettres et les beaux-arts par l'établissement des académies de physique [2], d'architecture et de peinture, et par les récompenses qu'il a procurées aux personnes recommandables par leur savoir et par leurs ouvrages ».

1. 1683, p. 516; 11 septembre.
2. Académie des sciences.

APPENDICE

I

TESTAMENT DE COLBERT.

5 Septembre 1683

Par-devant les notaires à Paris soussignés fut présent M. Jean-Baptiste Colbert, chevalier, marquis de Châteauneuf-sur-Cher, baron de Sceaux et autres lieux, conseiller du Roi ordinaire en tous ses conseils, du conseil royal, secrétaire d'État et des commandements de S. M., commandeur et grand trésorier de ses ordres, contrôleur général des finances, surintendant et ordonnateur général de ses bâtiments, arts et manufactures de France, demeurant à Paris, en son hôtel, rue Neuve-des-Petits-Champs, paroisse Saint-Eustache, gisant au lit, malade de corps, en son cabinet ayant vue sur le jardin, au rez-de-chaussée de sondit hôtel, sain toutefois d'esprit et d'entendement, ainsi qu'il a dit et est apparu auxdits notaires par ses paroles, gestes et maintien ;

Lequel, considérant la certitude de la mort, ne voulant en être prévenu, mais[1], pendant que sens et raison le gouvernent, disposer de ses biens, a fait, dicté et nommé auxdits notaires son testament et ordonnance de dernière volonté ainsi qu'il ensuit, après s'être recommandé à Dieu, à la bienheureuse Vierge, à saint Jean-Baptiste, son patron, à tous les saints et saintes du paradis, les priant d'intercéder pour lui, afin que son âme étant séparée de son corps puisse jouir de la béatitude éternelle.

Premièrement, pour ce qui concerne ses obsèques et funérailles, il s'en remet et rapporte à la prudence et discrétion de ses exécuteurs testamentaires ci-après nommés.

Ledit seigneur testateur a donné et légué, donne et lègue à Messire Jean-Baptiste Colbert, chevalier, marquis de Seignelay et autres lieux, conseiller du Roi en tous ses conseils, secrétaire d'État et des commandements de S. M., commandeur et grand trésorier de ses Ordres, son fils aîné, tout ce qu'il lui peut donner et léguer par les coutumes, et le fait et institue son héritier et légataire universel en tous ses biens.

Donne et lègue à M. le bailli Colbert, aussi son fils, commandant à présent les galères de Malte, 10,000 livres de pension annuelle et viagère.

Donne et lègue à la confrérie Sainte-Agnès, fondée en ladite église Saint-Eustache, 500 livres de rente, par chacun an, rachetables de 10,000 livres, pour être em-

1. *Voulant* n'est pas répété.

ployées à l'entretien, nourriture et subsistance des pauvres filles de la communauté de ladite confrérie.

Donne et lègue aux hôpitaux de ses terres de Châteauneuf et de Linières, 1,000 livres de rente, par chacun an, pour être employées au mariage de vingt pauvres filles qui seront choisies, savoir : dix à chacun desdits hôpitaux, par les administrateurs de l'Hôtel-Dieu de Paris.

Donne et lègue 600 livres de rente, par chacun an, rachetables de 12,000 livres, pour être distribuées aussi par chacun an aux pauvres de ses terres de Normandie, ainsi que madame son épouse l'ordonnera, et après elle l'aîné de messieurs ses enfants.

Donne et lègue à l'Hôpital-Général des pauvres de cette ville la somme de 30,000 livres, une fois payée, qui sera employée en fonds d'héritages.

Donne et lègue à l'Hôtel-Dieu de cette ville la somme de 10,000 livres une fois payée.

Donne et lègue à ses officiers et domestiques la somme de 50,000 livres à distribuer entre eux, ainsi qu'il plaira à madite dame son épouse.

Et pour exécuter et accomplir le présent testament, ledit seigneur a nommé madite dame son épouse et M. Pussort, conseiller du Roi ordinaire en son conseil d'État, qu'il prie d'en prendre la peine.

Révoquant ledit seigneur tous autres testaments et codiciles qu'il pourrait avoir faits avant le présent, auquel il s'arrête comme étant son ordonnance de dernière volonté.

Ce fut fait et passé, dicté et nommé par ledit seigneur

testateur auxdits notaires ; et, à lui, par l'un d'eux en
la présence de l'autre[1], lu et relu, en sondit cabinet, le
dimanche cinquième jour de septembre, à six heures
de relevée, l'an 1683 ; et a ledit seigneur testateur
signé en la minute de son présent testament, demeurée
à de Beauvais, notaire.

(Signé) BEAUVAIS.

II

EXTRAITS DE L'INVENTAIRE FAIT APRÈS LE DÉCÈS DE COLBERT

DANS SES RÉSIDENCES DE

PARIS, SCEAUX, FONTAINEBLEAU, SAINT-GERMAIN ET VERSAILLES[2].

A la cave.   Livres.

Un foudre[3] de vin blanc du Rhin 2.000
Quatre voies[4] de bois.   110

Écurie et remise.

Onze chevaux hongres servant au carrosse sous poil
    noir.   2,000
Deux chevaux de selle, un noir, l'autre bai clair .   300
Quatre chevaux servant au fourgon   500

1. Me Belot.
2. M. P. Clément n'a pas, et avec raison, reproduit les 1189
articles de l'inventaire ; il a laissé de côté tous les objets dont
l'énumération n'offre aucun intérêt : literie, meubles ordinaires,
ustensiles de cuisine, etc.
3. Environ 9 hectolitres.
4. La voie est d'environ 2 stères.

Livres.

Un carrosse monté sur son train à quatre roues et
à arc, le corps à deux fonds, garni dedans d'un
camelot noir, et dehors d'un drap noir et de dix
glaces, avec ses coussins et un strapontin, remplis de plume.   500
Un autre carrosse, *idem*, deux glaces   300
Un autre carrosse, garni de velours cramoisi, à ra-
mages.   550

Tapisseries de haute lisse.

Une tenture de tapisserie, fabrique des Gobelins,
rehaussée d'or, représentant des chasses et les
mois de l'année, vulgairement appelée : *La
Belle Chasse de l'hôtel de Guise*.   24,000
Idem, fabrique des Gobelins, représentant les Douze
Mois, copie de celle des Douze Mois de la Cou-
ronne, et quatre entre-fenêtres de la même ten-
ture.   7,000
Idem, fabrique de Bruxelles, représentant l'histoire
de Scipion   1,500
Idem, fabrique ancienne du Louvre, représentant le
Pastor fido   1,000
Idem, de Bruxelles, représentant des bestiaux. . .   700
Idem, d'Anvers, représentant l'histoire d'Esther. .   700
Idem, de Flandre, verdure.   550
Idem, de Bruxelles, représentant l'histoire de
Psyché.   3,000
Diverses tapisseries (5).   6,000
Une tapisserie de haute lisse d'Angleterre, repré-
sentant l'histoire d'Absalon   8,000
Une pièce de tapisserie de l'histoire d'Assuérus et
d'Esther   250

	Livres.
Une tenture, fabrique de Bruxelles, représentant l'histoire de Gédéon.	1,400
Idem, représentant l'histoire de Tobie	3,000
Idem, représentant l'histoire de l'Enfant prodigue.	100
Idem, fabrique de Bruxelles, à grotesques, fond jaune	360

Tapisseries de brocart, damas, etc.

Une tenture de tapisserie de brocart à fleurs d'or, fond rouge cramoisi, et de brocart à fleurs aussi d'or, fond de satin vert, avec une grande campane et un mollet d'or faux au haut, ayant 18 aunes de cours. 700

Une tenture de tapisserie de brocatelle de Venise . 300

Tapis.

Deux tapis de Turquie	200
Un tapis de la Savonnerie.	400
Un tapis persien.	150
Deux grands tapis de Turquie.	100

Lits, bureaux, pendules.

Un grand lit de velours cramoisi, de 6 pieds et 1/2 de large sur 6 pieds 10 pouces de long, composé de quatre rideaux, deux bonnes grâces, deux cantonnières, trois pentes de dehors, trois pentes de dedans, fond, dossier, courte-pointe, trois soubassements, fourreaux de piliers, le tout en broderie or et argent, par lés et demi-lés, garni d'une crépine d'or et argent, avec quatre pommes. Un autre dossier de velours en broderie qui s'attache au dossier de bois, avec quatre consoles et une couronne au milieu,

Livres.

quatre petites pommes qui se mettent au dossier et un feston de taffetas rouge brodé d'or et
d'argent, rideaux, cantonnières et bonnes grâces,
doublé d'un brocart fond rouge cramoisi à fleurs
d'or.

Six fauteuils, six chaises, six sièges ployants de
même velours cramoisi en broderie, garnis de
crépine et mollet d'or et d'argent, avec leurs
barres couvertes de pareil velours avec mollet
or et argent. Quatre grands carreaux de même
velours garnis de plume..... Deux matelas de
futaine remplis de laine, un traversin de coutil
rempli de plume, un sommier de crin, un autre
pareil matelas, quatre bouquets de plumes
blanches et leurs aigrettes ; la housse dudit lit
de taffetas rouge cramoisi. Deux tringles tour-
nantes de fer poli avec une console de cuivre
doré.   5,000

Un grand lit de point d'Angleterre par bandes couleur de feu et céladon à bandes grises mêlées
d'or et d'argent, de 6 pieds et 1/2 de large sur
6 pieds 10 pouces.   900

Un lit de broderie de Chine.   1,200

Une pendule à queue de la façon de Thuret, à sonnerie de quart, demi-heure et heure, avec une
boîte posée sur un pied, le tout d'ébène, enrichi
d'ornements d'écaille de tortue à filets d'étain.   600

Une autre pendule faite par Thuret, à sonnerie,
dans une boîte ouvragée, d'ouvertures carrées,
fermées de glaces.   150

Un grand bureau dont se servait ledit défunt seigneur, en son cabinet, avec ses carrés ou ta-
blettes sur icelui. Le tout de bois de poirier
noirci, de placages et rapports représentant des
fleurs et animaux. Ledit bureau garni de plu-

Livres

sieurs tiroirs devant et derrière fermant à clef,
et couvert de drap noir usé 150

Un autre bureau, aussi dans ledit cabinet, de bois
violet et d'ébène, et marqueterie de fleurs, oiseaux, rameaux et feuillages, garni de plusieurs
tiroirs fermant à clef, et couvert de velours violet avec un tapis de cuir vert 80

Deux tables de marbre, l'une de portor, posée sur
un pied de bois sculpté et doré, l'autre de Languedoc 200

Une table posée sur ses pieds et deux guéridons à
fond d'écaille de tortue, d'ouvrage de marqueterie de cuivre à jour et ciselé, façon des Gobelins 200

Un écritoire d'ébène, duquel se servait ordinairement ledit défunt seigneur, en son cabinet,
garni d'un encrier, d'un poudrier, d'un carré,
d'une fermeture, d'un autre carré et d'une son-
nette. 135

Tableaux [1].

À Paris, dans l'hôtel

Un tableau peint sur toile, par Paul Véronèse, représentant la Fraction du pain. 600

Une Vierge, le petit Jésus, saint André et autres
figures, par Paul Véronèse. 600

Saint Jean prêchant au désert, avec une figure de
bois doré, par l'Albane 600

La Rencontre de Jacob et Ésaü, par Pierre de Cortone. 500

---

1. Quelques-uns des tableaux de la collection Colbert se trouvent au Musée de Versailles et au Louvre.

	Livres.
Saint Jérôme en demi-figure, par Moor.	100
Une Nativité, par les Carrache.	3,000
Une Nativité, par de Gaddi	1,000
Un Christ au jardin, par M. Le Brun.	400
Un *Ecce homo*, par M. Le Brun.	200
Angélique et Médor, par Romanelli	80
La Création du monde, par Jules Romain	600
Une Vierge, un Christ, saint Jean et sainte Élisabeth, par Raphaël.	300
La Tour de Babel, par Mathieu Bril	50
Les Pélerins d'Emmaüs, dans un paysage, par Paul Bril	200
Un Sacrifice, par le Dominiquin.	20
Le portrait de la Reine, par Beaubrun	10
Le portrait du Roi au pastel, de Nanteuil.	110
Une Charité romaine.	30
Une Madeleine, par Champagne.	30
Deux tableaux de fleurs, par Lefèvre	6
Saint Jérôme, d'après le Guerchin	35
Une petite Annonciation, de Romanelli.	25
La Famille de Darius, d'après Le Brun.	250
Deux tableaux de demi-figure prenant du tabac.	30
Deux paysages du Buisson ardent, du dessin de M. Le Brun.	30
Un dessin sur papier de la bataille de Constantin.	100
Deux grands tableaux sur toile, par le Milanais, représentant des morceaux d'architecture.	200
Deux portraits de femme à demi-corps, peints par Nocret.	40
Une petite Vierge au lapin	35
Saint Pierre en la prison.	35

Livres.

Deux tableaux, l'un sur vélin, de la ville d'Anvers,
et l'autre sur bois, d'une foire 40

Deux petits portraits du Roi à cheval, par Mignard. 80

Deux petits paysages sur cuivre, par François Bolo-
gnèse 80

Deux grands tableaux représentant les Pères aux
limbes. 200

Hercule entre la Vertu et les Vices. 20

Saint Jérôme 40

L'École d'Athènes, d'après Raphaël 150

Une École de filles où est la Vierge, par le Guide. 1,000

Une petite Nativité. 50

Deux villes, par Van der Meulen. 100

Le Calvaire et deux dessins au crayon, de Roma-
nelli. 20

Deux tableaux par Fouquières, l'un d'un hiver et
l'autre d'un paysage 120

Deux villes de Flandre, par Van der Meulen . . . 100

Un Christ en croix et une Vierge, de M. Le Brun . 200

Deux petits regards[1] d'un Christ et d'une Vierge
faits en tapisserie. 50

Apollon et Marsyas, par Mignard d'Avignon. . . . 150

Une petite Vierge et un saint François sur bois . . 50

Un déluge. 30

Une Bacchanale, par Bourdon. 40

Une Annonciation de la Vierge 40

Paysage et tête de saint Pierre, en tapisserie. . . 6

Deux têtes au pastel, par Le Brun 20

Loth 15

_____

1. Pendants.

	Livres.
Grand tableau rond fait de tapisserie de haute lisse des Gobelins, représentant un Christ au jardin.	500
Les portraits du Roi et de Mgr le Dauphin, au pastel.	200
Le portrait de la Reine.	80
Vingt-deux tableaux, sur cuivre, d'après l'école de Raphaël, représentant les figures du Vieux Testament, par Cheninot	800
Le portrait de la princesse de Conty	12
Treize estampes des batailles de Darius et autres	110

(A Saint-Germain et à Versailles).

Dix-huit tableaux, sur cuivre, d'après les loges de Raphaël, représentant les figures du Vieux Testament, par Cheninot	654
Paysage d'une maison royale, par Van der Meulen.	80
Une Samaritaine.	40
Saint Joseph.	30
Un tableau à l'aiguille, de point fendu, représentant une Vierge.	6
Tableau en miniature d'une Nativité, avec une glace	40

A Sceaux.

Au-dessus des portes, deux paysages de Fouquières, sur toile	100
Deux autres paysages, manière de Rendu	80
Une Descente de croix, d'après le Titien	30
Une Vénus et les Grâces	250
Paysages de Fouquières avec deux autres tableaux, l'un d'une mer orageuse et une montagne, et l'autre d'un paysage et des montagnes.	120

	Livres.
Vues de Boulogne et de Madrid.	50
Deux vues de mer, par Van der Kane (?).	200
Deux tableaux d'architecture, par le sieur Lemaire.	200
Deux tableaux d'un Christ et de la Vierge, par Blanchard, le père.	80
Des chèvres et un chien, du Guerchin	50
Deux paysages du Cochin	100
La Création du monde	100
Apollon et Marsyas, d'après le Guide	50
Saint Sébastien, par Holbein	40
Une mer de Borzone.	50
La vue de Seignelay.	40
Deux tableaux, l'un représentant un château, et l'autre saint Jérôme.	18
Un paysage de Paul Bril	40
Des chèvres et un chien.	35
Des vases, des fruits et des fleurs	50
Orphée.	100
Deux petites figures assises.	40
Galathée, d'après Raphaël	100
Un paysage, manière de Claude Lorrain	30
Un paysage, par Borzone.	40
Trois tableaux de miniature, de dévotion [1], dont l'un représente un Saint-Suaire, l'autre un Moïse exposé sur les eaux, et l'autre une Vierge au silence, d'après M. Le Brun	100
Une Sainte Famille du Titien [2].	50

1. Dans la chambre de madame Colbert.
2. Dans la chambre de Colbert.

Livres.

Quatre grands tableaux, en l'un desquels est Apollon et Daphné ; l'autre, Alexandre regardant un
modèle de ville : le troisième, Alexandre refu-
sant à boire, et le quatrième, le Roi à cheval,
d'après M. Le Brun 820

Quatre tableaux représentant les Quatre Vertus.
d'après Raphaël. 200

Deux paysages 200

Deux grands tableaux de fleurs et fruits d'Italie. . 200

Tableaux placés au-dessus des portes.

Trois tableaux qui sont de l'école de Saint-Martin
de Bologne. 50

Deux tableaux de fruits. 30

Saint Jean l'Évangéliste, d'après M. Le Brun . . . 30

Homme tenant un violon, par le Valentin 30

Un baptème de saint Jean, une Fuite en Égypte. . 40

Fleurs et fruits, par de Grave. 60

Une Madeleine, d'après le Guide, et une Vierge.
d'après Pierre de Cortone 65

Deux tableaux de fruits, par de Grave. 40

Quatre tableaux de trophées d'armes, par de Grave. 60

Paysage où est Diogène, d'après le Poussin. . . . 20

Deux tableaux, poissons et gibiers. 40

Martyre de saint Maurice, d'après Paul Véronèse . 50

Deux tableaux représentant, l'un une cuisine, l'autre un paysage où est un Maure 40

Oiseaux, fusil et autres choses 30

Moïse et le serpent d'airain 250

Deux tableaux d'oiseaux 40

Neuf vues de maisons royales. 200

Livres.

Six tableaux représentant des Vertus, d'après Raphaël 240

Quatre figures, d'après le Dominiquin. 120

Dix-neuf tableaux représentant des jeux d'enfants, d'après Raphaël 950

Neuf portraits de différentes personnes. 38

Bronzes.

Deux figures représentant des gladiateurs 250

Une petite tête de bronze. 30

Une figure portant un globe, en argent d'Allemagne 70

Une femme assise, de bronze 40

Deux vases de bronze. où sont des figures en bas-relief 800

Deux bustes de bronze représentant, l'un le cardinal de Richelieu, l'autre le cardinal Mazarin. . 2,000

Marbres [1].

Une médaille représentant Mgr le Dauphin. . . . 100

Deux sphinx en marbre rouge. 20

Douze médailles de marbre blanc, d'empereurs, avec leurs bordures à festons, ovales, de bois doré, garnies de cordons de soie 960

Six bustes de marbre, dont quatre blancs et deux dont la draperie est de marbre jaspé, posés sur leurs piédouches et leurs scabellons, aussi de marbre de différentes couleurs. 1,440

Une figure représentant la Vigilance, de marbre blanc, sur un piédestal de marbre gris.

---

1. Excepté le premier, tous ces marbres étaient dans le cabinet de Colbert, au château de Sceaux.

Livres.

Deux bustes de marbre blanc avec leurs piédouches, et trois têtes de marbre blanc avec leurs
piédouches, tous posés sur des scabellons de
marbre de différente couleur   600

Le buste d'Homère, en marbre blanc   400

Deux lutteurs, en marbre blanc   3,500

Vingt-quatre bustes de marbre, dont seize jaspés
et les huit autres blancs, d'empereurs, impéra-
trices et sénateurs romains, sur des consoles
modelées en plâtre et sculptées, l'une d'une tête
de chien et l'autre d'une tête de licorne.

Perles, pierreries et bijoux.

Un collier de vingt-sept perles. 32,000

Un autre de trente-six perles   7,000

Une boîte garnie de huit gros diamants et un plus
gros au milieu, etc 28,000

Une croix de diamants avec une perle au milieu .   3,200

Deux boucles d'oreilles de deux diamants à facettes.   5,500

Deux autres boucles d'oreilles de sept diamants
chacune et une perle   1,200

Quatre attaches de diamants   2,400

Un petit nœud de derrière   300

Deux grandes attaches de diamants de manches .   2,000

Deux grands crochets de diamants et un nœud de
derrière   2,400

Une table de bracelet de onze diamants et une to-
paze.   800

Deux boutons, deux ganses, une boucle de cein-
ture de diamants   2,000

Deux bracelets, l'un de perles et diamants, l'autre
de grenats et diamants   400

	Livres.
Une attache de onze brillants	4,000
Quatre bagues et trois joncs d'or	150
Un bracelet de topaze d'Inde avec diamants, perles et rubis	120
Un bracelet, diamants jaunes, rubis.	500
Un bracelet, perles et diamants	100
Un bracelet, diamants, rubis	250
Huit boutons de manches de diamants.	260
Une petite croix antique de diamants	80
Une table de bracelet de seize petits diamants et une turquoise de nouvelle roche	80
Quatre petites pièces de bracelet de diamants et une chaine d'or.	50
Un bracelet de pâte de musc et de diamants . . .	100
Un bracelet, perles et musc et bois Sainte-Lucie .	80
Deux bracelets de petites perles.	40
Une bague	800
Quatre boutons d'or de manches avec diamants. .	30
Une busquière de neuf diamants	280
Une table de bracelet de diamants avec une émeraude	150
Une vieille croix et quatre diamants.	300
Deux poinçons : un de saphir et l'autre d'émeraude.	48
498 louis d'or, à 11 livres chacun, et un écu aussi d'or de 114 sols.	5,483
500 louis d'or, à 11 livres, dans une bourse de velours	5,500
29 jetons d'or, à 12 livres pièce.	348
23 bourses de velours de différentes couleurs, garnies de cent jetons d'argent chacune, pesant ensemble 64 marcs 7 onces	1,816

	Livres.
12 autres bourses	105
Une grande croix de l'Ordre, enrichie de diamants.	3,200
Une petite croix	2,000
Une bague d'or dans laquelle est enchâssé un diamant brillant.	2,500
Une bague d'or dans laquelle est enchâssée une topaze d'Orient.	580
Une médaille, d'une Samaritaine, entourée de diamants	100
Une petite croix de diamants	300
Une petite croix, d'un Christ	10
Une table de bracelet entourée de quatorze diamants.	600
Une agate-onyx représentant le portrait du Roi. .	200
Une agate-onyx représentant le cardinal Mazarin..	100
Une montre émaillée de petits diamants	100
Deux montres émaillées	80
Un étui garni d'un compas, règle, petite boussole à la façon de Blondeau	80

Vaisselle d'argent.

	Livres.
4 bassins ovales, 2 ronds	2,828
36 grands plats, 20 assiettes creuses, 24 potagères, 10 douzaines d'assiettes de table, pesant ensemble 701 marcs, à 28 livres	19,628
8 aiguières, 4 soucoupes, 8 salières, 24 cuillères, 24 fourchettes, 24 couteaux, 2 sucriers, 2 vinaigriers, 1 moutardier, 2 grandes cuillères à potage, pesant ensemble 142 marcs.	3,840
2 flacons, 1 aiguière, 1 pot à bouillon, 3 pots de chambre, 1 cassolette, 2 bassinoires, 1 biberon, 34 fourchettes, 51 cuillères, 10 couteaux . . .	2,403
38 flambeaux	5,722

Livres.

3 mouchettes, 2 bougeoirs, 2 seringues à eau d'essence, 2 boîtes à poudre, 1 bassin à faire le poil, 2 coquemars 924

2 grands chenets soutenus par des chiens ailés, posés sur une base carrée, qui se terminent par un vase et une flamme de feu, pesant 132 marcs 3 onces, à 33 livres le marc 4,373

Une paire de chenets d'argent ciselés 941

Un grand chandelier, à 8 branches, en argent ouvragé 3,270

6 bassins ovales, 2 ronds, 8 aiguières, 4 soucoupes, 36 plats, 22 assiettes, 2 écuelles, 2 saucières, 13 douzaines d'assiettes, 4 porte-assiettes, 44 flambeaux, 6 chandeliers, 4 sucriers, 2 vinaigriers, 1 moutardier, 1 huilier, 7 douzaines et 11 cuillères, 5 douzaines et 11 fourchettes, 4 douzaines de couteaux, 6 pots de chambre, 1 bassinoire, etc., pesant 1,426 marcs 3 onces, dont 845 marcs de vaisselle plate prisée à 28 livres le marc, soit 23,677 livres ; et 680 marcs de vaisselle montée, à 27 livres le marc, soit 15,681 livres, en tout. 37,358

Quatre vases ciselés 432

Vaisselle d'argent de campagne.

2 grands bassins ovales, 2 petits ronds, 4 grands plats, 8 moyens, 24 autres plats, 18 assiettes, 30 potagères, 6 aiguières, 2 soucoupes, 3 sucriers, 8 salières, 1 vinaigrier, 60 cuillères, 24 fourchettes, 12 fourchettes à deux fourchons, 24 manches de couteaux, 2 grandes cuillères, 1 marmite, 1 pot à bouillon, 1 poêlon, 1 coquemar, 2 pots de chambre, 16 flambeaux, etc., pesant 956 marcs, dont 779 marcs de vaisselle

Livres.

plate prisée à 28 livres, soit 21,822 livres, et
177 marcs de vaisselle montée, prisée à 27 livres, soit 4,768 livres, en tout 26,590

Fourchettes et cuillères. 206

Deux girandoles, chandeliers, gobelet, etc 344

Poêlon d'argent, pesant 6 marcs 7 onces 192

Vermeil doré.

3 bassins d'argent vermeil doré d'Allemagne, dont
deux à figures et un à bas-reliefs. 1,076

1 bassin rond, avec figures 435

3 vases d'argent. 516

2 coupes 83

2 soucoupes. 265

2 tasses, 4 salières, 4 truelles 801

1 cassolette 286

24 assiettes, 12 cuillères, 12 fourchettes, 12 couteaux, etc 3,917

Croix de vermeil doré ; dans son pied, un reli-
quaire. 1,650

Toilette de Madame.

Bordure de miroir, pelote, 2 soucoupes, 2 tasses,
1 aiguière, 2 brosses à peigne, 1 vergette, 4 flambeaux, 1 gantière, 2 boîtes à mouches, 1 boîte à
poudre, 1 crachoir, 6 petits chandeliers, le tout
en argent 4,068

Un grand miroir à glace de Venise, à bordure d'argent enrichie de festons et de deux enfants aux
côtés qui les soutiennent et d'un chapiteau aussi
d'argent, au haut duquel sont les armes dudit
défunt seigneur et de ladite dame, soutenues
par deux anges et deux chiens sur la corniche. 8,019

Livres.

Un autre miroir de Venise, avec bordure ciselée d'argent, aux armes de Colbert 1,790

Deux clavecins, façon de Flandre 400

Garde-robe.

N'est fait aucune description des habits, linges et autres hardes qui étaient à l'usage dudit défunt seigneur, attendu qu'ils ont été donnés au sieur Merle, premier valet de chambre.

Orangerie de Paris.

36 orangers, dont 1 de Portugal. 1,047

8 grenadiers 470

1 myrte mâle 30

53 lauriers-roses 666

4 lauriers-tins en caisse, 40 en pots, 40 en marcottes 76

75 caisses de jasmins d'Espagne et 26 pots. 166

Orangerie de Sceaux.

280 orangers, 6 grenadiers, 8 myrtes, 150 jasmins. 146 lauriers, 2 aloès, un pied de fleur de la Passion, etc 26,375

III

TESTAMENT DE MADAME COLBERT.

Paris, le 5 avril 1687.

Au nom du Père, du Fils et du Saint-Esprit :

Je désire être enterrée dans l'église Saint-Eustache, où est M. Colbert, le plus simplement qu'il se pourra.

Je donne à l'OEuvre de ladite église la somme de 9,000 livres pour la fondation d'une messe qui se dira tous les jours à perpétuité pour le repos de l'âme de M. Colbert et de la mienne, et pour deux services a hautes messes à pareils jours que ceux de nos décès.

Je donne 8,000 livres, savoir : 4,000 aux pauvres malades, et 4,000 aux pauvres honteux de ladite paroisse.

En cas que, lors de mon décès, je n'aie pas pourvu à la fondation ci-après exprimée, je veux qu'il soit pris sur tous mes biens 45,000 livres pour être mises à constitution de rente à l'Hôtel-Dieu de Paris ou à l'Hôpital-Général, ou autre communauté solvable, au denier 24, pour servir à fonder à perpétuité pour les études de six jeunes hommes, depuis l'âge de douze ans jusqu'à vingt-cinq, aux collèges et séminaires de cette ville, pour les instruire à l'ordre de prêtrise, pour chacun desquels il sera payé, à cause de leurs études et subsistances, la somme de 300 livres par an : dont l'un des six sera nommé par MM. les administrateurs de l'hôpital qui sera chargé desdites 45,000 livres, et les cinq autres par mon fils aîné, et après lui par son fils aîné et ses descendants en ligne masculine, les aînés toujours préférés aux cadets; et, au défaut d'enfants mâles de mondit fils aîné et ses descendants, le choix et nomination appartiendra aux aînés descendant en ligne masculine de mes autres fils, la branche des aînés préférée aux cadets; et où il cesserait d'avoir des mâles, la nomination appartiendra à l'aîné des enfants mâles descendant de mes filles, celui qui sera issu de l'aînée de mesdites filles préféré aux descendants des cadettes.

A l'effet que les six jeunes hommes qui seront premiers nommés et ceux qui le seront dans la suite, à mesure que l'un d'eux sera parvenu à l'ordre de prêtrise ou à l'âge de vingt-cinq ans, ils s'emploieront à instruire dans les lieux où ils feront leurs résidences les pauvres et toutes autres personnes dans les mystères de notre religion, aux prières nécessaires pour leur salut et à prier Dieu pour la rémission des péchés du défunt M. Colbert et pour moi; et que, pour la fondation, il soit passé contrat et pris les précautions nécessaires pour l'exécution de cette mienne volonté.

Je donne 6,000 livres à la communauté des filles de Sainte-Agnès de ladite paroisse Saint-Eustache.

Je donne et lègue aux filles de la Charité de Sceaux la somme de 6,000 livres, pour le secours des malades et pour l'instruction des filles de ladite paroisse, pour être ladite somme employée en fonds ou rente.

Je lègue aux nouvelles catholiques, pour la fonda-

tion d'une messe à perpétuité chacun jour de l'année
et un service tous les ans, pour prier Dieu pour le
repos de l'âme de M. Colbert et de moi, la somme
de... (*en blanc*).

Ayant considéré l'état de ma famille et les avantages
que M. Colbert et moi avons faits et procurés à mon fils
de Blainville, je l'ai réduit à sa légitime, en cas qu'il
ne l'ait pas reçue entièrement, par ce que je lui ai
donné sur ma succession,

Pour satisfaire à ce qui m'a été recommandé par
M. Colbert pour mon dernier fils de Sceaux [1], je lui
donne et lègue la maison où sont logés les gens et train
de mon fils aîné, rue Vivienne, de valeur de 60,000 livres. Je lui donne aussi pour 20,000 livres de vaisselle
d'argent et pour 50,000 livres de meubles. Je lui donne
encore la terre de Linières et toutes ses dépendances,
avec les meubles qui y sont, sans réserve, pour
310,000 livres que le tout a été acheté.

Je laisse à mon fils aîné la liberté de retirer ladite
terre de Linières, dépendances et meubles, dans les
cinq ans du jour de mon décès, en rendant à mon fils
de Sceaux 310,000 livres, en fonds de terre de pareille
valeur.

Je laisse à mon fils aîné le choix et droit qu'il a de
retenir ma terre de Normandie, ses préciput et droit
d'aînesse qu'il a dans les autres terres, avec la somme
de 250,000 livres en effets de ma succession.

---

1. Charles-Édouard Colbert, comte de Sceaux, colonel du régiment de Champagne, blessé mortellement à la bataille de Fleurus en 1690.

Je lègue à chacune de mes filles 200,000 livres, outre ce qu'elles ont reçu de moi.

Et tout le surplus de mes biens, je le donne et lègue à mes fils, coadjuteur de Rouen et abbé de Bonport, à la charge qu'ils paieront à mon écuyer Fangousse 2,000 livres une fois payées et 300 livres de pension, sa vie durant, par chacun an.

A Gastelier, je lui donne et lègue 6,000 livres une fois payées, et après lui, à sa fille, ma filleule.

A Bonnet, mon concierge , 6,000 livres une fois payées, pour le long temps qu'il y a qu'il me sert avec fidélité.

Je donne et lègue à Bonnay, mon valet de chambre, 4,000 livres une fois payées.

A Dumoulon, 2,000 livres une fois payées.

Je donne et lègue à Le Roy et Barré chacune 100 écus, leur vie durant, par an, et à chacune 1,200 livres une fois payées.

Je nomme pour exécuteurs de mon présent testament mon fils aîné et mon fils le coadjuteur de Rouen, révoquant tous autres testaments.

M. CHARRON-COLBERT.

Note à ajouter page 300.

Le tome II des *Anciennes bibliothèques de Paris*, par A. Franklin (dans l'*Histoire générale de Paris*) donne plusieurs détails intéressants sur la bibliothèque de Colbert.

TABLE DES MATIÈRES

FIN DE LA TABLE DES MATIÈRES

Versailles. — Imp. E. Aubert, 6, avenue de Sceaux.